(주)지아이에듀테크 오상열 저

쉽게 배우고
생활에 바로 쓰는
스마트폰
앱 활용

쉽게 배우고 생활에 바로 쓰는
스마트폰 앱 활용

초판 1쇄 발행 2024년 10월 12일
초판 2쇄 발행 2025년 3월 28일

지은이 (주)지아이에듀테크 오상열
펴낸이 한준희
펴낸곳 (주)아이콕스

디자인 프롬디자인
영업 김남권, 조용훈, 문성빈
경영지원 김효선, 이정민

주소	경기도 부천시 조마루로 385번길 122 삼보테크노타워 2002호
홈페이지	www.icoxpublish.com
쇼핑몰	www.baek2.kr (백두도서쇼핑몰)
이메일	icoxpub@naver.com
전화	032-674-5685
팩스	032-676-5685
등록	2015년 7월 9일 제 386-251002015000034호
ISBN	979-11-6426-253-3 (13000)

※ 정가는 뒤표지에 있습니다.
※ 잘못된 책은 구입하신 서점에서 교환해드립니다.

이 책은 저작권법에 따라 보호받는 저작물이므로 무단전재 및 복제를 금하며, 책의 내용을 이용하려면 반드시 저작권자와 ㈜아이콕스의 서면동의를 받아야 합니다. 내용에 대한 의견이 있는 경우 홈페이지에 내용을 기재해 주시면 감사하겠습니다.

저자의 말

36년째 컴퓨터와 스마트폰 강의를 하면서 늘 고민합니다. "더 간단하고 쉽게 교육할 수는 없을까? 더 빠르게 마음대로 사용하게 할 수는 없을까?" 스마트폰에 대한 지식이 없으며 한글도 영어도 모르는 서너 살 아이가 컴퓨터와 스마트폰을 사용하는 것을 보고 어른들은 감탄합니다.

무엇을 배울 때 노트에 연필로 적어가며 공부하던 아날로그적 방식으로 첨단 기기를 배우는 것보다, 어린 아이들처럼 직접 사용해 보면서 경험적으로 습득하는 것이 가장 빠른 배움의 방식입니다. 본 도서는 저의 다년간 현장 교육의 경험을 살려 꼭 필요한 방식으로 쉽게 접근할 수 있도록 했으며, 책만 보고 무작정 따라하다 발생할 수 있는 실수와 오류를 바로잡았습니다. 컴퓨터를 활용하는 데 꼭 필요한 핵심 내용을 중심으로 집필했기 때문에 예제를 반복해서 학습하다 보면 어느새 원리를 이해하고 활용할 수 있는 단계에 오르게 될 것입니다.

쉽게 배우고 생활에 바로 쓸 수 있게 집필된 본 도서로 여러분들의 능력이 향상되기를 바랍니다. 물론 본 도서는 여러분의 컴퓨터 능력을 향상시킬 수 있는 수많은 방법 중 한 가지라는 말씀도 드리고 싶습니다.

교육 현장에서 늘 하는 말이 있습니다.
"컴퓨터는 종이다. 종이는 기록하기 위함이다."
"단순하게, 무식하게, 지겹도록, 반복하세요. 단.무.지.반! 하십시오."
처음부터 완벽하지는 않겠지만 차근차근 익히다 보면 어느새 만족할 만한 수준의 사용자로 우뚝 서게 될 것입니다.

끝으로 이 책이 나올 수 있도록 도움을 주신 지아이에듀테크, ㈜아이콕스의 임직원 여러분들께 감사의 마음을 전합니다.

㈜지아이에듀테크 오상열

QR 코드 사용법

★ 각 CHAPTER 마다 동영상으로 더 쉽게 학습할 수 있도록 QR 코드를 담았습니다. QR 코드로 학습 동영상을 시청하는 방법은 다음과 같습니다.

01 Play스토어에서 네이버 앱을 ❶**설치**한 후 ❷**열기**를 누릅니다.

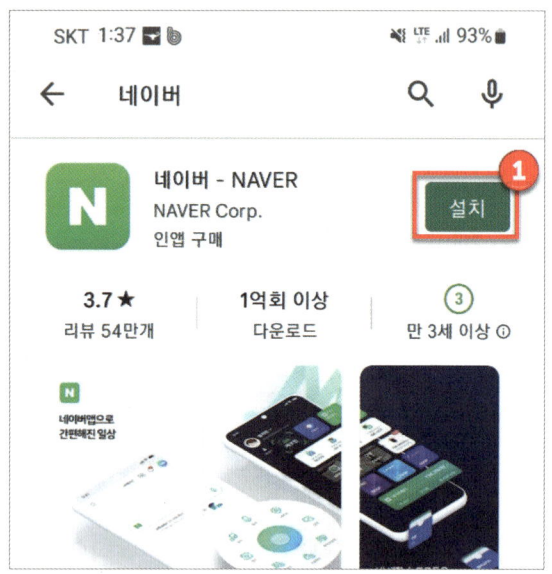 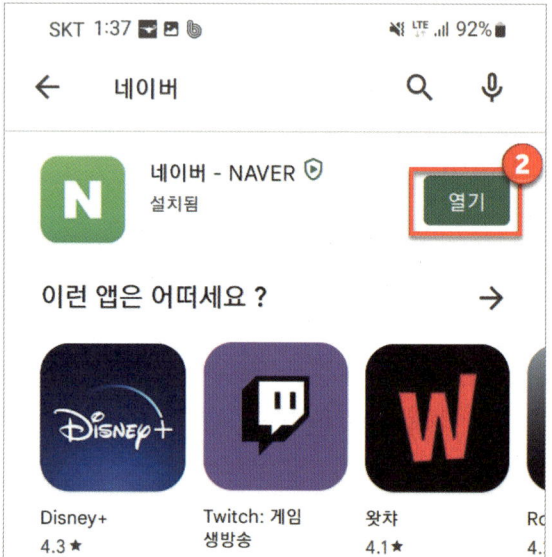

02 네이버 앱이 실행되면 검색상자의 ❸**동그라미(그린닷)** 버튼을 누른 후 ❹**QR바코드** 메뉴를 선택합니다.

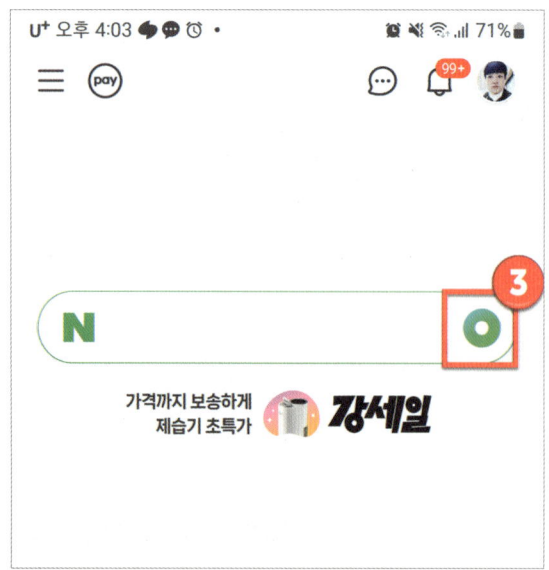 

03 본 도서에서는 **Chapter**별로 상단 제목 왼쪽에 ❺**QR 코드**가 있습니다. 스마트폰의 화면에 QR 코드를 사각형 영역에 맞춰 보이도록 하면 QR 코드가 인식되고, 상단에 동영상 강의 링크 주소가 나타납니다. ❻**동영상 강의 링크 주소**를 눌러 스마트폰으로 학습할 수 있습니다.

※ **유튜브에서 동영상 강의 찾기**

유튜브(www.youtube.com)에 접속하거나, **유튜브 앱**을 사용하고 있다면 **지아이에듀테크**를 검색하여 동영상 강의를 들을 수 있습니다. **재생목록** 탭을 누르면 과목별로 강의를 찾아볼 수 있습니다.

목 차

CHAPTER 01 즐거운 스마트폰

STEP 1	무료로 음악 다운받기	010
STEP 2	벨소리 적용하기	013
STEP 3	실시간으로 TV 보기	015
STEP 4	유튜브 필터링 검색하기	016
STEP 5	나만의 스마트폰 노래방	018

CHAPTER 02 명언카드 만들기

STEP 1	글그램 명언카드 만들기	023
STEP 2	여러 개의 명언카드 만들기	030
STEP 3	슬라이드메시지로 꾸미기	035
STEP 4	감성공장 캘리그라피	041

CHAPTER 03 나만의 스마트폰 꾸미기

STEP 1	굿락(Good Lock) 설치하기	049
STEP 2	아이콘 테마 만들기	050
STEP 3	뒷면 두드리기 기능	052
STEP 4	측면 버튼으로 음성 녹음하기	054
STEP 5	최근 실행 앱 화면 꾸미기	056
STEP 6	사운드 어시스턴트	058

CHAPTER 04 스캐너 앱 활용하기

STEP 1	vFlat Scan 사용하기	062
STEP 2	PDF 문서 만들기	064
STEP 3	앱 환경 설정하기	067
STEP 4	라이브러리 사용하기	069

CHAPTER 05 네이버 앱 활용하기

STEP 1	네이버 탭 닫기	073
STEP 2	랜덤 지식백과	075
STEP 3	네이버 스마트렌즈	076
STEP 4	주변 맛집과 가볼만한 곳	080
STEP 5	음성 서비스	082
STEP 6	파파고로 번역하기	084
STEP 7	네이버지도 현위치와 방위	086
STEP 8	네이버지도 확대와 회전	088
STEP 9	길 찾기와 거리뷰	090
STEP 10	대중교통 이용하기	092
STEP 11	계단회피 이동하기	095

CHAPTER 06 기차/버스 예매하기

| STEP 1 | 기차표 예매하기 | 097 |
| STEP 2 | 고속버스 예매하기 | 105 |

CHAPTER 07 스마트폰 업무활용

- STEP 1　모바일팩스 설치하기　112
- STEP 2　팩스 보내기　115
- STEP 3　팩스 수신하기　119
- STEP 4　모바일 건강보험증　121

CHAPTER 08 스마트폰 안전지킴이

- STEP 1　스마트폰 지킴이, 시티즌 코난　128
- STEP 2　재난안전정보 포털앱, 안전디딤돌　132
- STEP 3　생활불편신고, 안전신문고　140

CHAPTER 09 스마트한 쇼핑과 주문

- STEP 1　쿠팡 회원 가입하기　146
- STEP 2　쿠팡 주문하기　150
- STEP 3　배달의민족 가입과 설정하기　157
- STEP 4　음식 배달 주문하기　162
- STEP 5　당근으로 중고 거래하기　167

CHAPTER 10 ChatGPT 체험하기

- STEP 1　ChatGPT 설치하기　176
- STEP 2　텍스트로 질문하기　178
- STEP 3　음성으로 질문하기　184
- STEP 4　프롬프트 연출 공식　187

CHAPTER 01 즐거운 스마트폰

스마트폰은 시간과 공간에 제약이 없고 TV, 음악, 카메라 촬영, 영상 편집 등의 많은 기능을 갖추고 있어서 들고 다니는 손안의 PC라고도 부릅니다. 지금부터 즐거운 스마트폰의 세계로 떠나보겠습니다.

결과화면 미리보기

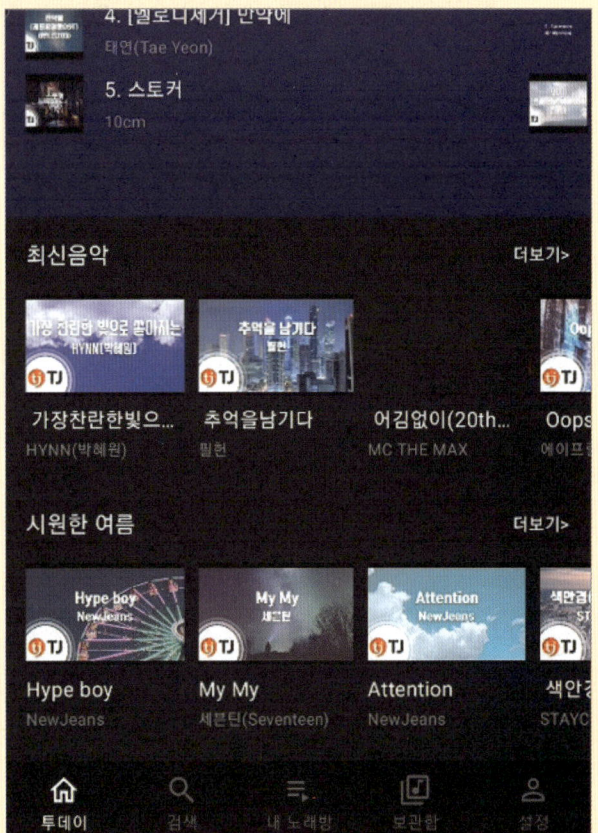

무엇을 배울까?

❶ 무료로 음악 다운받기
❷ 벨소리 적용하기
❸ 실시간으로 TV 보기
❹ 유튜브 필터링 검색하기
❺ 나만의 스마트폰 노래방

STEP 1 무료로 음악 다운받기

01 [Play 스토어]를 실행한 후 검색 상자에 **"음악다운"**을 입력합니다.

02 [음악다운-고음질 MP3 뮤직플레이어]를 선택하여 [설치]를 진행합니다. 비슷한 이름의 앱이 많으므로 아이콘 모양을 잘 보고 선택합니다. 설치가 끝날 때까지 기다린 다음 **[열기]**를 탭합니다.

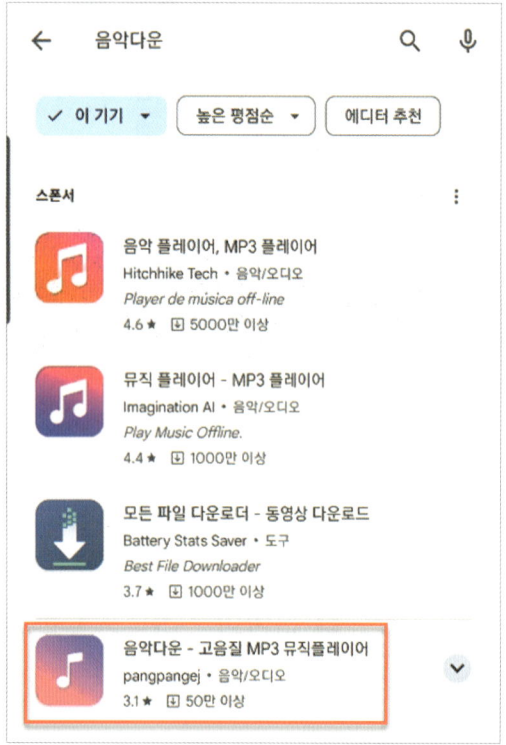 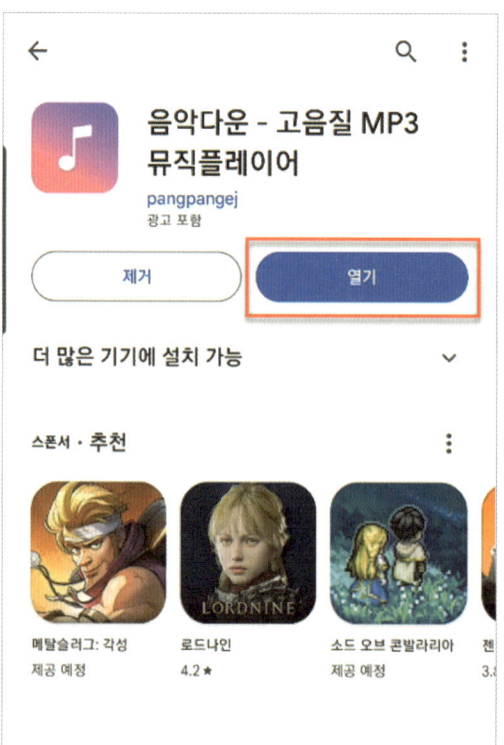

03 음악다운에서 기기에 **액세스하도록 허용**을 해야 합니다. [허용]을 누른 다음 검색 상자에 ❶"안동역"을 입력하고 목록에서 ❷[안동역에서 진성]을 누릅니다.

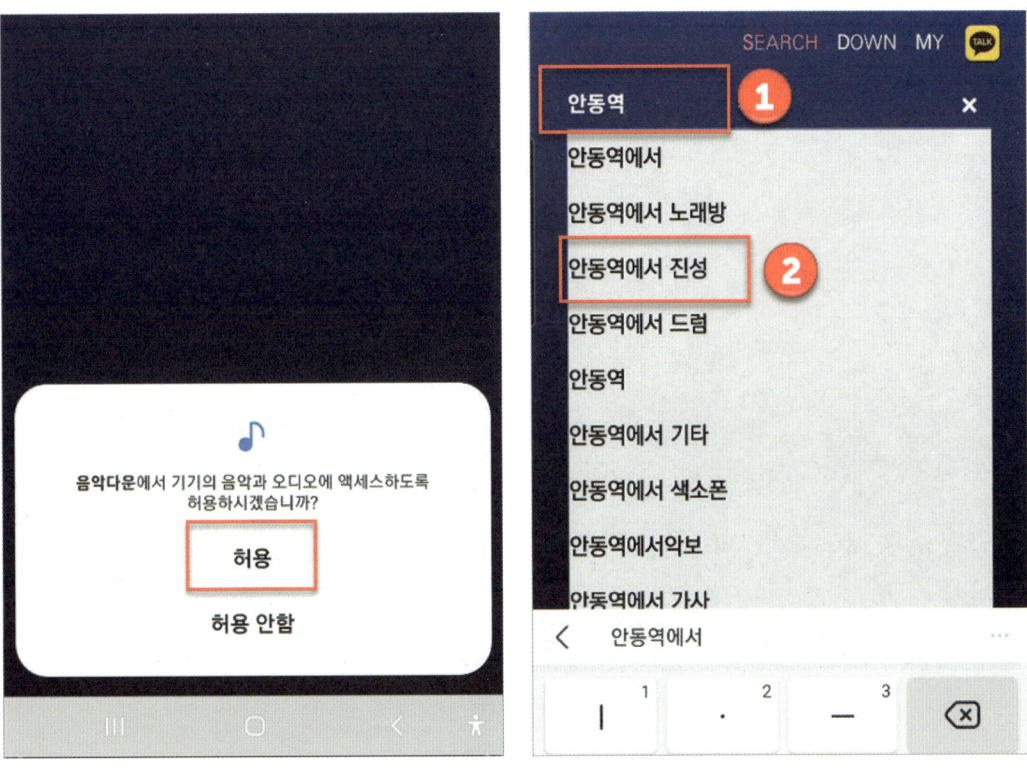

04 아래처럼 [재생]을 눌러서 들어볼 수 있으며, 마음에 드는 음악이라면 [다운로드]를 누릅니다.

 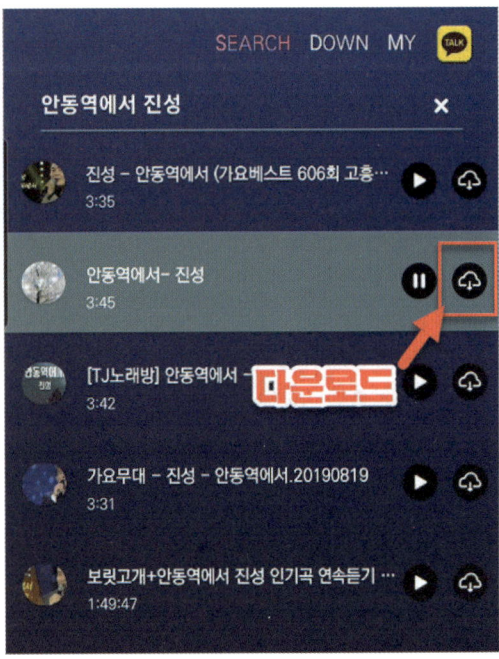

05 상단의 [DOWN]은 앱에서 다운로드한 목록이 나오며, [MY]는 스마트폰 기기에 저장된 음악 목록이 나옵니다.

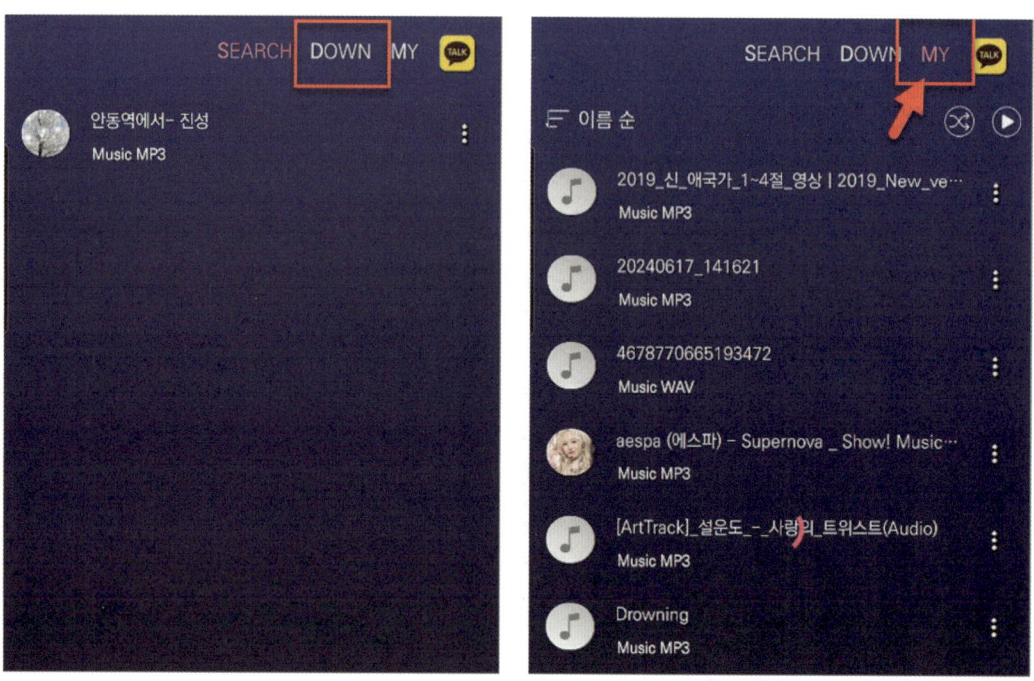

06 스마트폰 기기에 있는 음악을 들어보려면 **기타옵션(세로점)**을 눌러서 **[재생하기]**를 누릅니다.

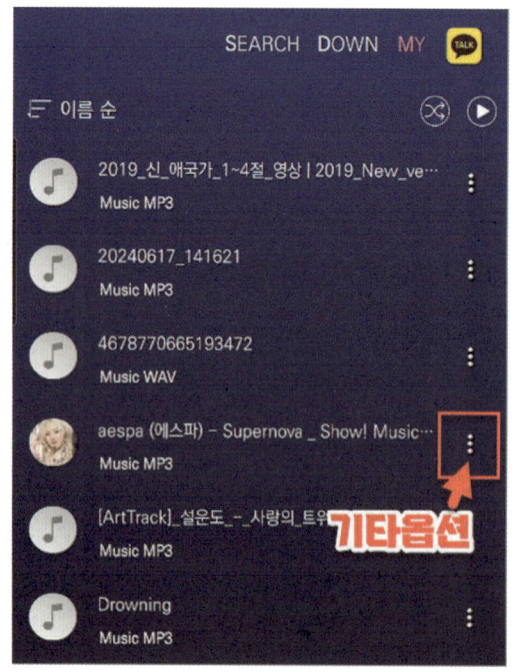

STEP 2 ▶ 벨소리 적용하기

01 알림표시줄에서 [설정] ▶ [소리 및 진동]을 차례대로 누릅니다.

 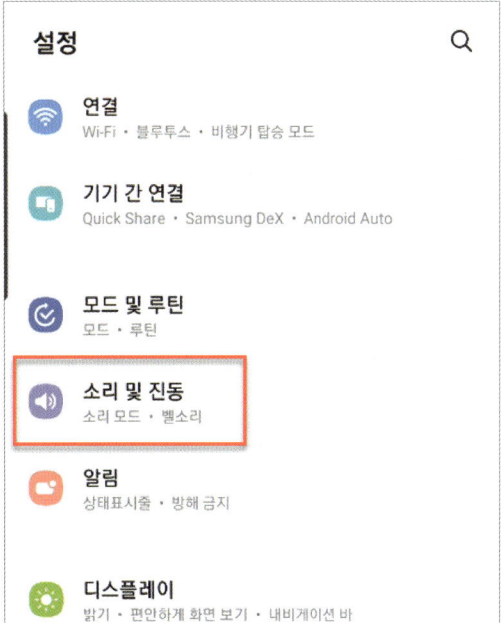

02 **[벨소리]**를 누르면 스마트폰에 있는 노래의 목록이 나오게 됩니다. 특정 음악을 벨소리로 추가하려면 **+(추가)**를 누릅니다.

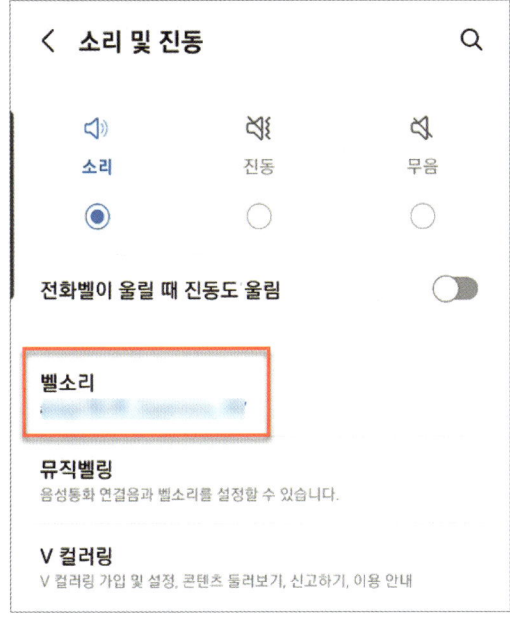 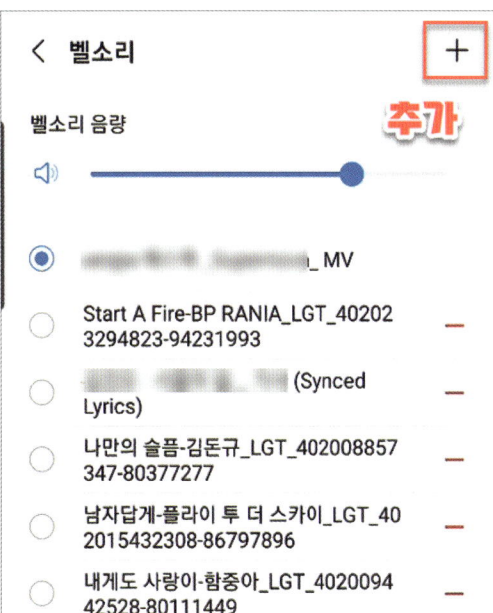

03 다운로드한 ❶안동역에서-진성을 선택한 후 ❷[완료]를 눌러서 추가하면 벨소리로 선택되었습니다. [뒤로]를 눌러 앞 화면으로 돌아갑니다.

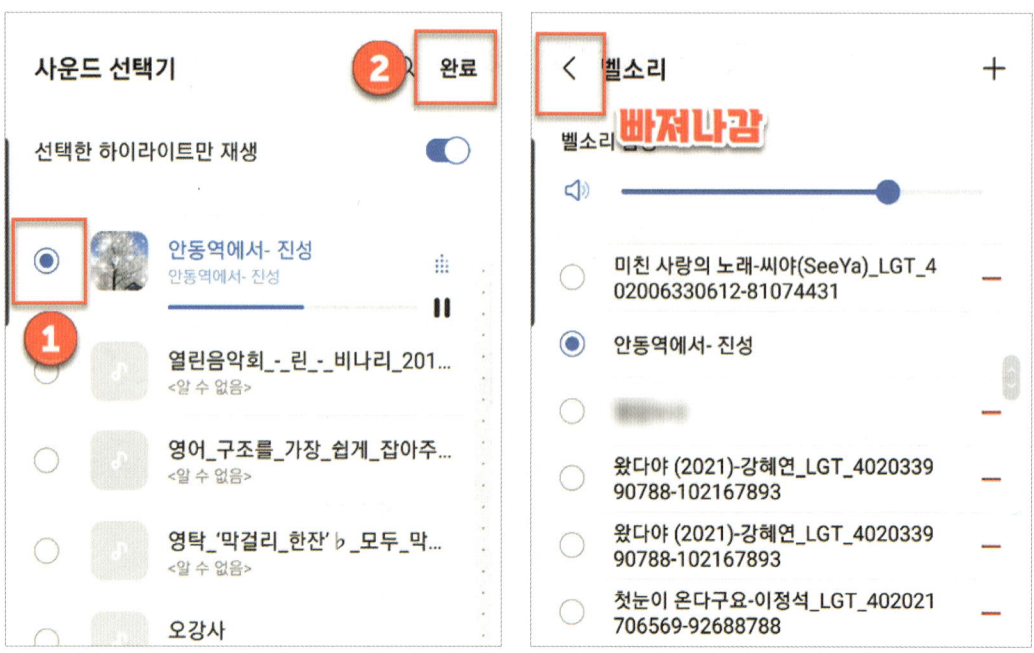

04 [소리 및 진동] 화면에 벨소리로 설정된 것이 보입니다. 이제 전화가 오면 벨소리로 해당 음악이 나오게 됩니다.

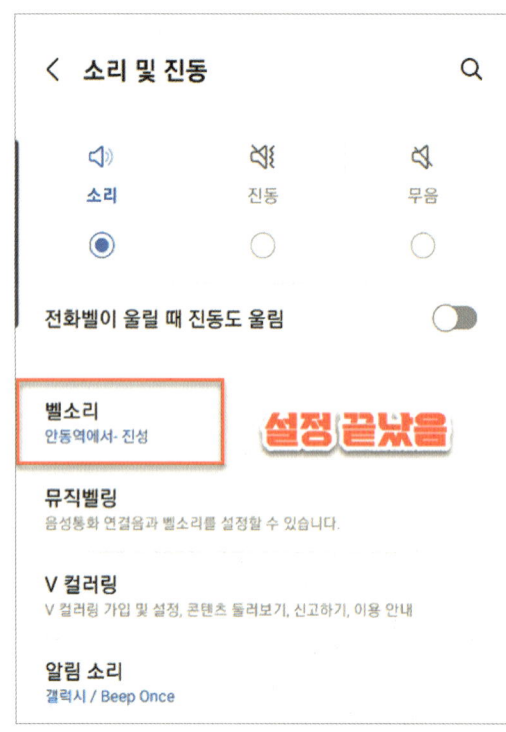

STEP 3 실시간으로 TV 보기

01 Play 스토어에서 "실시간tv"를 검색하여 설치한 후 **[열기]**를 누릅니다.

 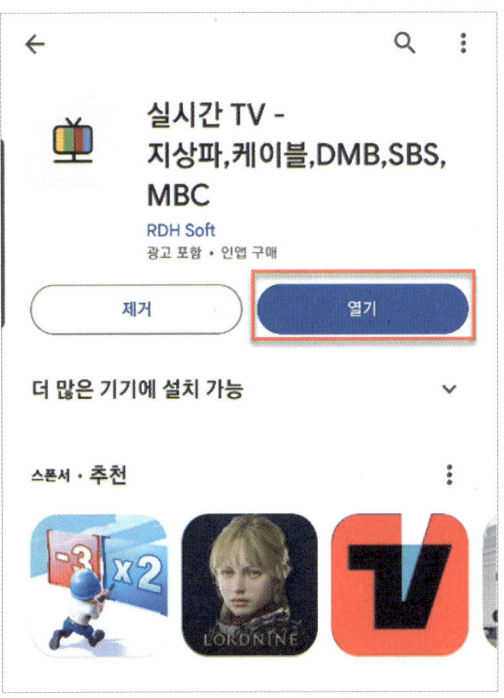

02 광고를 절대 누르지 말고 잠시 기다리면 모서리에 **동영상광고 건너뛰기**가 나옵니다. 그것을 누른 후 **[닫기]**를 눌러 원하는 방송을 보세요.

STEP 4 유튜브 필터링 검색하기

01 [YouTube] 앱을 실행한 후 오른쪽 상단의 [검색]을 누릅니다.

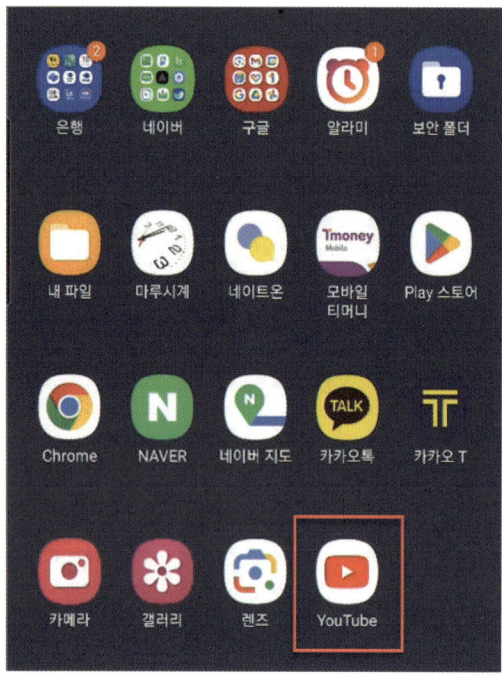 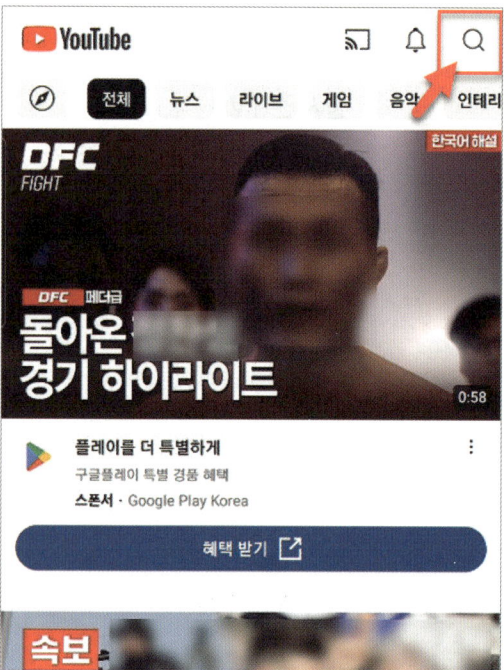

02 "임영웅"을 검색한 후 우측 상단의 **기타옵션(세로점)**을 누릅니다.

03 최근에 올라온 영상만 검색하기 위하여 **[검색 필터]**를 누른 후, 업로드 날짜에서 **[전체기간]**을 누릅니다.

 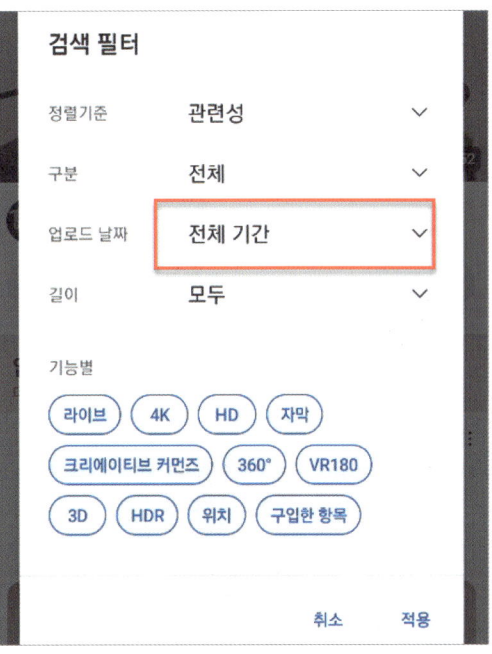

04 ❶**[이번 주]**를 선택한 후 ❷**[적용]**을 누릅니다. 그러면 오른쪽 그림과 같이 최근에 올라온 영상만 검색되며, 이렇게 필터링해서 검색하면 원하는 유튜브 영상을 빠르게 찾아볼 수 있습니다.

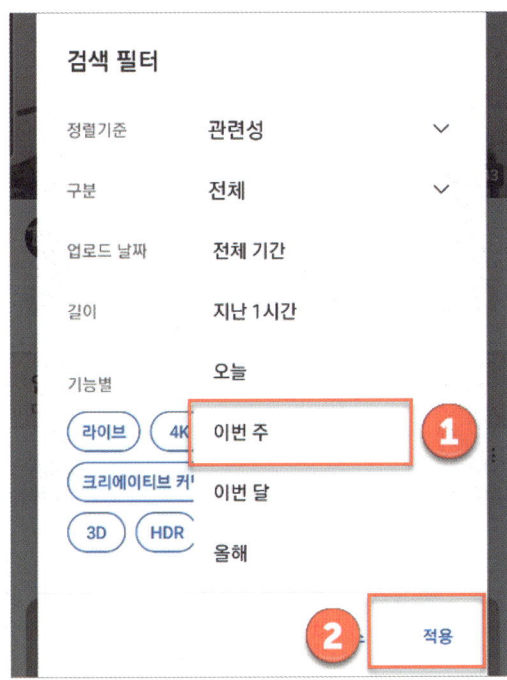 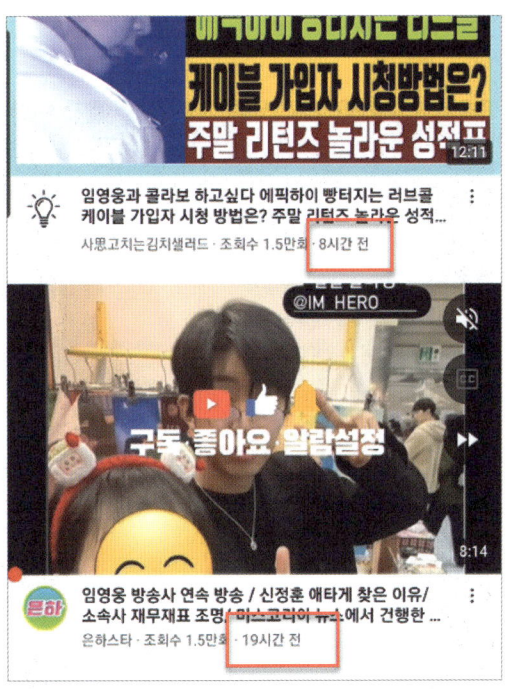

STEP 5 - 나만의 스마트폰 노래방

01 Play 스토어에서 **"찐노래방"**을 검색하여 설치한 후, **[열기]**를 누릅니다.

02 앱 접근권한 안내에서 3가지를 허용합니다. **[확인]**을 눌러서 **[앱 사용 중에만 허용]**을 누른 후 **[허용]**을 다시 2회 누릅니다.

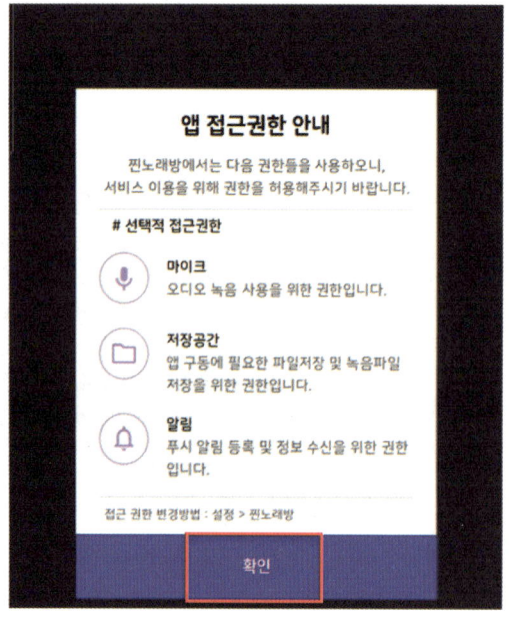
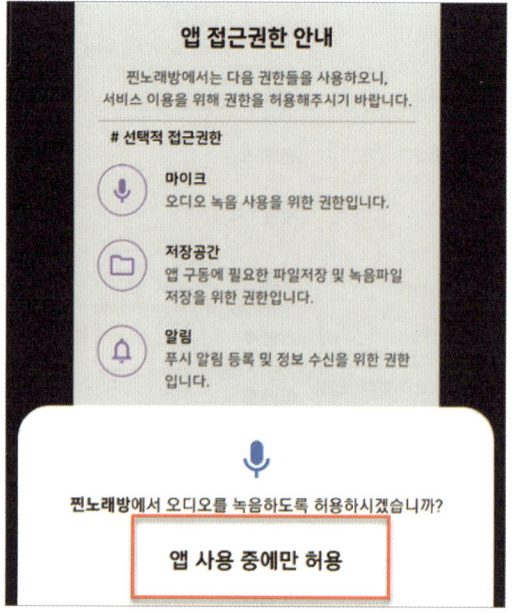

03 화면 하단의 [검색]을 누르면 최신곡부터 나오는데 화면 위 검색 상자에서 노래 제목을 [초성검색]으로 조회합니다.

04 검색된 노래를 누르면 진짜 노래방처럼 노래가 재생이 됩니다. 악보가 위/아래로 나오는데 미리 준비하라고 가사를 보여주고 있습니다.

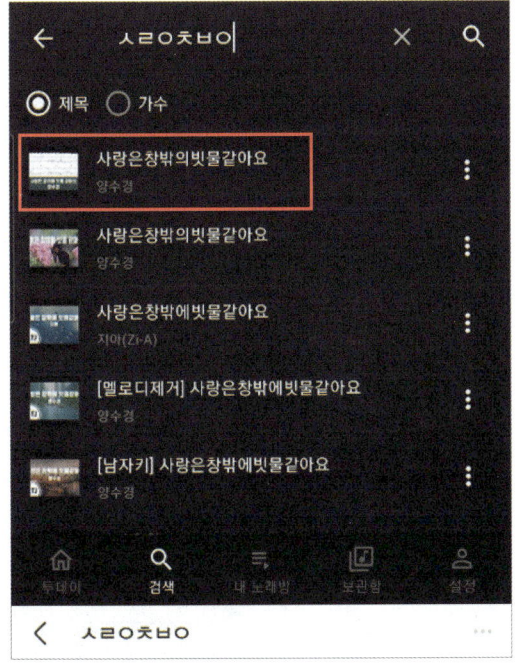
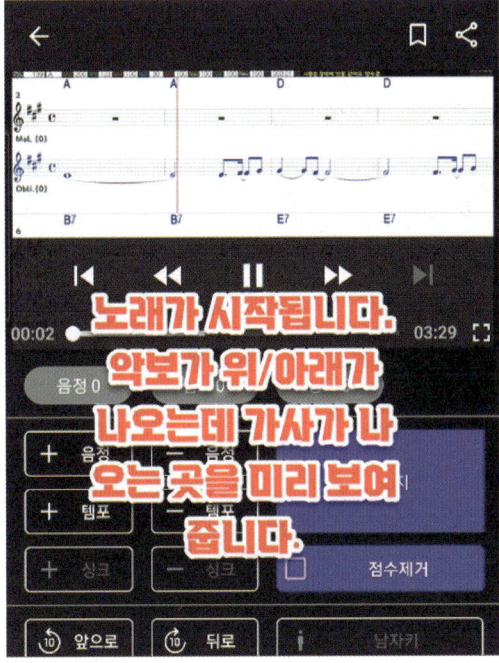

05 노래방처럼 마이크를 이용하여 노래점수를 알아보려면 [녹음시작]을 누르고 부르세요. 노래가 끝나면 자동으로 녹음이 정지됩니다.

06 노래가 끝나면 녹음이 중지되고 음악도 멈추면서 노래방 점수가 나옵니다. [확인]을 눌러서 메인 화면으로 돌아가면 됩니다. 광고가 나오면 기다렸다가 좌측상단에 [동영상 건너뛰기]를 눌러 [닫기]를 합니다.

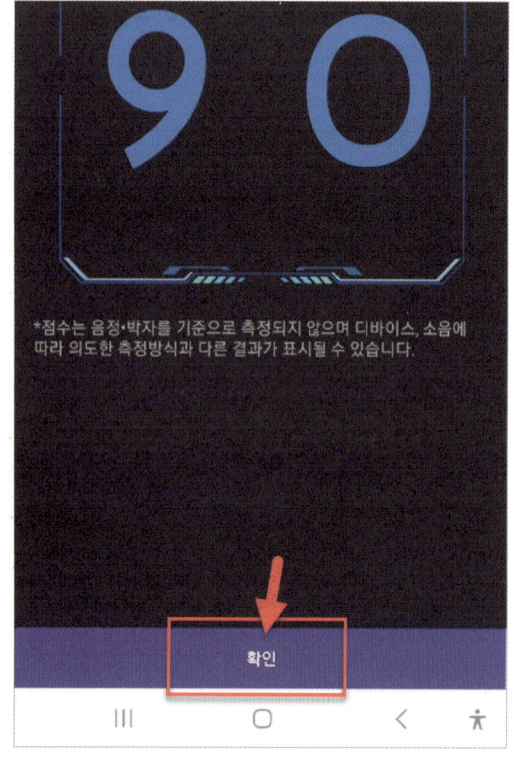

07 내가 부른 노래를 들어보려면 하단의 [보관함]을 눌러서, 녹음목록에 가면 저장된 노래를 선택해 들어볼 수 있습니다.

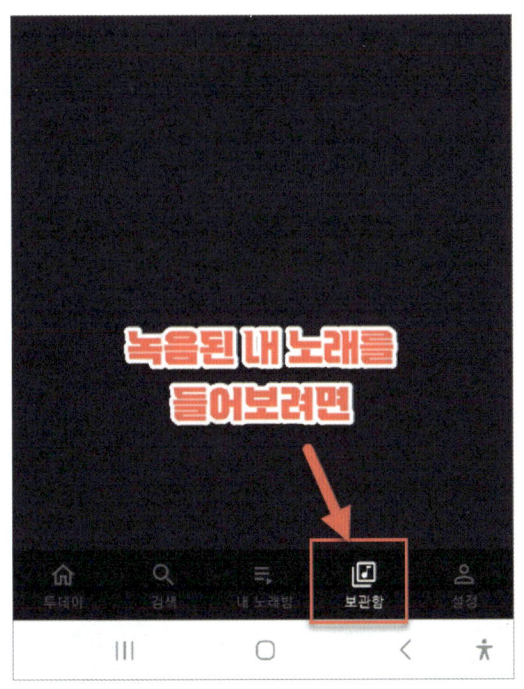

08 녹음이 자동으로 시작되도록 하려면 하단의 ❶[설정]을 누르고 ❷[설정]을 눌러서 [녹음자동시작]을 켜줍니다. 이제부터는 노래를 시작하면 다른 버튼을 누르지 않더라도 자동으로 녹음이 시작됩니다.

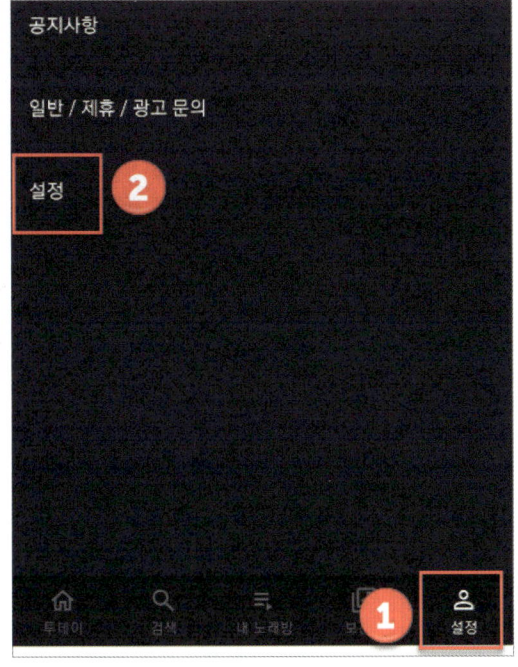
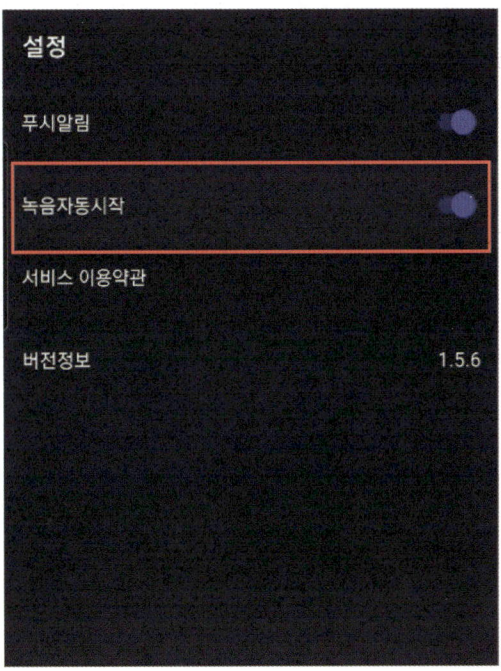

CHAPTER 02

명언카드 만들기

평소 좋아하는 명언이나 글귀를 사진과 함께 꾸며 카드 형태로 만들 수 있습니다. 인터넷의 사진도 검색하여 사용할 수 있고, 예쁜 스티커와 멋진 배경 음악으로 꾸민 카드를 다른 사람에게 공유할 수도 있습니다.

결과화면 미리보기

무엇을 배울까?

1. 글그램 명언카드 만들기
2. 여러 개의 명언카드 만들기
3. 슬라이드메시지로 꾸미기
4. 감성공장 캘리그라피

022 스마트폰 앱 활용

STEP 1 - 글그램 명언카드 만들기

01 **Play 스토어**에서 **"글그램"**을 검색하여 설치를 한 후 **[열기]**를 누릅니다. 기기의 사진/동영상 접근을 **[허용]**으로 선택합니다.

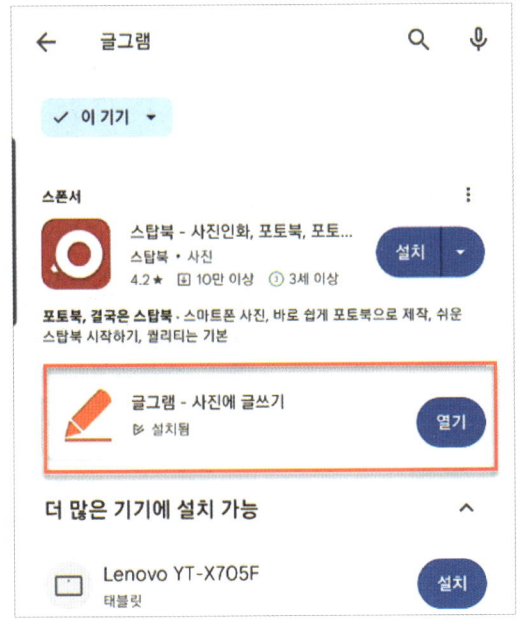 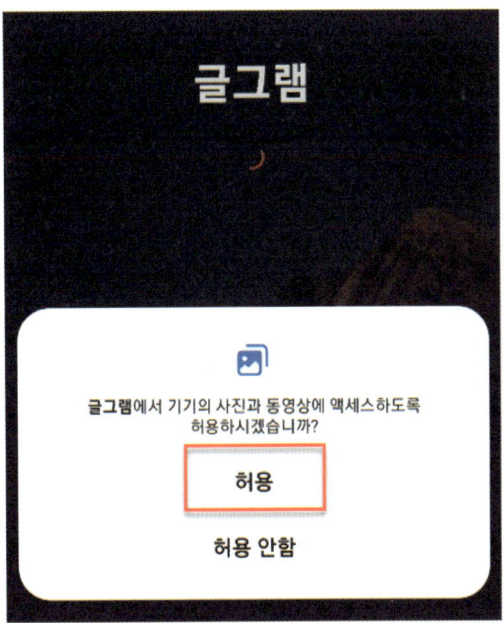

02 글그램의 첫 페이지가 열리면 **[아름다운 배경사진에 글쓰기]**를 누릅니다. 오른쪽 화면이 열리면 위로 화면을 **플릭(flick)**합니다. 플릭은 손가락으로 화면을 빠르게 튕겨내는 동작을 말합니다.

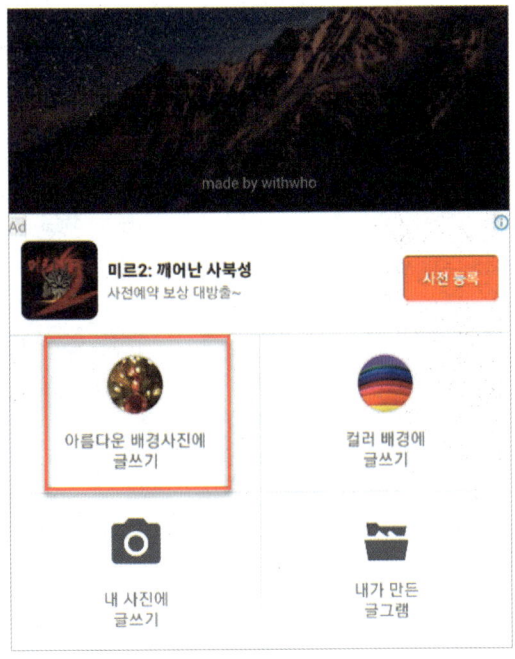 

03 카테고리에서 **[빗방울]**을 선택한 후, 예쁜 그림들이 나오면 아래와 같은 그림을 찾아서 선택합니다.

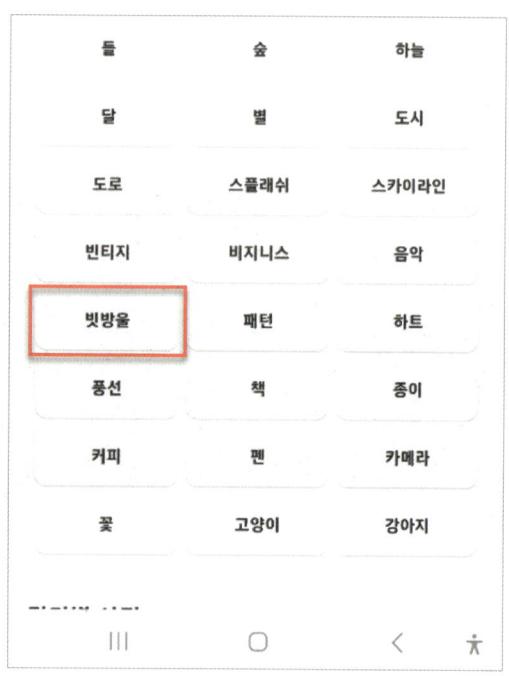 

04 정사각형, 인스타그램용, 사용자 지정, 다운로드 등으로 크기를 고를 수 있는데, 여기에서는 **원본**으로 그대로 작업하기 위해서, **[사용자 지정]**을 누른 다음 오른쪽 상단의 **확인**을 눌러줍니다.

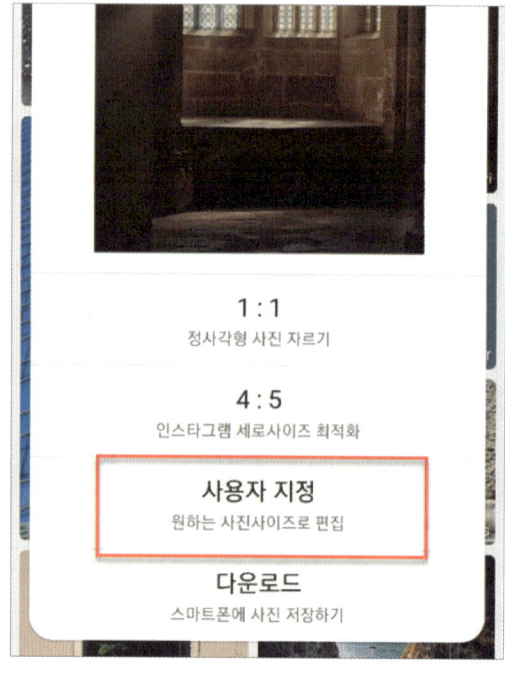 

05 입력하고 싶은 **명언이나 문구를 입력**한 후 위치를 적당히 조정하고 우측 상단의 **[확인]**을 누릅니다.

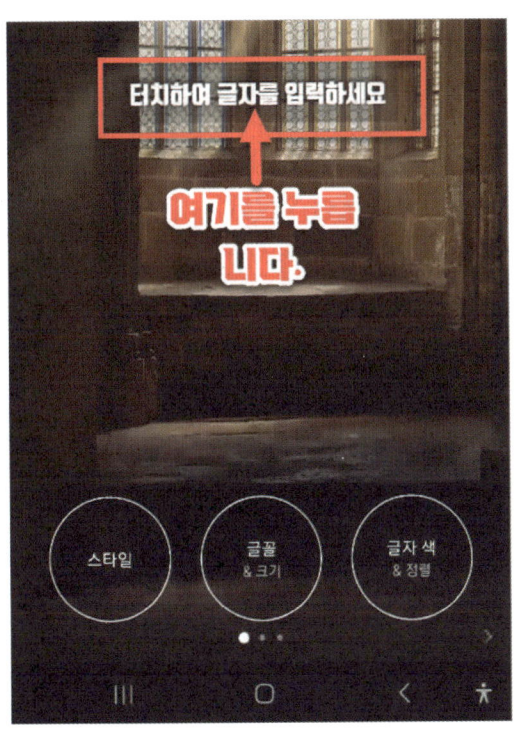 

06 **[스타일]**을 누른 후 **두 번째** 스타일을 선택하고 **투명도**를 조절해보세요. **Blur**를 체크하면 배경이 흐리게 보이는 효과를 줄 수 있는데 이것은 선택사항이므로 그림이 중요하면 해제한 후 **[닫기]**를 누릅니다.

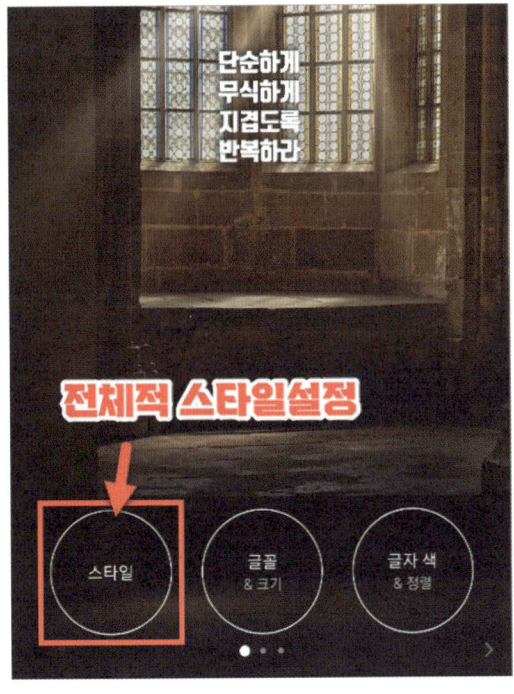 

07 **[글꼴&크기]**를 선택한 후 보기 좋은 **글자체**를 다운로드한 다음 다시 선택하면 변경됩니다. 위에 있는 **크기**도 적당하게 조절합니다.

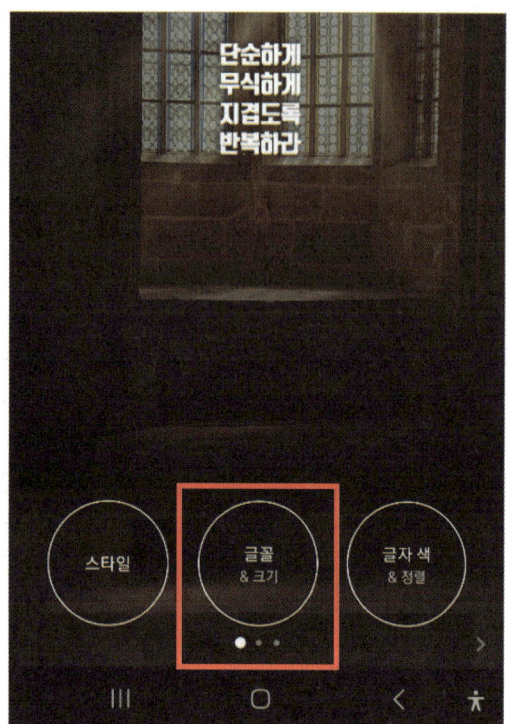 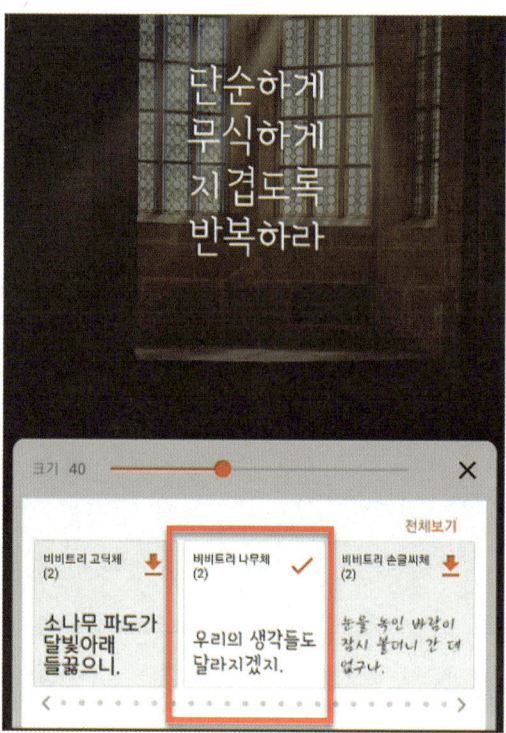

08 **글꼴&크기**에서 **[전체보기]**를 누르면 사용할 수 있는 글꼴들이 모두 나오게 되는데, 무료로 사용할 수 있으며 필요한 글꼴은 다운받아 다른 앱에서도 사용할 수도 있습니다. **[닫기]**를 누릅니다.

 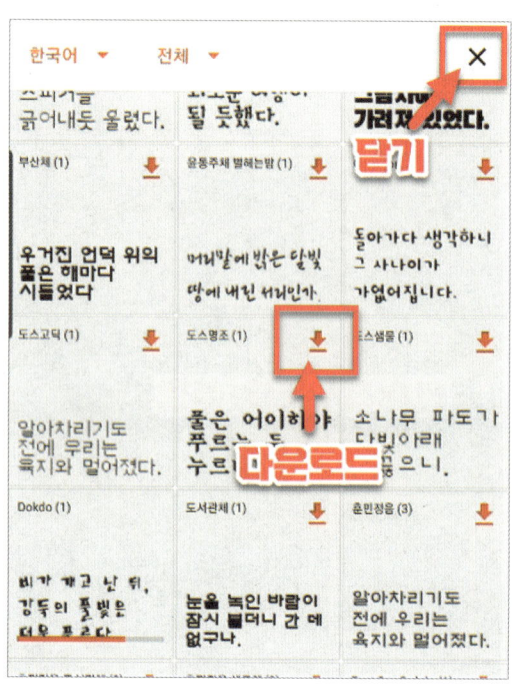

09 [글자 색&정렬]을 눌러서 색상을 고르면 되는데, 왼쪽으로 Flick을 하면 색이 더 나오므로 마음에 드는 색을 선택한 후 [닫기]를 누릅니다.

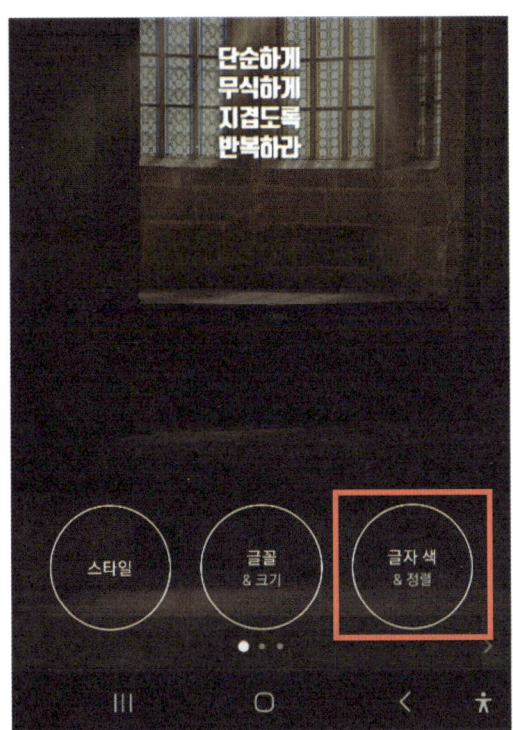

10 아래와 같이 나오면 **왼쪽으로 flick**해서 오른쪽 화면을 가져온 후, [글 효과]를 눌러서 글에 그림자, 회전, 투명도, 줄 간격, 글자 간격 등의 작업을 할 수 있습니다.

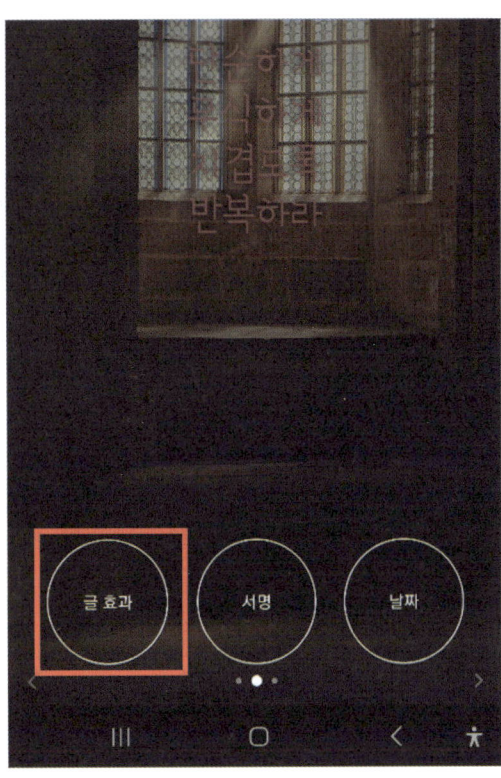

11 그림자를 조절하고 회전하기도 적용할 수 있으며, 줄 간격과 글자 간격을 조절해서 보기 좋게 만든 후 **[닫기]**를 누릅니다.

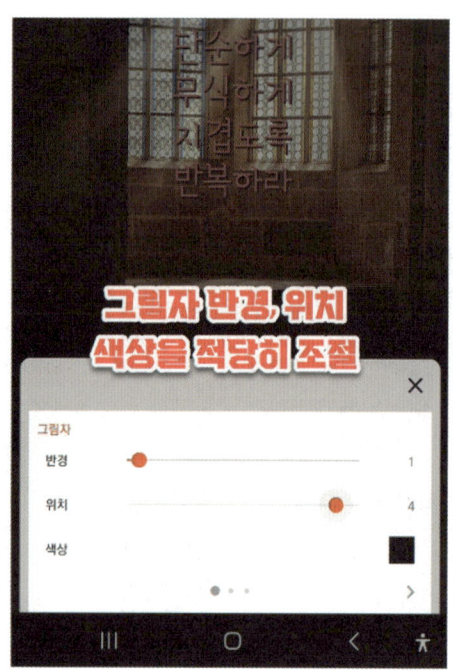 

12 **[서명]**을 눌러 반복적으로 들어가는 서명을 작성할 수 있습니다. ❶**[사용하기]**를 켜고, ❷**서명**을 입력한 후 ❸**크기, 투명도, 그림자반경, 위치**를 정하고, ❹**글꼴, 스타일, 색상** 등을 지정한 다음 ❺**[뒤로]**를 누릅니다.

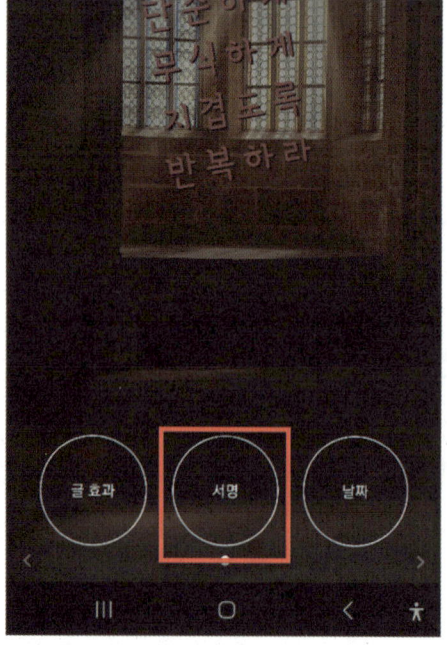 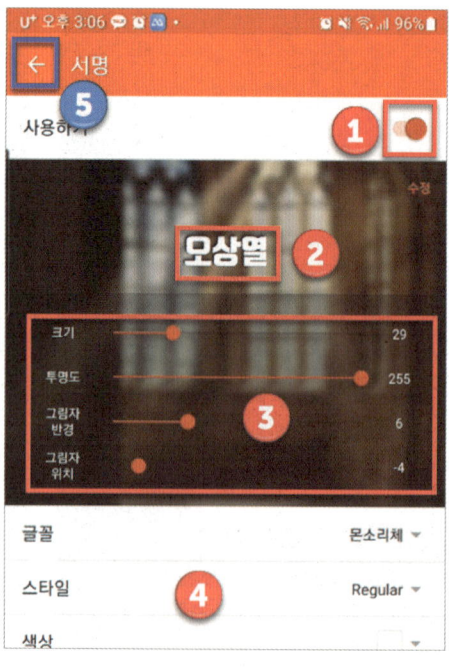

13 [날짜], [글추가]도 동일한 방식으로 입력한 후, 위치를 변경해서 배치한 다음 우측 상단의 [저장]을 누릅니다. 이 작업은 글그램 앱에 저장되는 기능으로 스마트폰에 저장되는 것은 아닙니다.

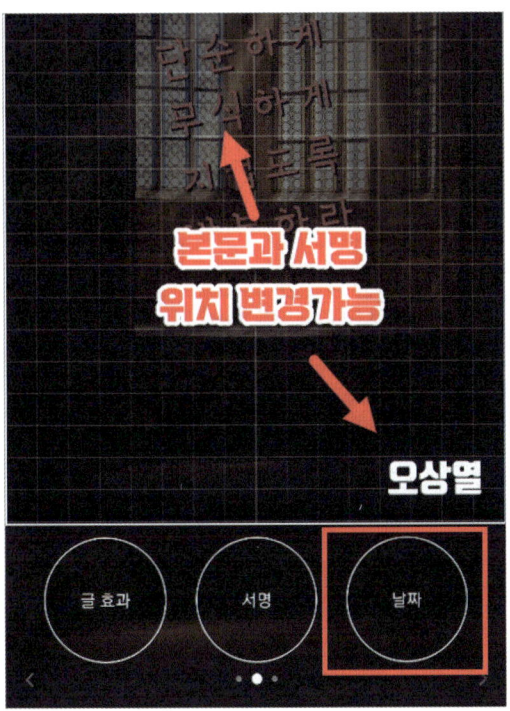 

14 [공유]를 눌러서 [카카오톡]을 선택하면 글그램으로 만든 명언카드를 보낼 수 있습니다. 여기에 있는 [저장]은 스마트폰으로 저장하는 것입니다.

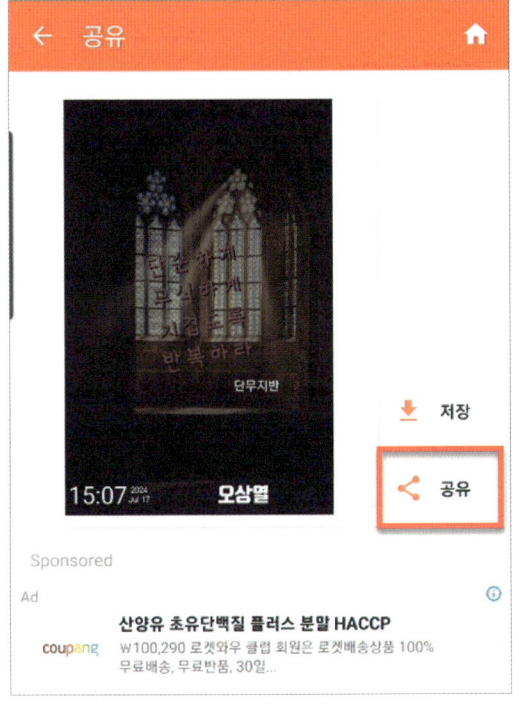 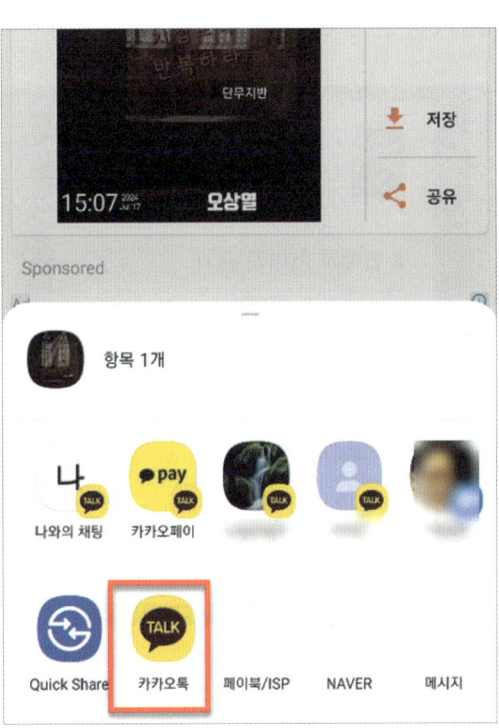

CHAPTER 02 명언카드 만들기

STEP 2 여러 개의 명언카드 만들기

01 [Chrome] 브라우저를 실행한 후 ❶"니콜라 테슬라"를 검색한 다음 ❷[이미지]를 눌러서 아래의 ❸테슬라 이미지를 찾아서 누릅니다.

02 이미지를 **길게** 누른 후 [이미지 다운로드]를 눌러 저장한 후, 홈 화면에서 [글그램]을 실행합니다.

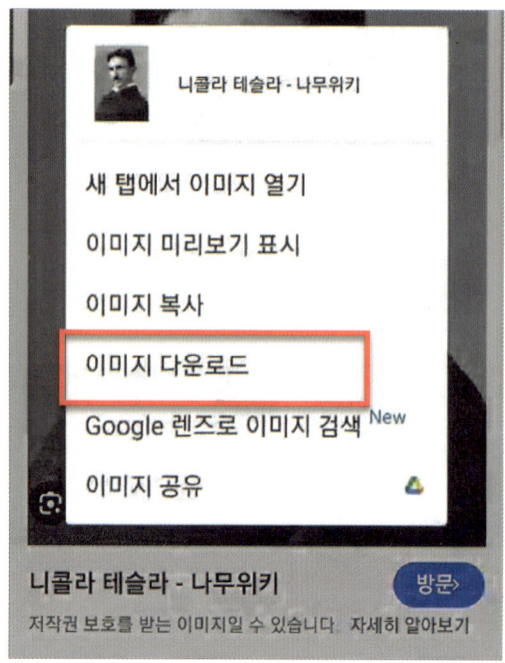 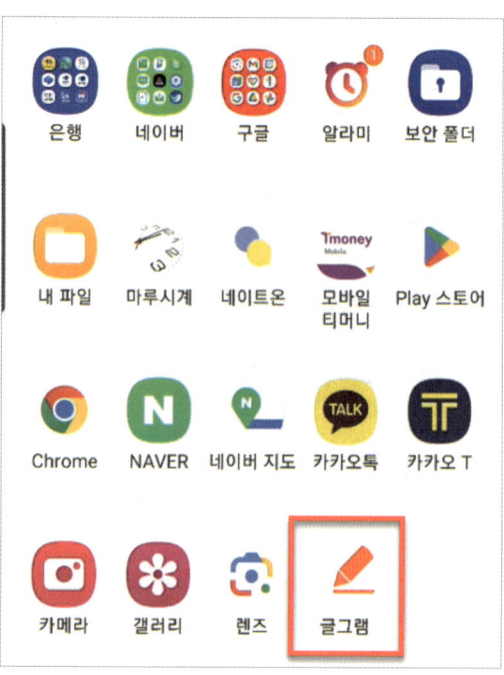

03 글그램 홈 화면에서 [내 사진에 글쓰기]를 누른 후, 펼쳐진 갤러리에서 방금 다운로드한 **니콜라 테슬라**를 선택합니다.

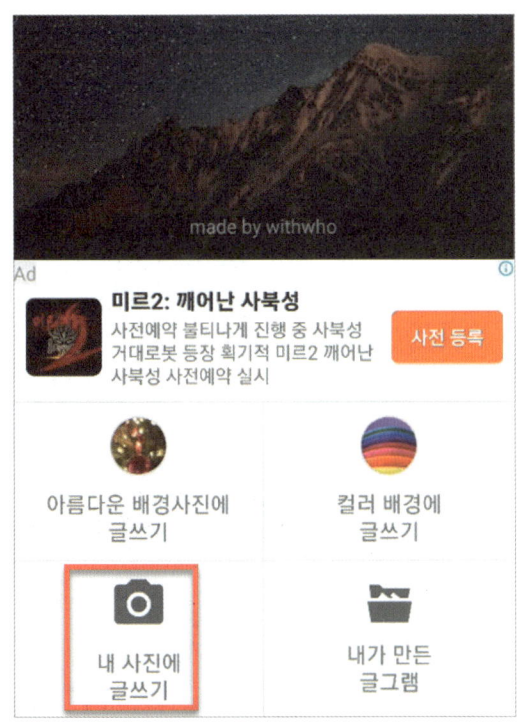 

04 [사용자 지정]을 선택한 후, 사진편집이 나오면 우측 상단의 [확인]을 누릅니다.

 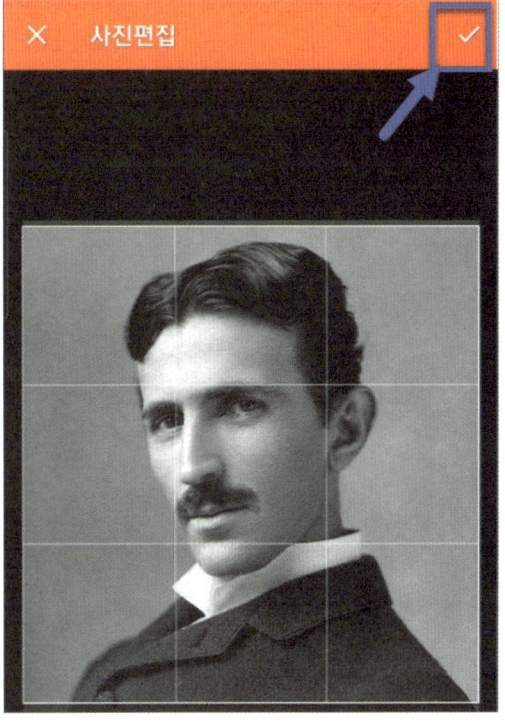

05 앞 과정에서 서명, 날짜, 글을 재사용할 것인지 물으면 [**아니오, 모두 비활성화합니다**]를 누른 후 내용을 다시 입력합니다.

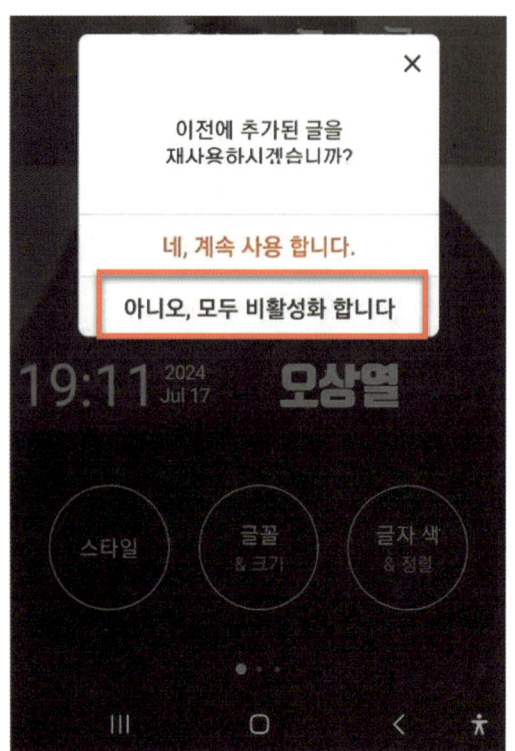 

06 명언 내용을 입력한 후 [**저장**]을 눌러서 공유 화면이 나오면 ❶[**저장**]을 눌러 스마트폰에 다운로드를 하고, ❷[**홈**] 버튼을 누릅니다.

 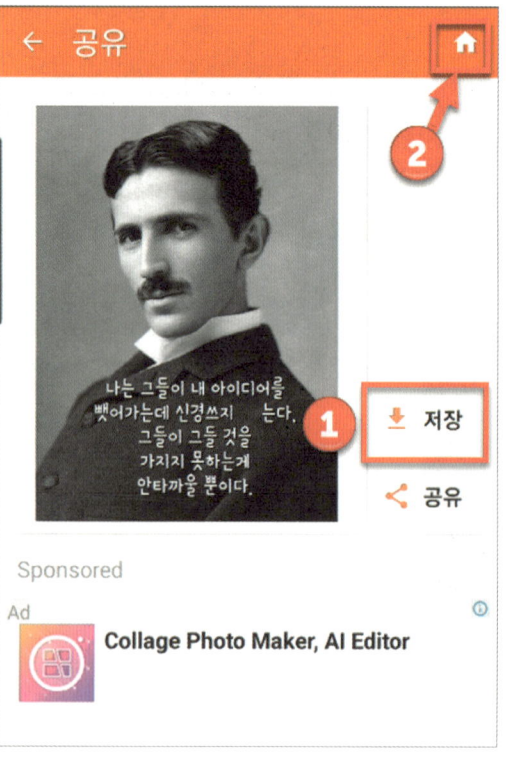

07 동일한 그림에 글 내용만 변경하기 위해, [내가 만든 글그램]을 누른 후 하단의 **편집(연필 아이콘)**을 누릅니다.

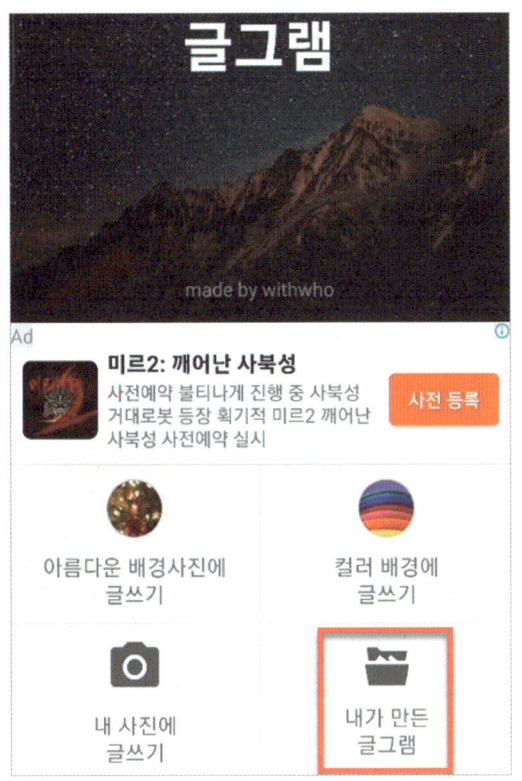

08 ❶**명언을 입력**한 후 ❷[저장]을 누른 다음 오른쪽 하단의 [다운로드] 버튼을 눌러서 스마트폰에 저장을 합니다.

09 저장하였다는 메시지 창에서 **[확인]**을 누릅니다. 다음 오른쪽 그림에 있는 내용으로 다시 편집 작업한 후 **저장**해 보세요.

10 동일한 작업 과정을 통해 아래의 내용으로 여러 장의 명언 카드를 만든 후 저장을 한 다음 스마트폰 **갤러리**에서 작업한 결과물을 확인합니다.

STEP 3 슬라이드메시지로 꾸미기

01 **Play 스토어**에서 **"슬라이드메시지"**를 설치한 후 실행합니다. 아래와 같이 **+(추가)**를 누른 후 알림은 **[다시보지않음]**을 선택합니다.

02 상단 분류에서 **[모든사진들]**을 누른 후 **[글그램]**을 선택합니다.

03 차례로 재생될 그림을 ❶**순서대로 선택**한 후 ❷**[확인]**을 눌러주면 슬라이드 파일이 생성됩니다. **[재생]** 버튼을 눌러서 확인해 봅니다.

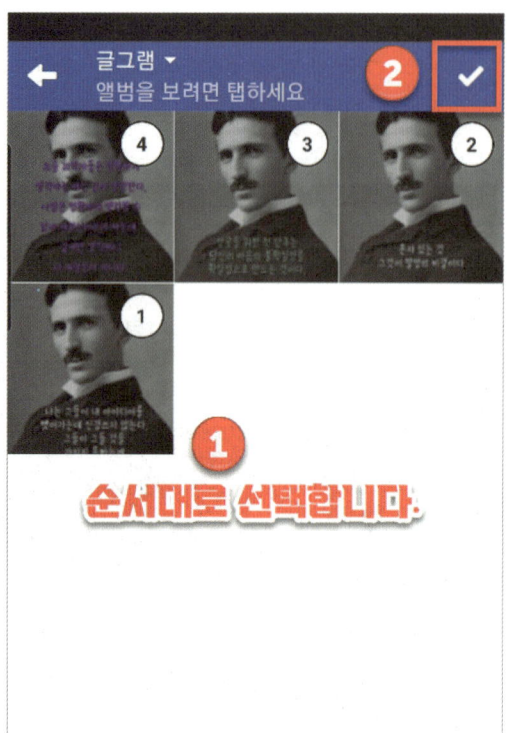

04 하단의 **[음악]**을 눌러서 내 음악의 **[더보기]**를 누릅니다. 음악은 저작권이 있으므로 SNS에 올리지 않는 것이 좋습니다.

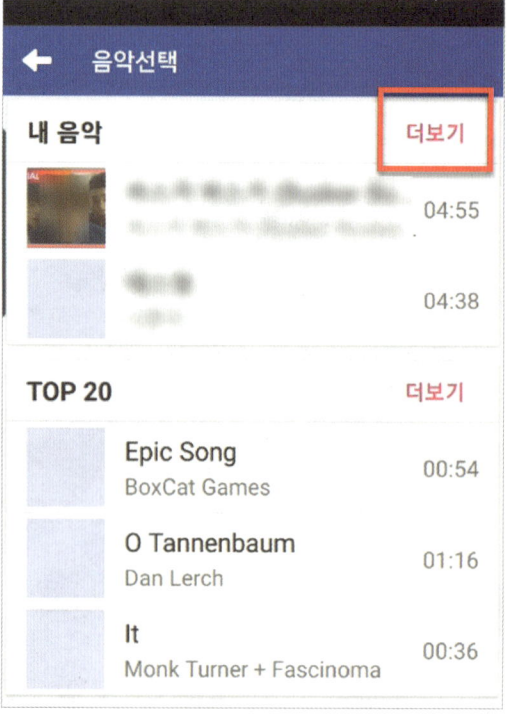

05 배경 음악으로 사용할 노래를 선택하면 음악이 재생이 자동으로 진행됩니다. **[사용하기]**를 눌러서 나갑니다.

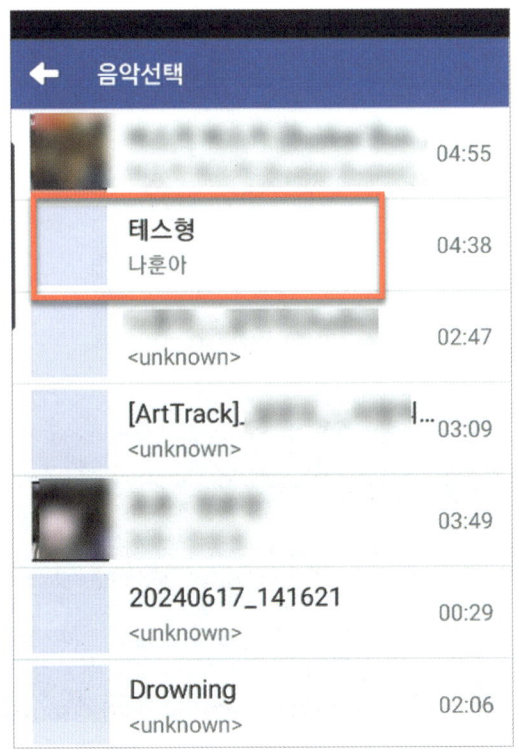

06 음악 재생시간은 4초로 표시되는데, ❶**[설정시간]**을 눌러서 ❷**[30초]**로 정한 후 ❸**[확인]**을 누릅니다.

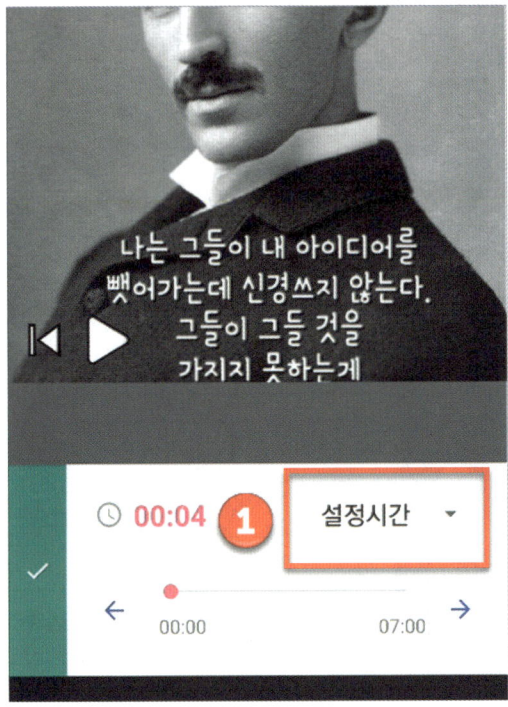
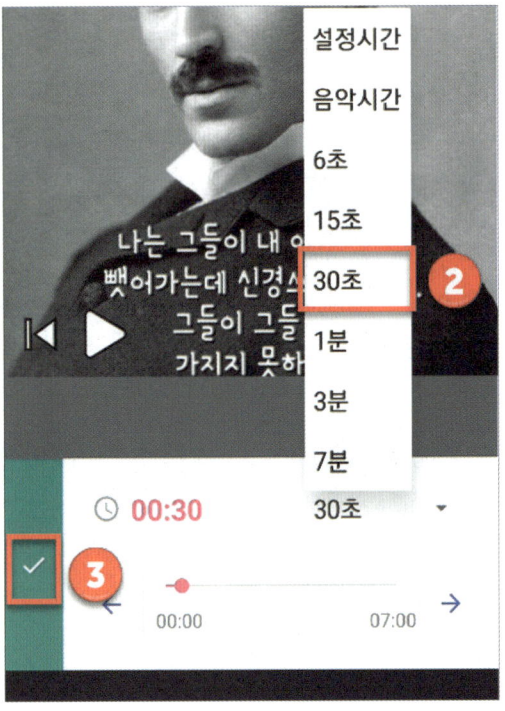

07 슬라이드 장면전환 효과를 위해서 **[화면전환]**을 선택한 후 ❶[Pop]를 선택하고 ❷[확인]을 누릅니다.

08 [스티커]도 눌러서 ❶[고양이]를 누르면 동물들이 나옵니다. ❷[펭귄]을 누른 후 상단의 ❸[확인]을 누릅니다.

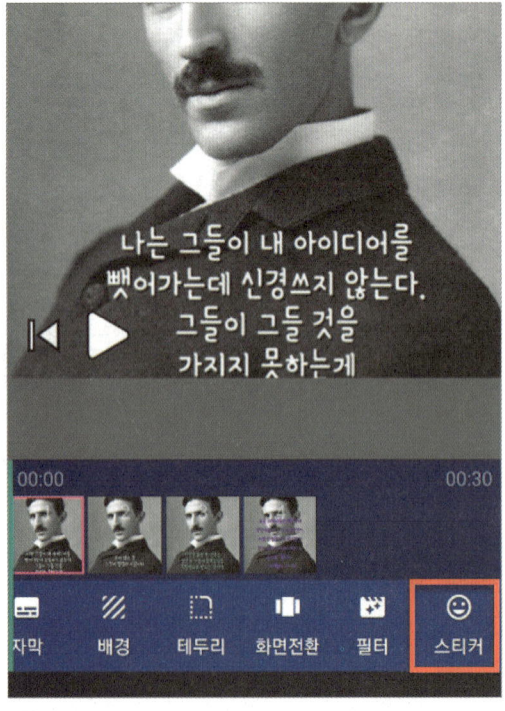 

09 움직이는 스티커를 만들려면 [효과]를 눌러서 ❶[종류]를 고른 후 ❷[닫기]를 누릅니다.

10 스티커의 ❶위치와 크기를 조절하고 ❷[확인]을 눌러서 마무리한 후 ❸[재생]을 눌러 작업 결과를 미리보기하고 ❹[확인]을 누릅니다.

11 영상 생성을 하는 중이므로 기다린 후 **[공유하기]**를 눌러서 친구에게 보내봅니다.

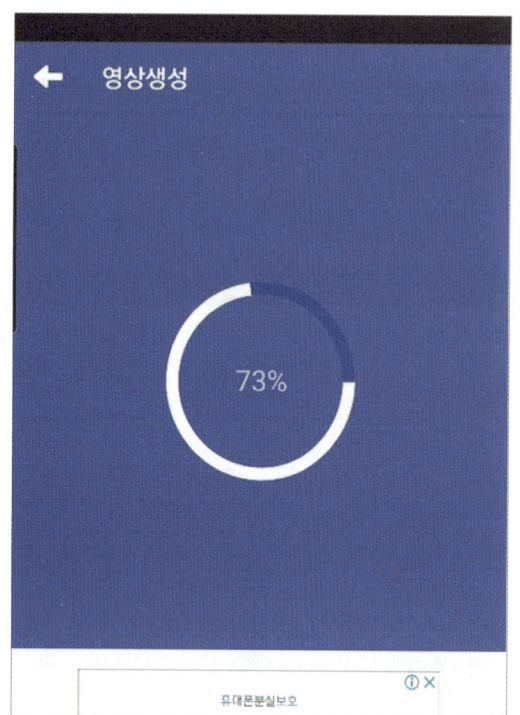

12 **[카카오톡]**을 이용해서 친구에게 보내보세요. 앞 단계에서 **[공유하기]**가 아니라 **[홈으로 이동]**을 누르면 오른쪽 화면이 나옵니다.

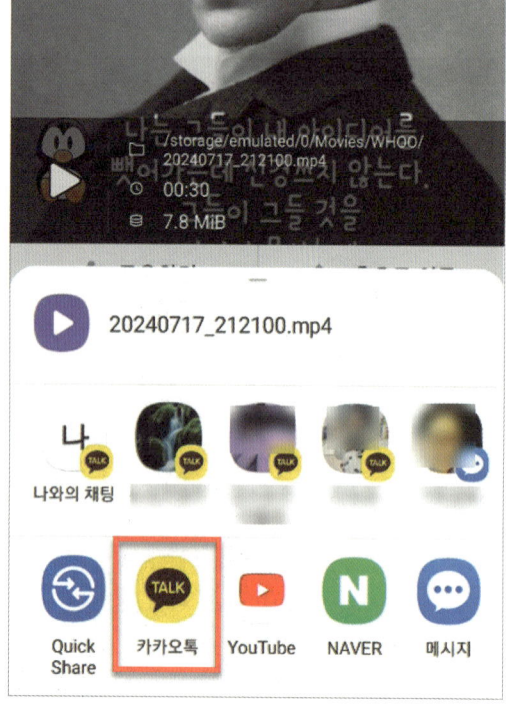

STEP 4 - 감성공장 캘리그라피

01 **Play 스토어**에서 **"감성공장"**을 **[설치]**한 후 **[열기]**를 합니다.

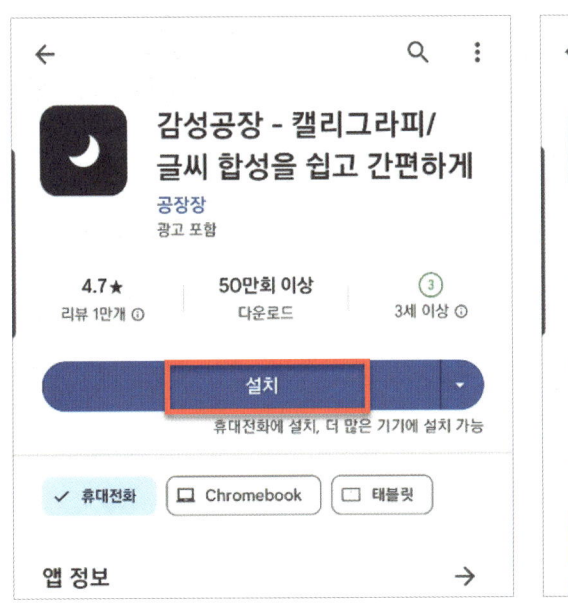 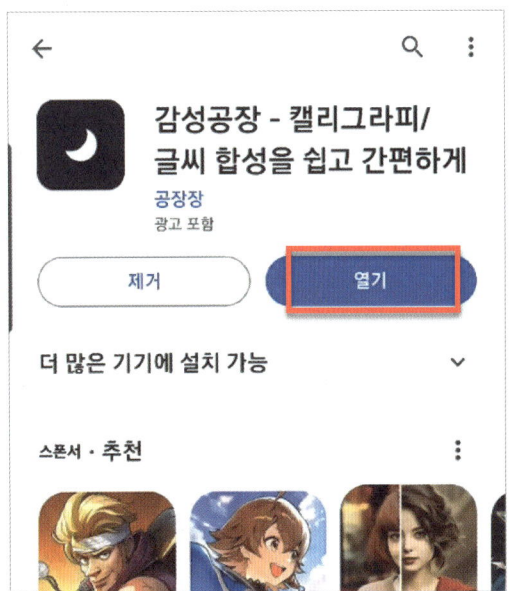

02 단순하게 배경 사진과 캘리그라피를 선택하면 만들어지는 앱으로, 일단 좌측 하단의 **[홈]** 버튼을 눌러서 작품을 감상해 보세요.

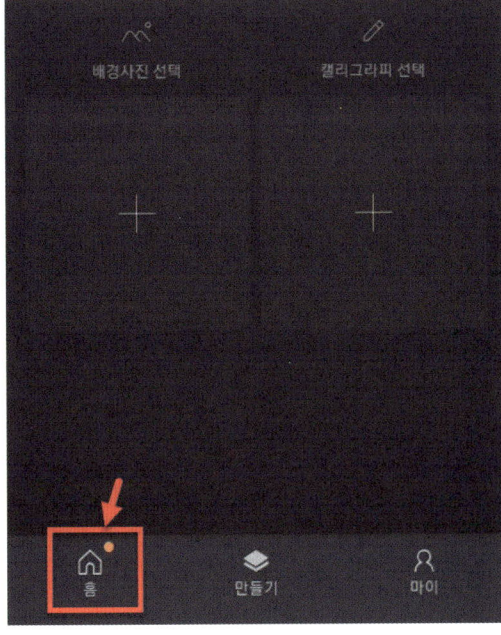 

03 작품을 감상한 후 **[뒤로]**를 눌러 되돌아갑니다. 내가 만든 작품이 있다면 우측 하단의 **추가(+)** 버튼을 누릅니다.

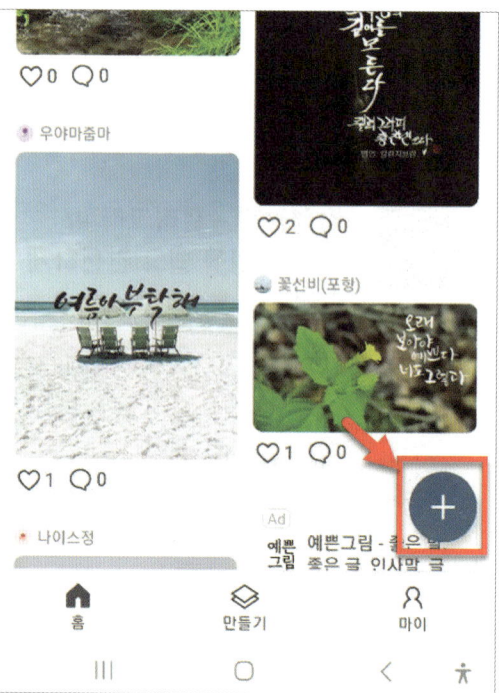

04 처음 사용하는 경우 프로필 등록이 필요합니다. **[확인]**을 누르고 ❶**닉네임**과 ❷**소개**하는 글을 입력한 후 ❸**[완료]**를 누릅니다.

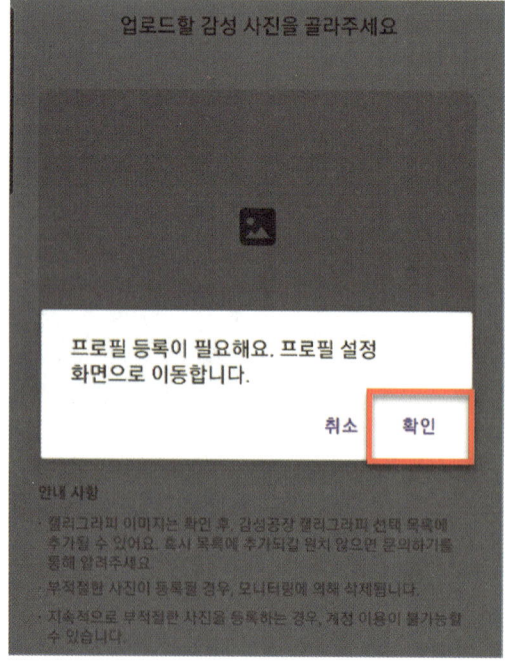

05 닉네임은 14일동안 변경할 수 없음에서 **[확인]**을 누르고, 내가 만들어둔 작품을 올리기 위하여 **[사진 고르기]**를 누릅니다.

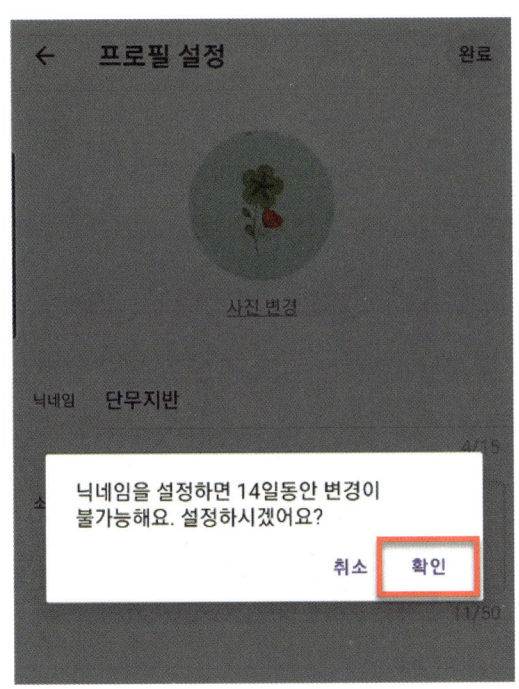 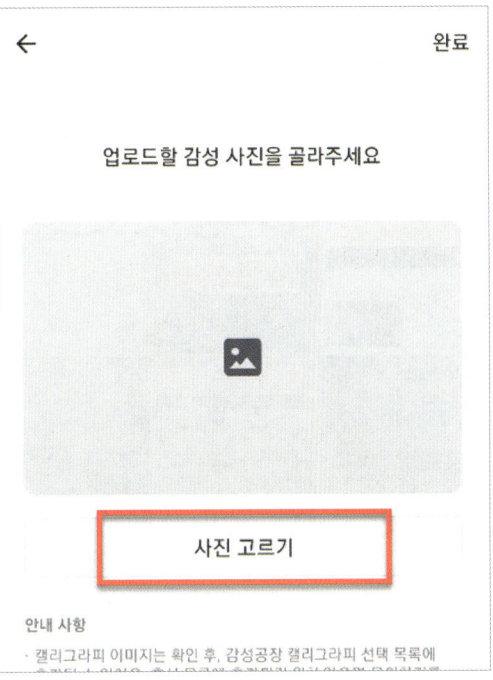

06 갤러리 접근 권한요청에 **[확인]**을 누른 후 기기의 사진과 동영상에 액세스를 **[허용]**합니다.

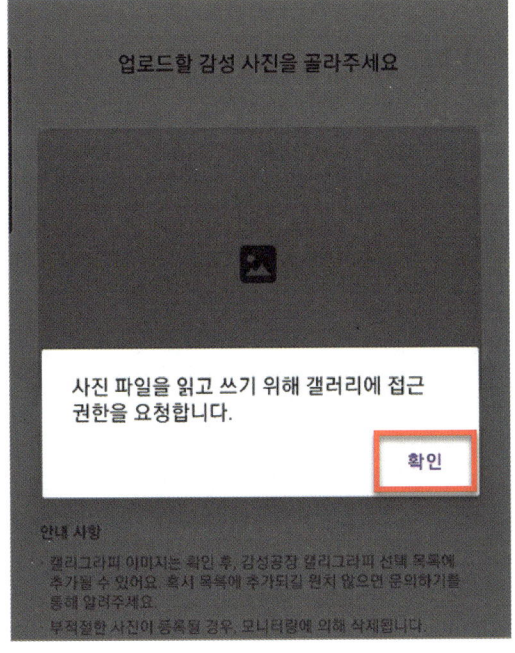 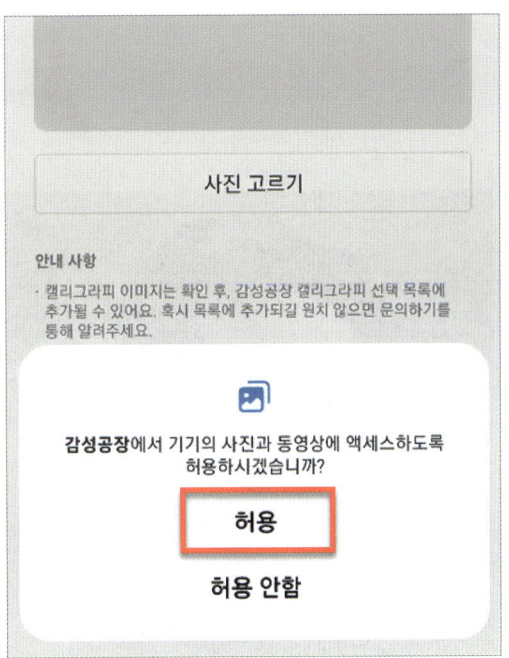

CHAPTER 02 명언카드 만들기

07 업로드할 사진을 선택한 후 우측 상단의 **[완료]**를 눌러서 업로드를 마무리합니다 (프로필 사진이 아닙니다).

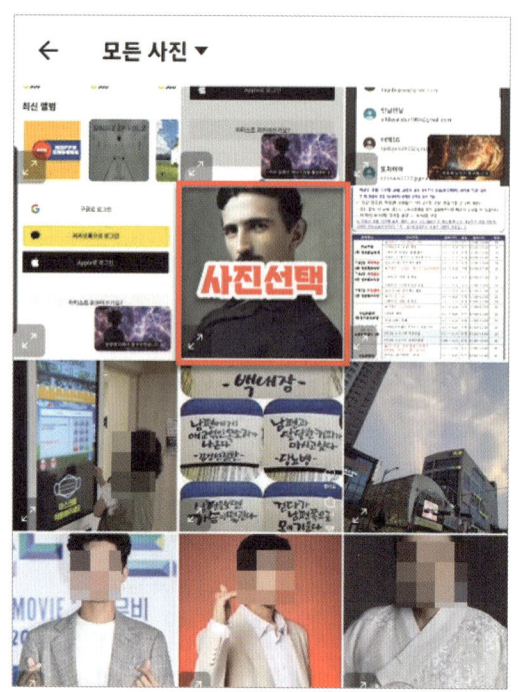 

08 올려진 작품을 지우고 싶을 때는 삭제할 사진을 누른 다음 우측 상단의 **기타옵션 (세로점)**을 누른 후 **[삭제하기]**를 누릅니다.

09 정말 삭제하겠다면 **[확인]**을 누르면 됩니다. 썸네일 목록에서 사라졌으면, 이제 작품을 만들어 보기 위해 하단의 **[만들기]**를 누릅니다.

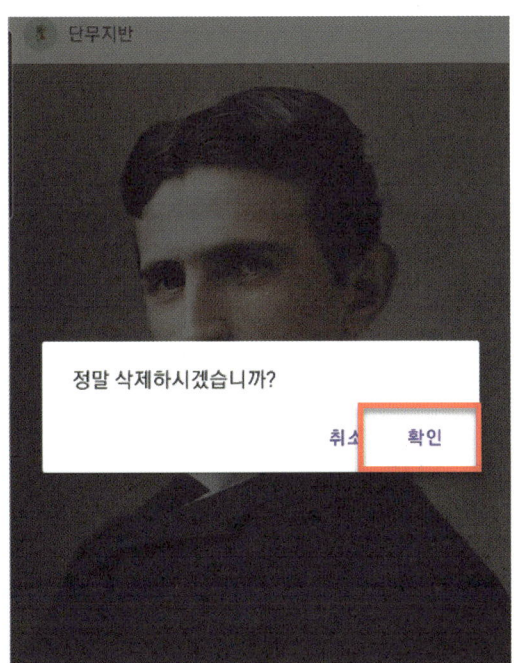 

10 배경사진 선택 아래에 있는 **추가(+)**를 누른 후 카테고리에서 ❶**[여름/바다]**를 선택한 후 ❷**세로로 긴 이미지**를 선택합니다.

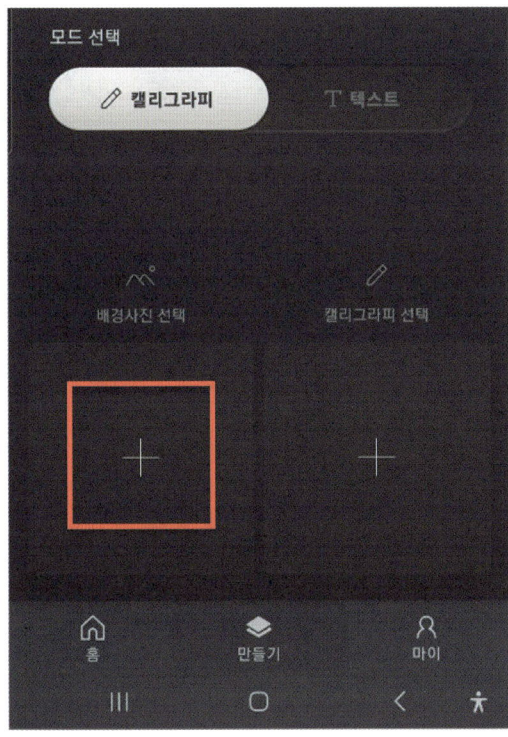 

11 캘리그라피 선택 아래의 **추가(+)**를 눌러서 카테고리에서 ❶**[명언]**을 누르고 ❷**좋은 명언**을 선택합니다.

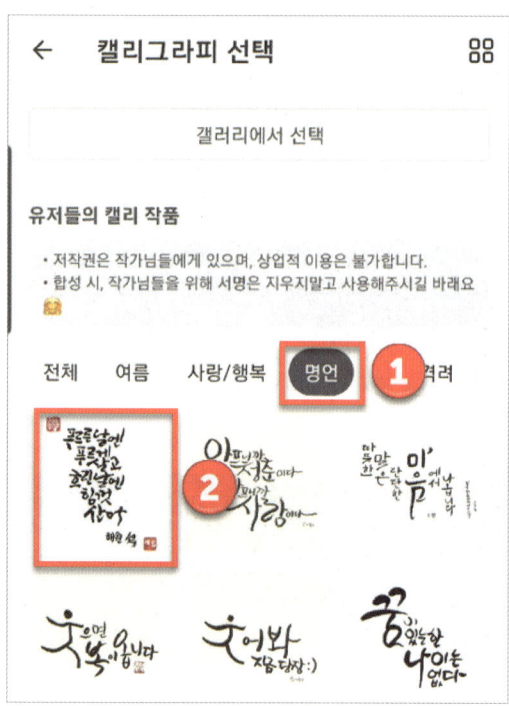

12 배경 사진과 캘리그라피를 선택한 결과를 **[합성하기]**를 눌러서 만들어 준 다음, ❶**배치, 회전, 크기**를 조절한 후 ❷**[확인]**을 누릅니다.

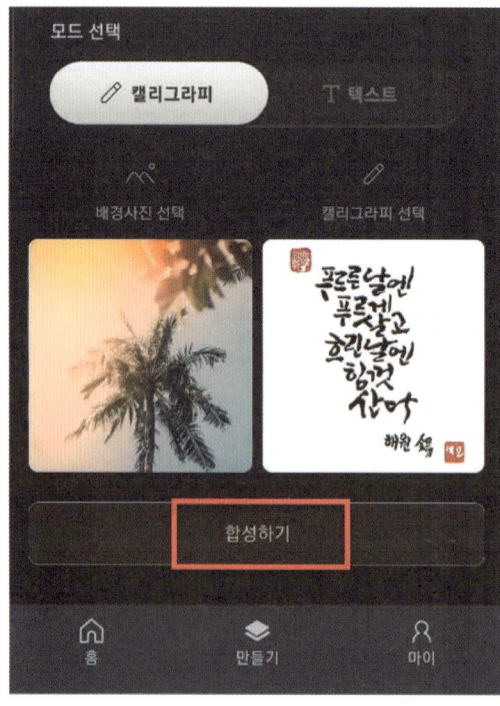

13 광고가 다른 형태로도 나오기도 하는데, **[열기/설치하기]를 누르지 말고** 반드시 **[닫기]**를 누릅니다. 그러면 갤러리에 저장되고 **[공유하기]**로 친구에게 보낼 수 있습니다.

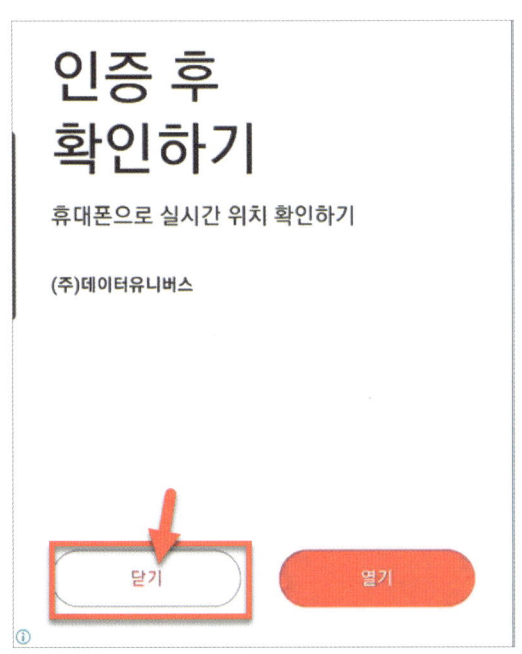

14 연습을 해보기 위해 **[나와의 채팅]**으로 나에게 보내어 확인하고 이상이 없다면 다른 친구들에게도 보내보세요.

CHAPTER 03
나만의 스마트폰 꾸미기

갤럭시 스마트폰은 갤럭시 스토어에서 제공하는 앱을 무료로 사용할 수 있습니다. 굿락(Good Lock)이라는 앱을 이용하면 성능 향상이나 꾸미기 등을 통하여 나만의 스마트폰을 멋지게 꾸밀 수 있습니다.

결과화면 미리보기

무엇을 배울까?

❶ 굿락(Good Lock) 설치하기
❷ 아이콘 테마 만들기
❸ 뒷면 두드리기 기능
❹ 측면 버튼으로 음성 녹음하기
❺ 최근 실행 앱 화면 꾸미기
❻ 사운드 어시스턴트

STEP 1 ▶ 굿락(Good Lock) 설치하기

01 앱 화면에서 **"STORE"**를 검색한 후, **[Galaxy Store]**를 눌러 실행하고 **[검색]**을 누릅니다.

02 **"good"**을 입력해서 **Good Lock**을 **설치**합니다.

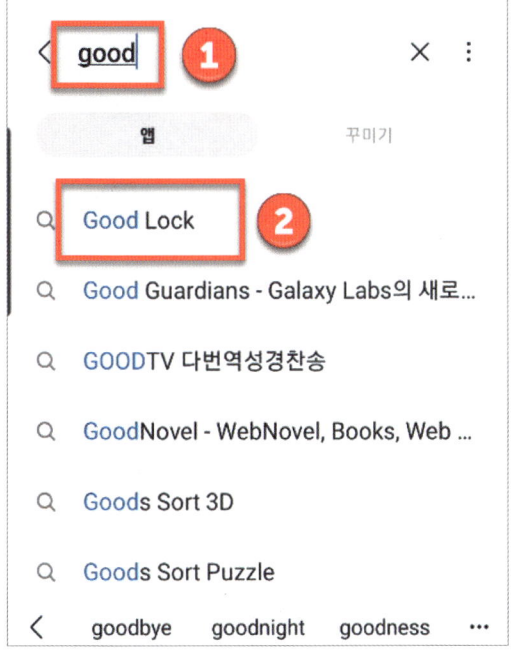
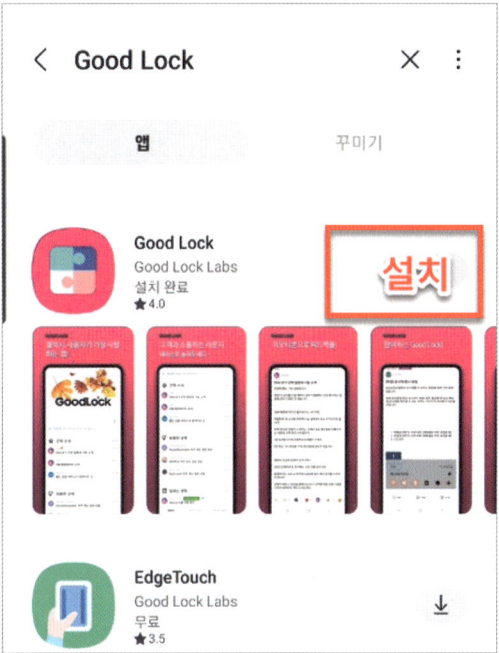

STEP 2 > 아이콘 테마 만들기

01 [Good Lock] 앱을 실행한 후, ❶[갤럭시 꾸미기]에서 ❷[테마파크]를 다운로드 하여 실행합니다.

 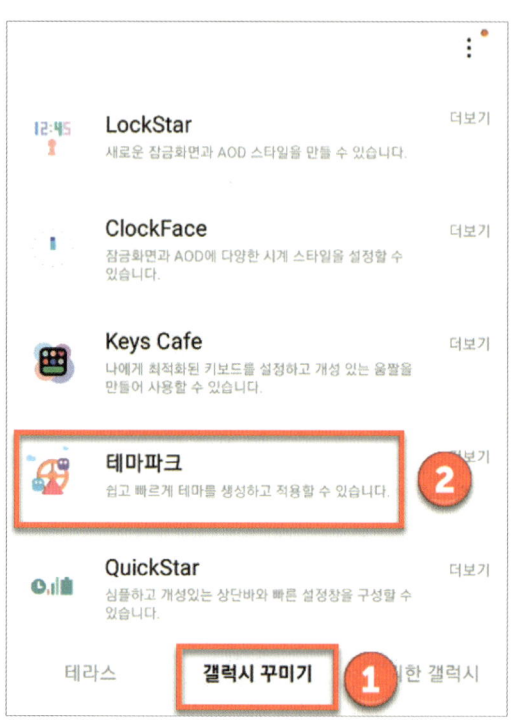

02 하단의 [아이콘]을 누른 후, ❶[모양]과 ❷색상 등을 설정합니다.

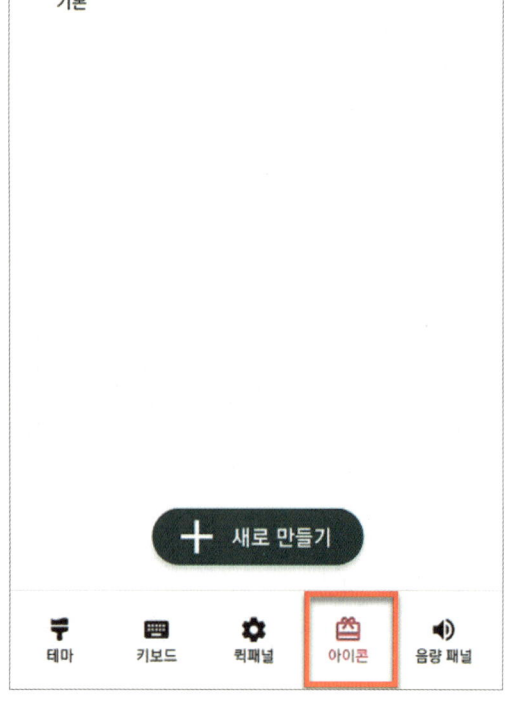 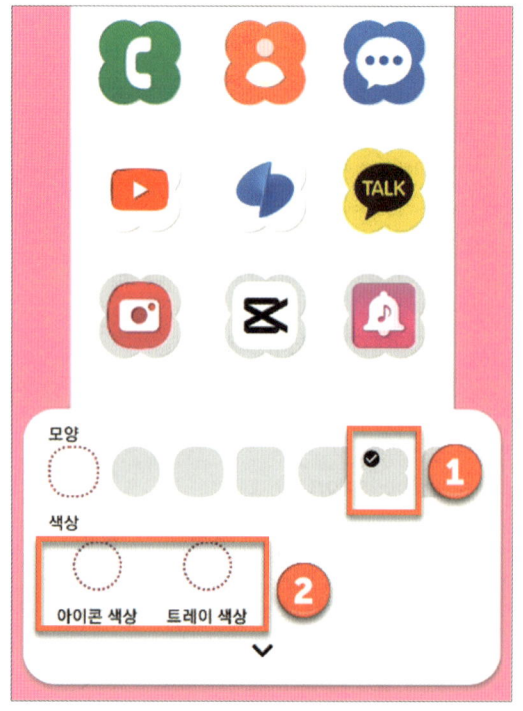

03 상단의 [다운로드]를 누른 후, 설치할 **이름을 입력**하고 [확인]을 누릅니다.

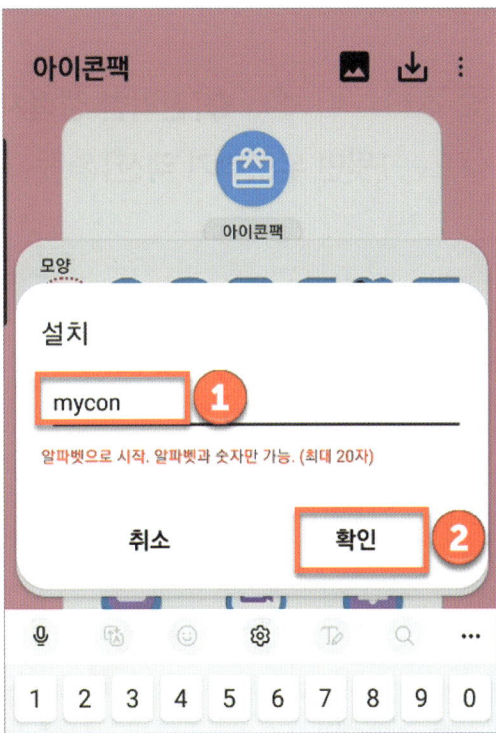

04 만들어진 테마를 선택한 후 [적용]을 누르면 홈 화면의 아이콘이 변경됩니다. [Good Lock]을 이용하여 원래 **기본**으로 돌려보세요.

STEP 3 - 뒷면 두드리기 기능

01 [Good Lock] 앱의 ❶[편리한 갤럭시]에서 [RegiStar]를 다운로드한 후 **실행**하면 나오는 **[뒷면 두드리기 액션]**을 누릅니다.

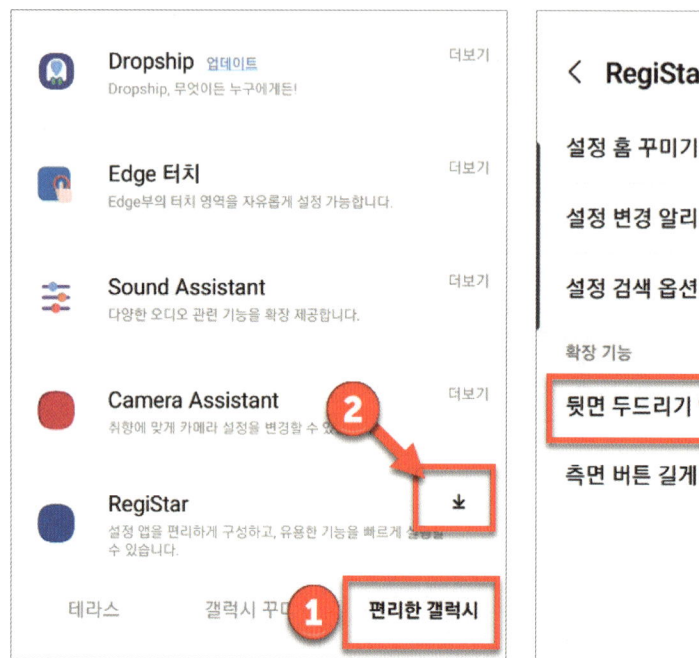 

02 **[사용 중]**으로 변경하고, **[두번 두드려 액션 실행]** ▶ **[스크린샷 생성 후 공유]**를 누릅니다.

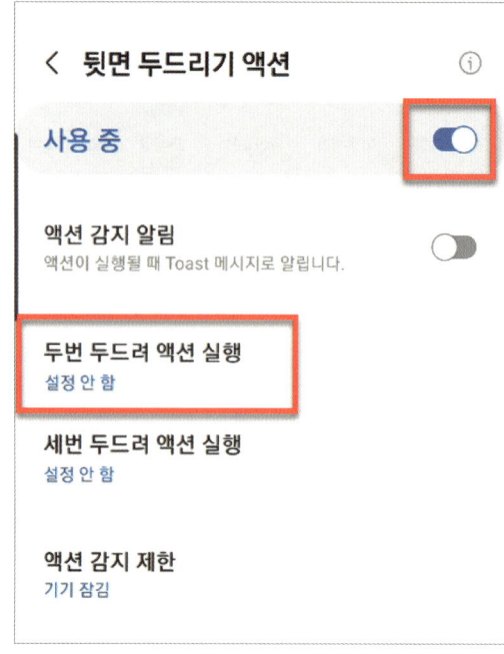 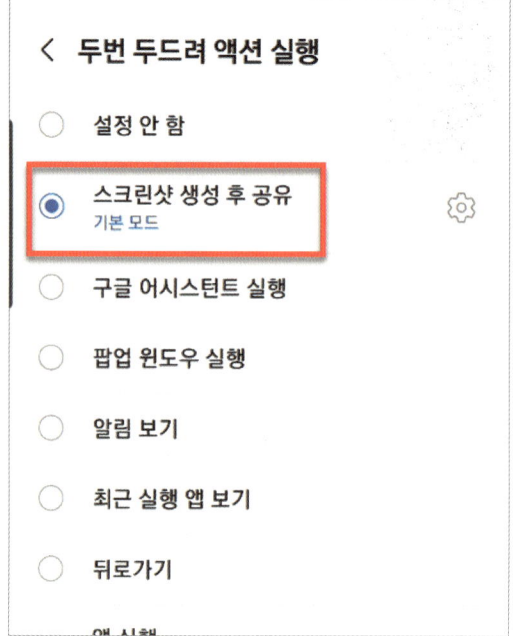

03 [세번 두드려 액션 실행]을 눌러서 [앱 실행]에 있는 [설정]을 누르면 실행할 앱을 선택할 수 있습니다.

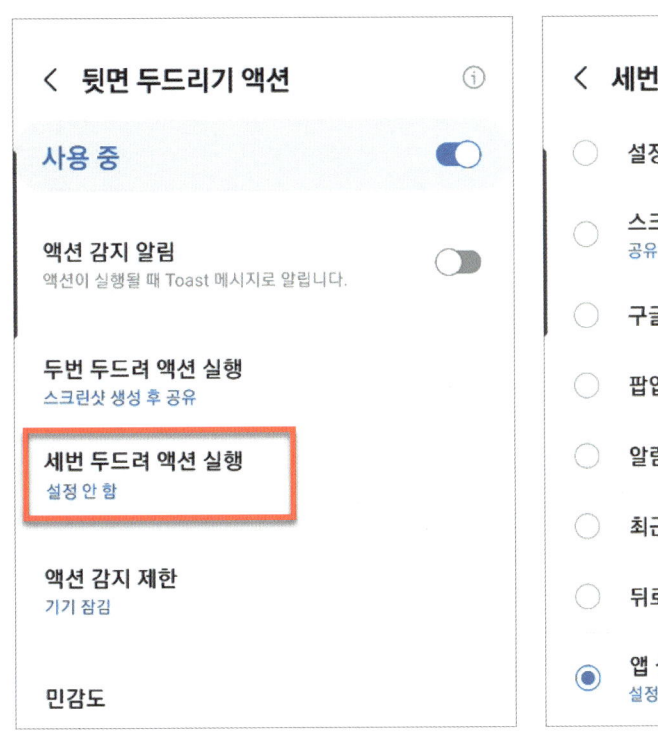
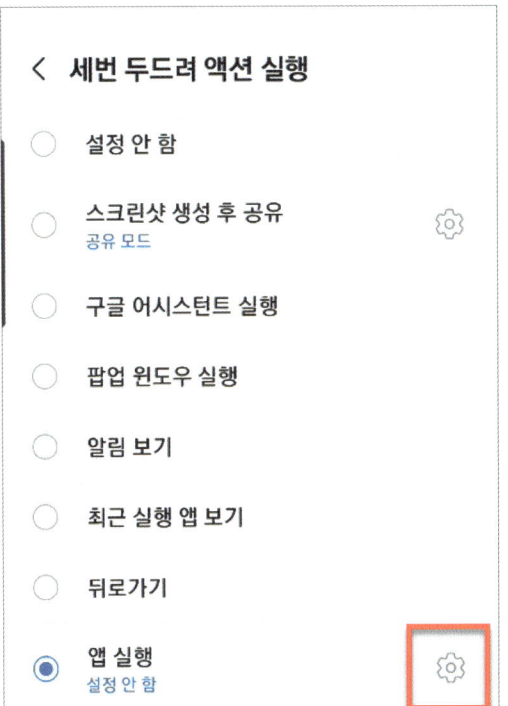

04 [카카오톡]을 선택한 후 [Good Lock] 앱을 닫습니다. 이제 스마트폰 뒷면을 두 번 두드리면 캡처가 실행되고, 세 번 두드리면 카카오톡이 실행됩니다.

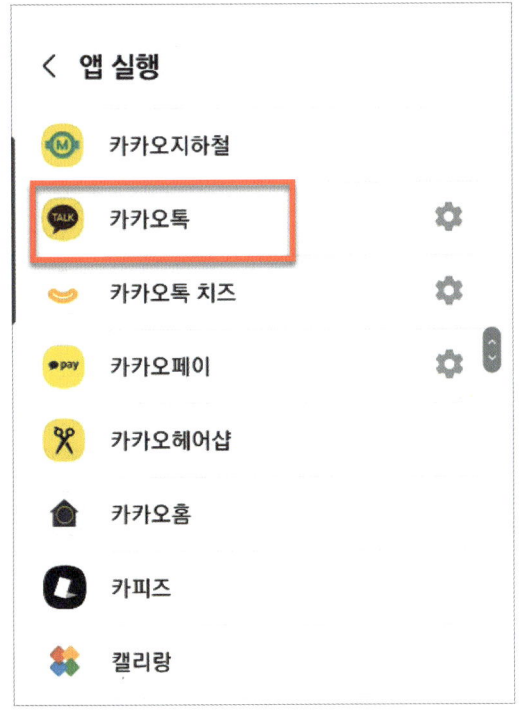

STEP 4 ▸ 측면 버튼으로 음성 녹음하기

01 [Good Lock] 앱의 **[편리한 갤럭시]**에서 **[RegiStar]**를 실행한 후, **[측면 버튼 길게 누르기 액션]**을 선택합니다.

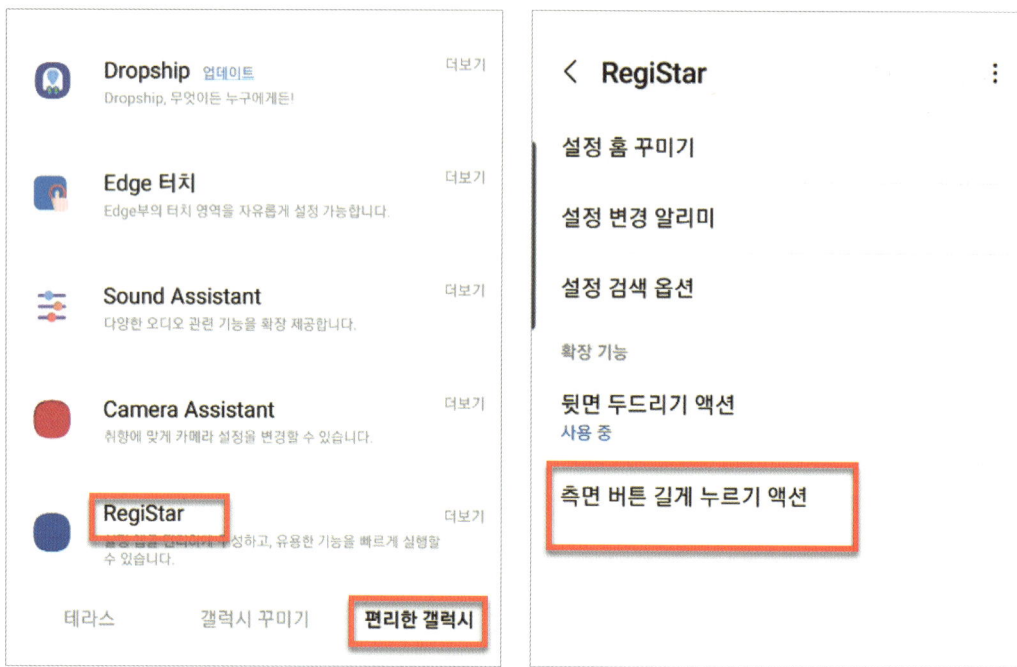

02 ❶**[사용 중]**으로 변경하고, 앱 실행의 ❷**[설정]**을 눌러서 **[음성 녹음]** 우측에 있는 **[설정]**을 누릅니다.

 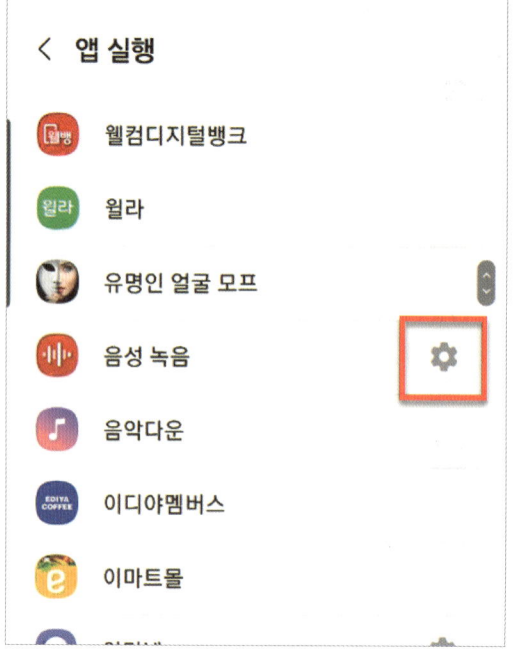

03 [녹음 시작]을 선택한 후, [Good Lock] 앱을 닫습니다. 이제 측면 버튼을 길게 누르면 곧 바로 녹음이 시작됩니다.

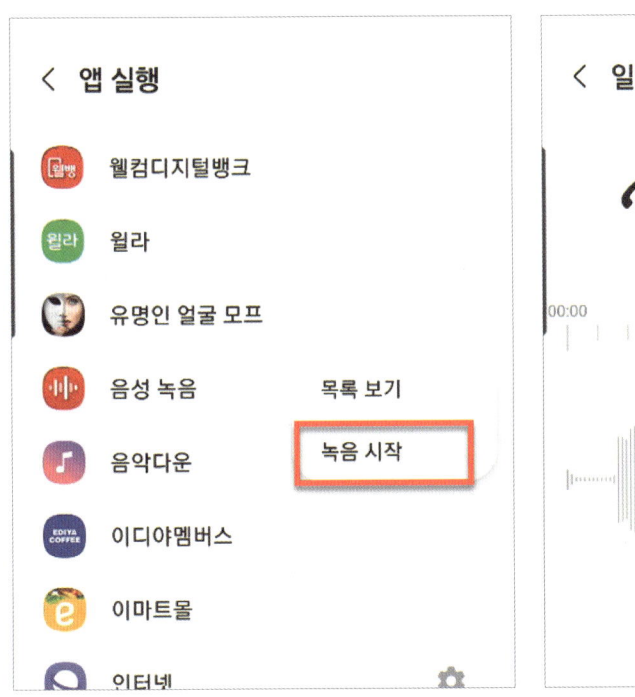 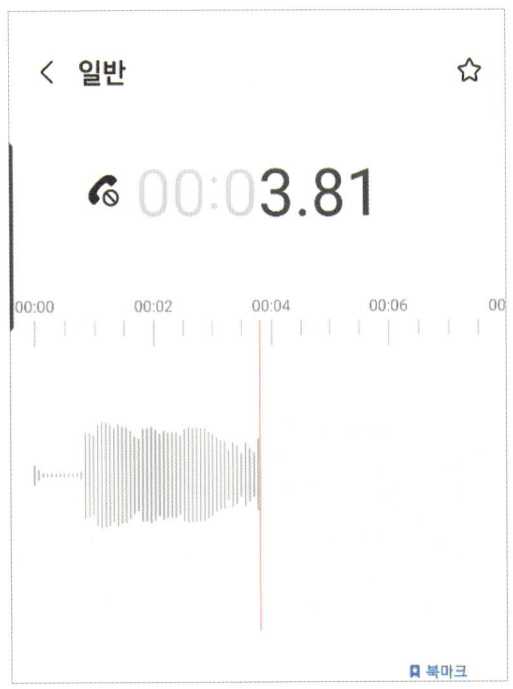

04 심지어 잠금화면 상태에서도 측면 버튼을 길게 누르면 음성 녹음이 시작됩니다. 긴급 상황에서 활용할 수 있는 꿀팁입니다.

 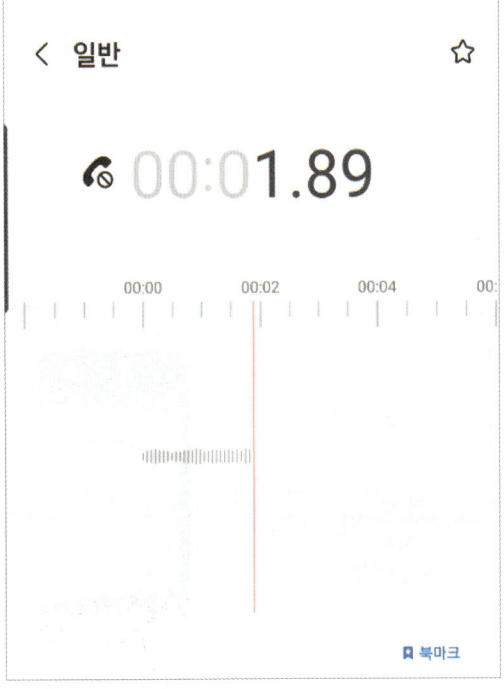

STEP 5 최근 실행 앱 화면 꾸미기

01 [Good Lock] 앱을 실행한 후 **[갤럭시 꾸미기]**에서 **[Home Up]**을 다운로드한 후 실행합니다. ❶**[사용 중]**으로 변경하고 ❷**[Task Changer]**를 누릅니다.

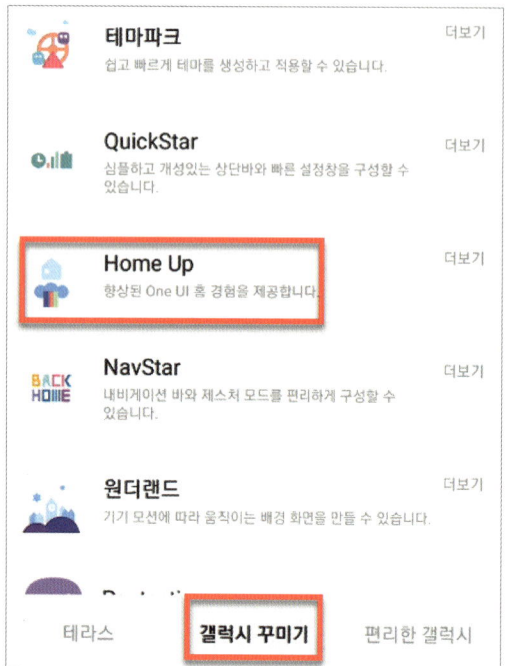
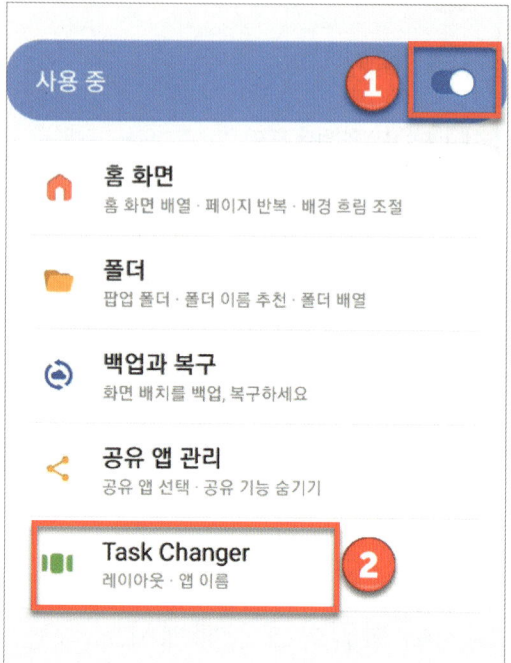

02 **레이아웃 타입**을 [Stack]으로 선택한 후, 아래의 **세부 설정**을 모두 켜줍니다. 특히 **미니 모드**는 꼭 켜두세요. 한 손가락으로 작업하기 편리합니다.

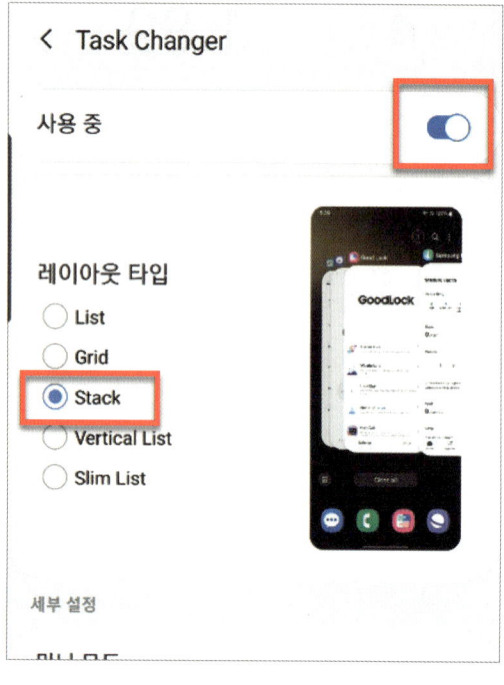

03 [Good Lock]의 [Home Up]에서 [Task Changer]의 레이아웃 타입을 Stack, Grid, Vertical List, Slim List 등 각각의 설정에 따라 **최근 실행 앱 버튼을 눌렀을 때** 보이는 모습의 예입니다.

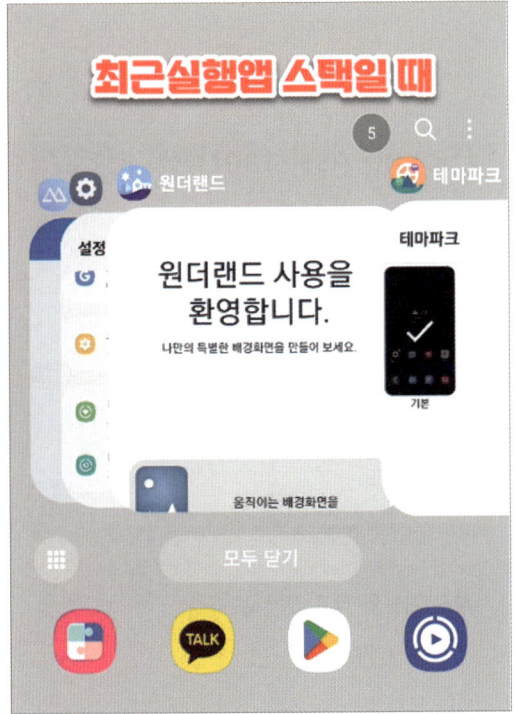
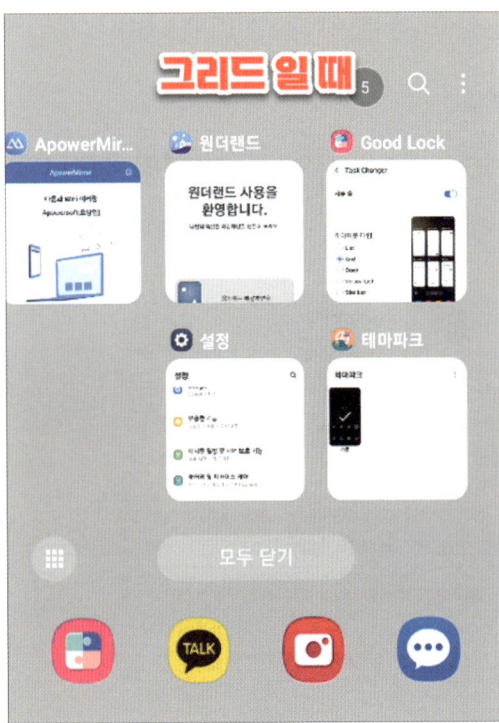

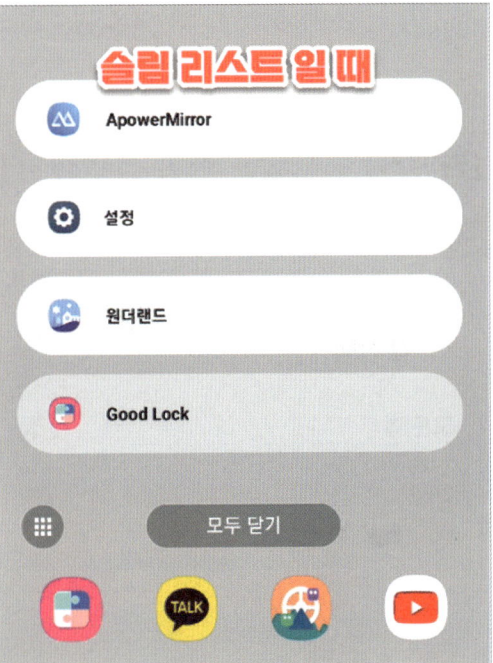

STEP 6 - 사운드 어시스턴트

사운드 어시스턴트를 설치하면 촬영을 할 때 스마트폰에서 흘러나오는 음악을 배경 음악으로 깔면서 촬영할 수 있습니다.

01 [Good Lock] 앱의 **[편리한 갤럭시]**에서 **[Sound Assistant]**를 다운로드한 후 실행합니다. 가장 아래에 있는 **[멀티 사운드]**를 누릅니다.

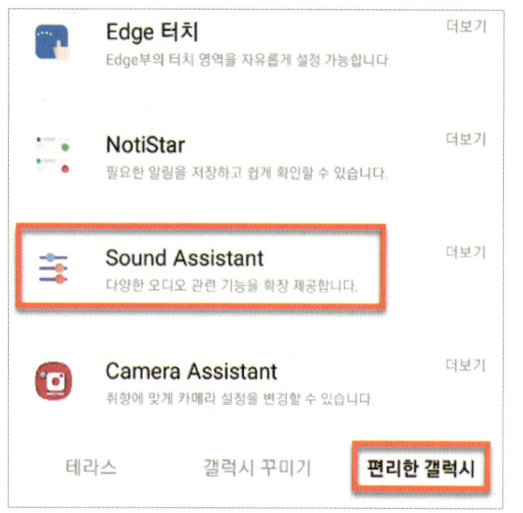 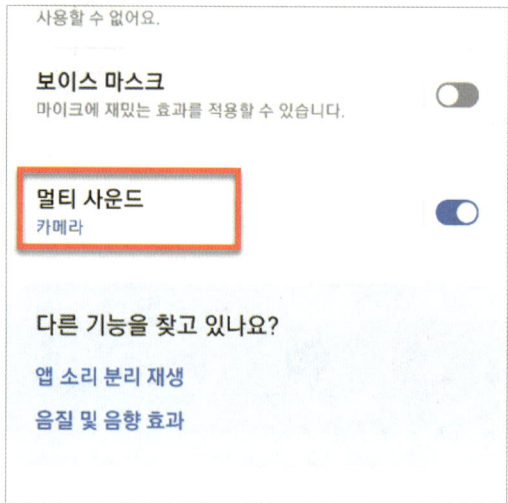

02 **[카메라]**를 선택한 후 홈 화면에서 **[음악다운]** 앱을 실행합니다. 백그라운드로 재생할 수 있는 음악플레이는 다 됩니다.

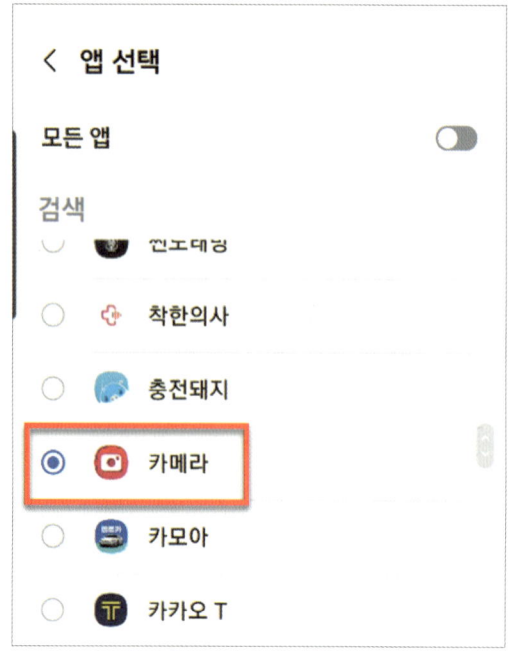 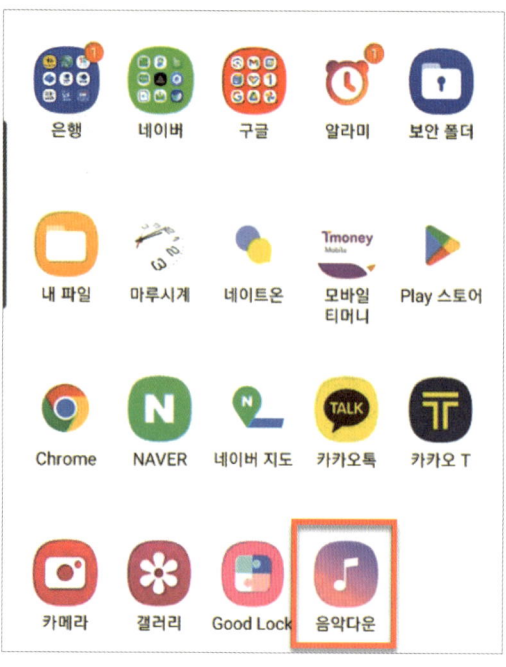

03 다운로드 해두었던 음악을 선택하여 재생이 되는 동안, 홈 화면에서 **[카메라]** 앱을 실행합니다.

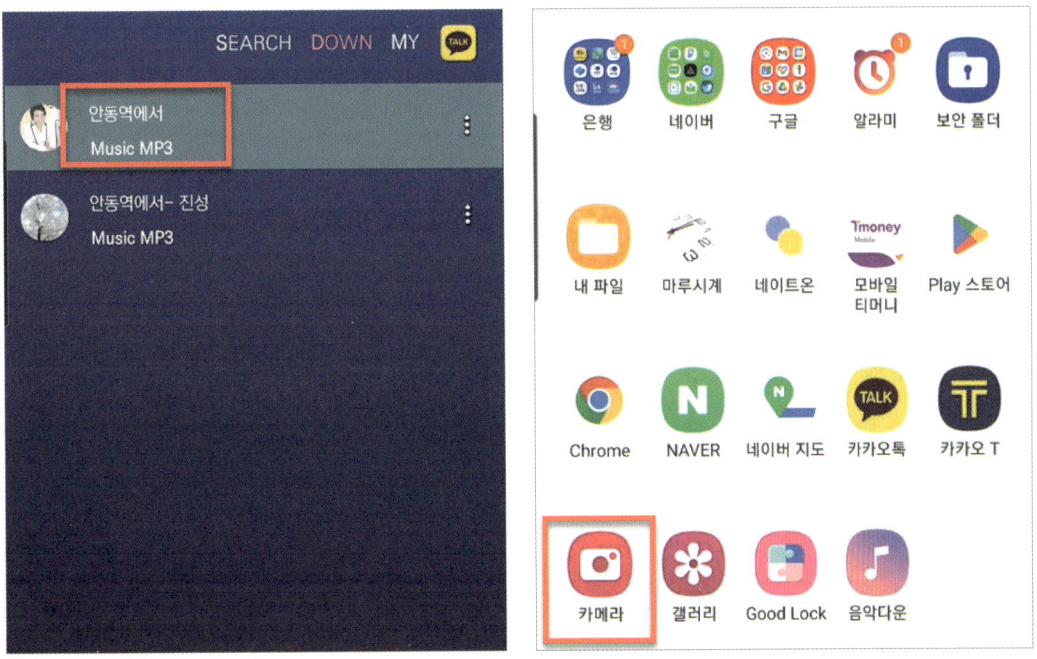

04 **[사진]** 촬영 상태에서 셔터를 위로 드래그해서 자물쇠에 놓으면 손가락을 셔터에서 놓아도 촬영이 진행됩니다.

05 촬영이 끝났으면 음악을 멈추기 위해 알림표시줄을 아래로 내려서 **[정지]**를 누른 후, **[갤러리]** 앱을 실행해서 결과를 확인합니다.

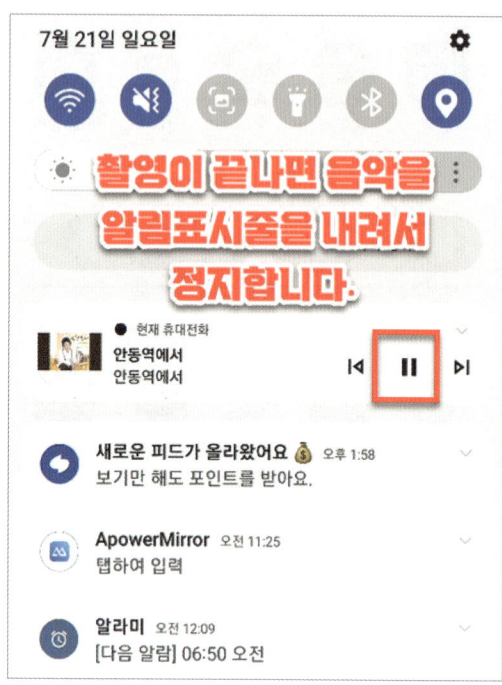 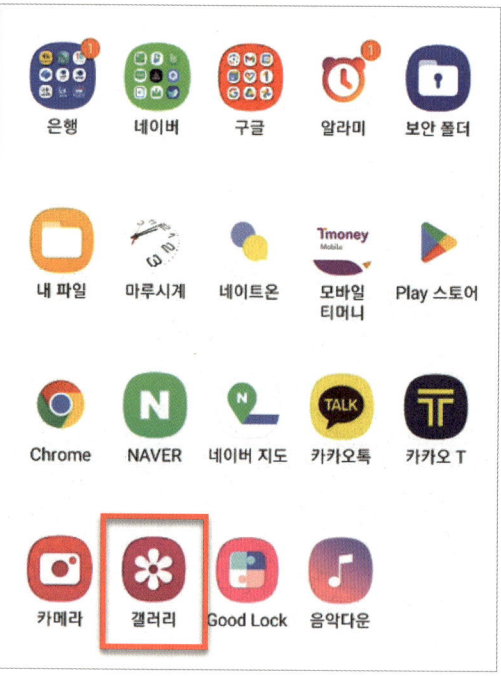

06 촬영한 영상에 음악 소리가 들리지 않는다면 우측 하단의 스피커가 꺼져있는지 확인합니다. 눌러서 켜놓은 후 감상하세요. 이제 스마트폰에 저장된 음악이 있으면 배경 음악으로 동영상을 촬영할 수 있습니다.

 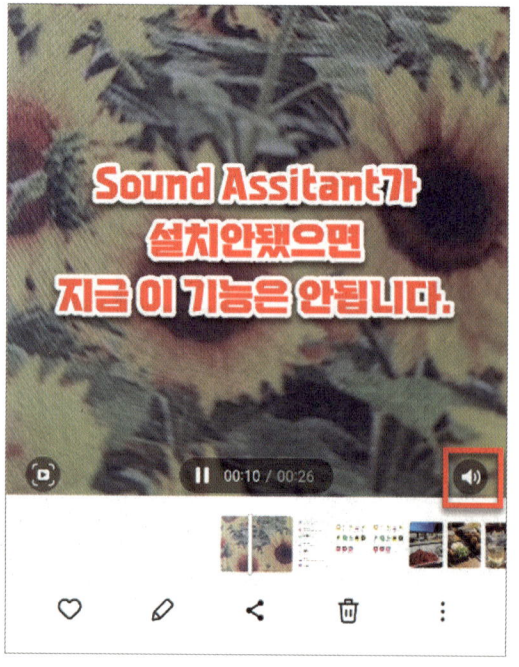

CHAPTER 04
스캐너 앱 활용하기

스마트폰의 촬영 기능을 이용하면 종이로 보관되어 있는 옛날 일기장, 족보, 영수증 등을 전자문서로 변경해서 간단하게 찾아보고 공유할 수 있습니다. 여기에서는 vFlat Scan 앱의 활용법에 대해 배웁니다.

결과화면 미리보기

무엇을 배울까?

❶ vFlat Scan 사용하기
❷ PDF 문서 만들기
❸ 앱 환경 설정하기
❹ 라이브러리 사용하기

STEP 1 ▸ vFlat Scan 사용하기

01 **Play 스토어**에서 "**vFlat Scan**"을 설치한 후 실행합니다. 스캔할 종이를 렌즈에 맞춰 놓고 사각형 안에 종이가 들어온 후 **셔터**를 누릅니다.

 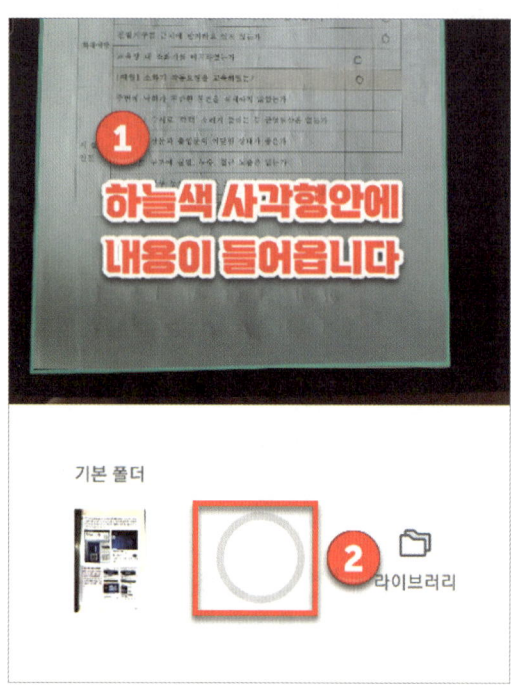

02 좌측 하단의 미리보기를 눌러서 스캔한 내용을 확인한 후, 스캔이 잘 됐으면 **[더보기]**를 누릅니다.

03 현재 스캔한 내용은 vFlat Scan앱을 실행해야만 보이지만 **[갤러리에 저장]**을 눌러서 **갤러리**에서도 확인할 수 있습니다.

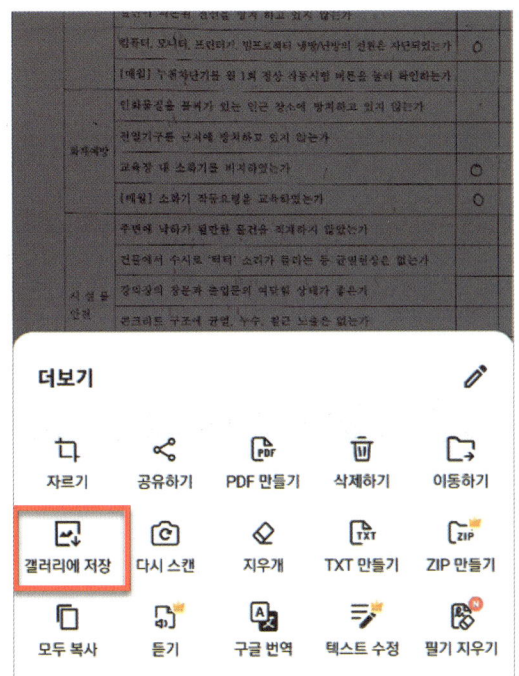 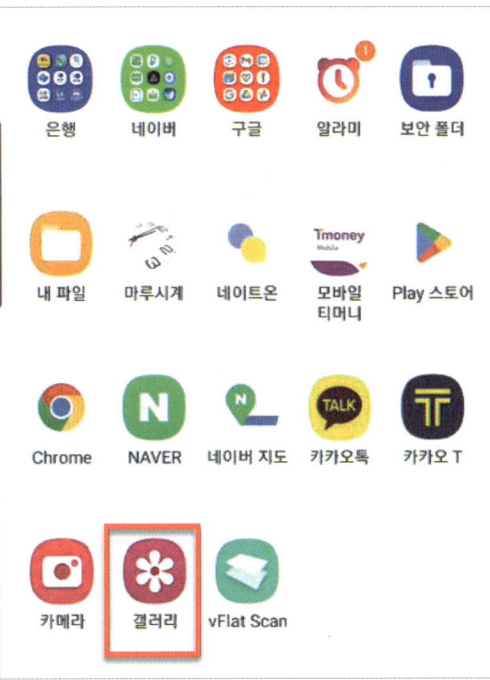

04 해당 내보내기된 이미지를 누르면 선명하게 스캔이 된 문서를 확인할 수 있습니다. 일반 카메라로 촬영한 것과 차이가 많습니다.

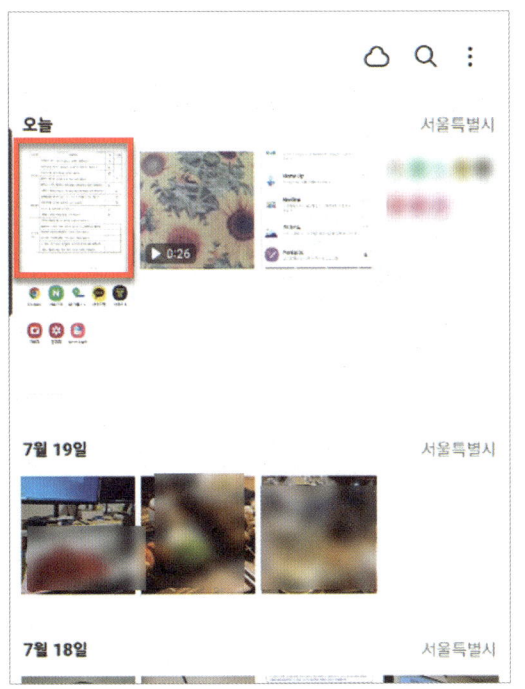 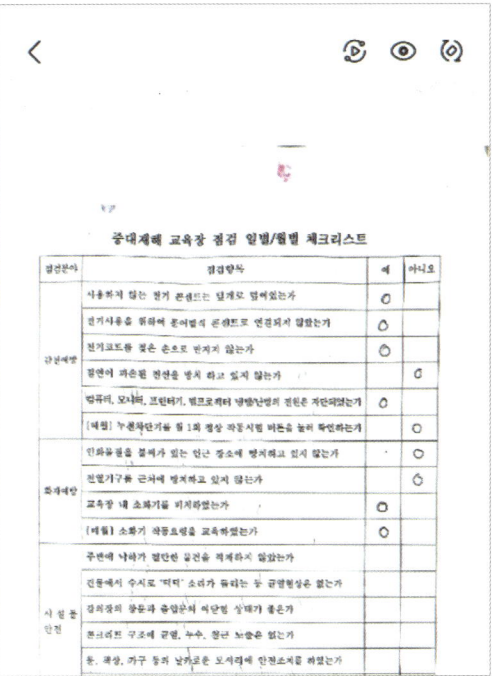

STEP 2 · PDF 문서 만들기

01 **[vFlat Scan]** 앱을 실행한 후, 스캔할 책을 촬영합니다.

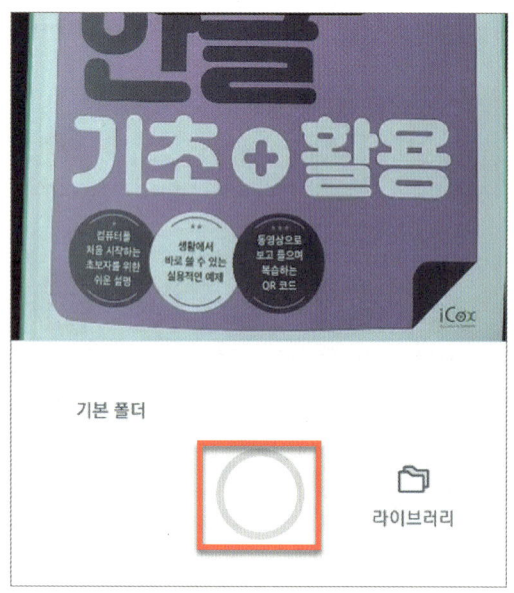 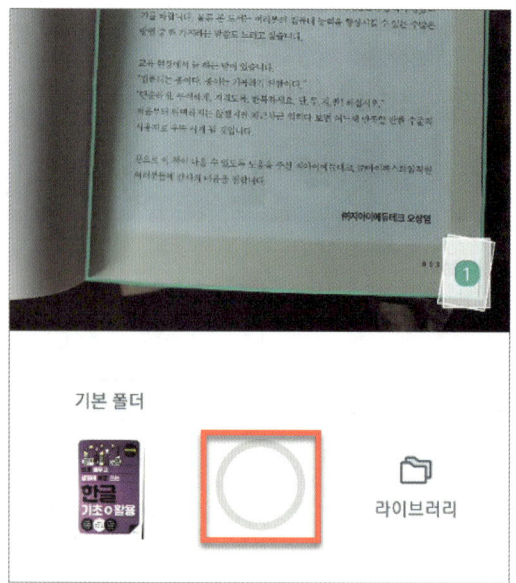

02 좌측 상단의 **한 페이지 모드**를 눌러서 **[두 페이지 모드]**로 변경한 후 촬영합니다. 무료 기능은 제한이 걸려있어 5회만 가능합니다(앱의 실행 시기에 따라 변경될 수도 있습니다).

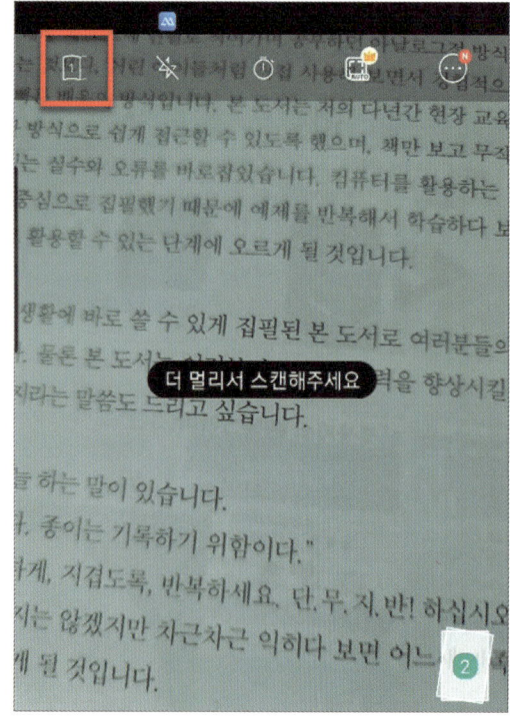 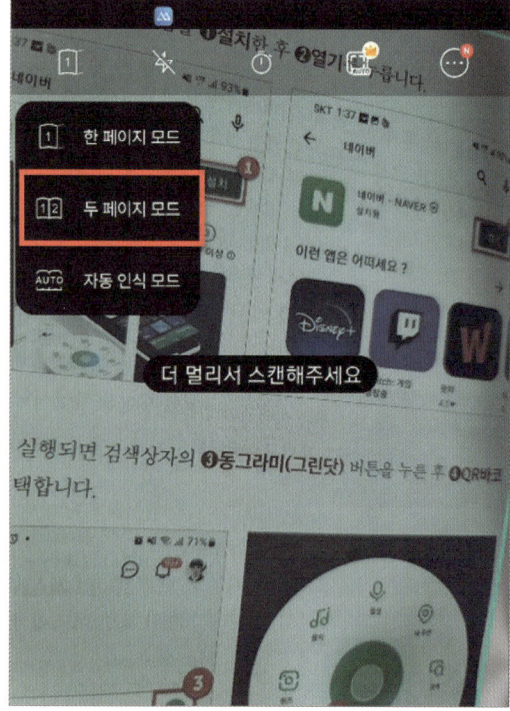

03 하단과 같이 몇 회 남았다고 나오는데, 유료로 결제를 하면 원하는 만큼 [두 페이지 모드]를 사용할 수 있습니다.

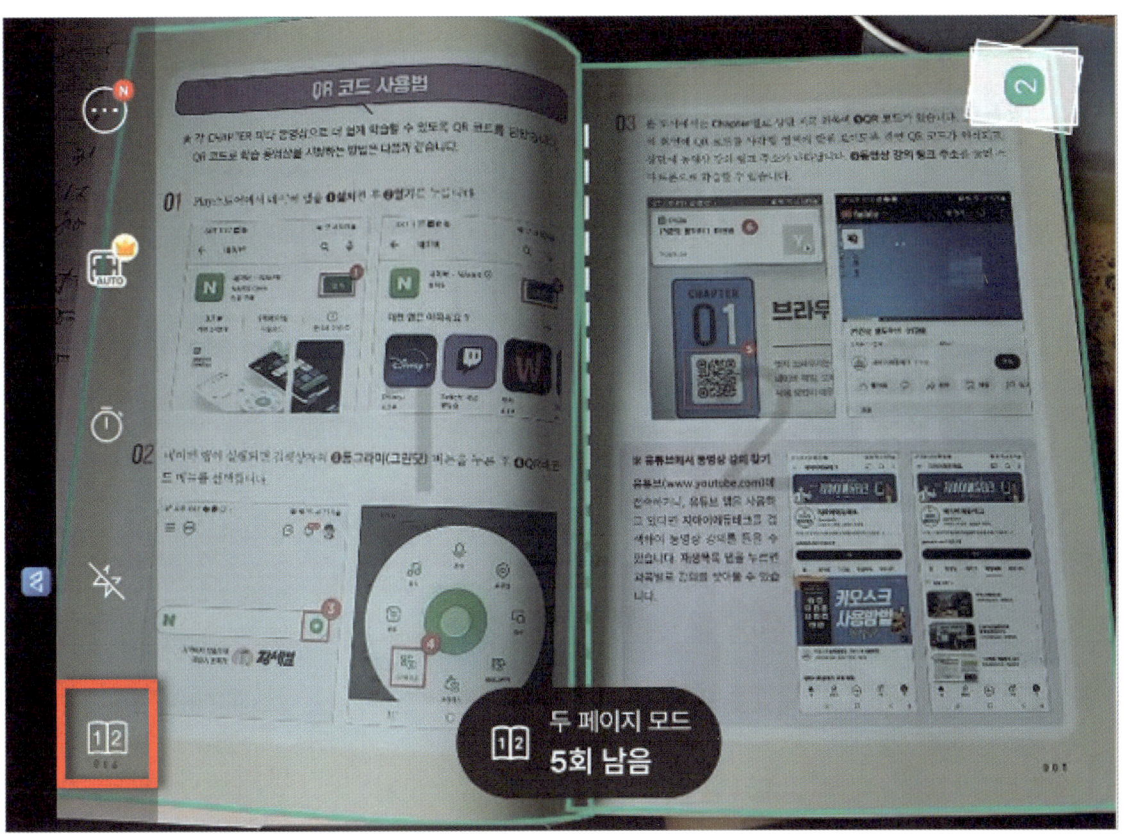

04 스캔이 끝났으면 좌측의 [미리보기]를 눌러서 [PDF 만들기]를 누릅니다.

 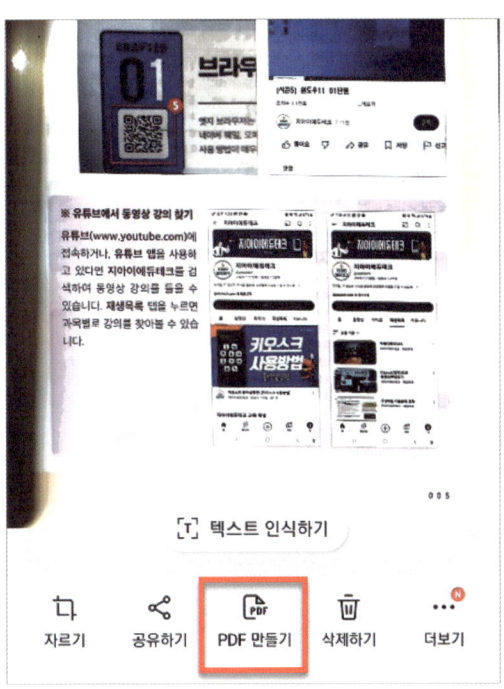

05 ❶PDF 이름을 입력한 후 ❷[확인]을 누르고, 제작할 페이지를 [추가(+)] 버튼을 눌러서 추가해야 합니다.

 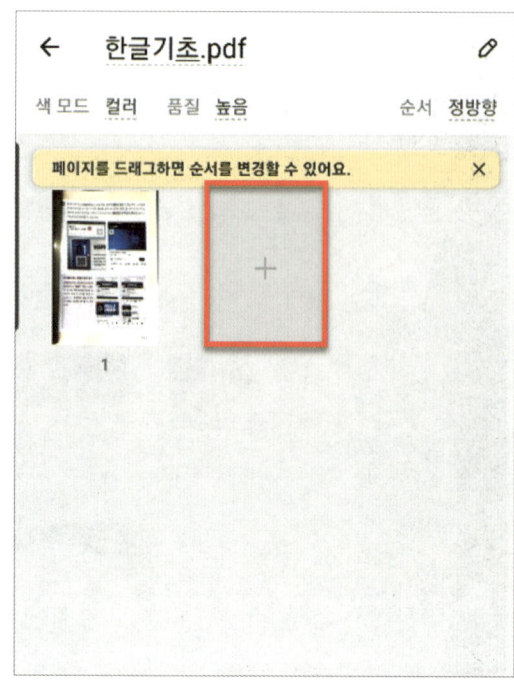

06 페이지를 선택한 후 [선택 완료]를 누르면 작업이 진행되는데, 짧은 시간에 제작이 완성됩니다. [완료]를 눌러서 빠져나가거나, [카카오톡]을 눌러서 다른 사람에게 공유할 수도 있습니다.

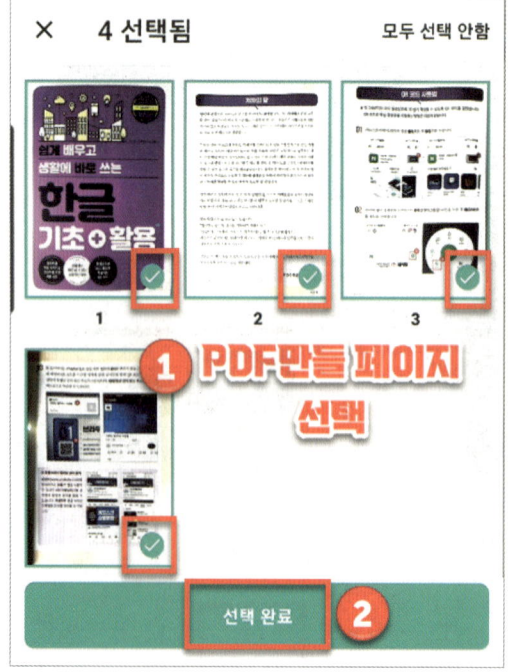 

STEP 3 앱 환경 설정하기

01 [vFlat Scan] 설정은 상단의 [더보기]를 눌러서 [설정]을 누릅니다.

 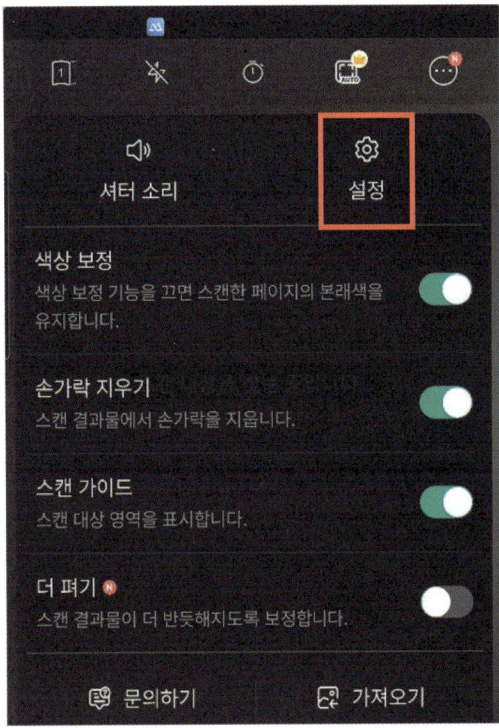

02 [갤러리에 자동 저장]을 활성화해서 스캔할 때마다 갤러리에 저장되도록 하고, [저장 공간 관리]를 눌러서 휴지통 비우기도 합니다.

03 **[휴지통 비우기]**를 눌러서 스캔 사진을 정리할 수 있고, **[캐시 삭제]**로 공간을 확보하며, **[원본 이미지 삭제]**도 눌러서 공간을 확보합니다.

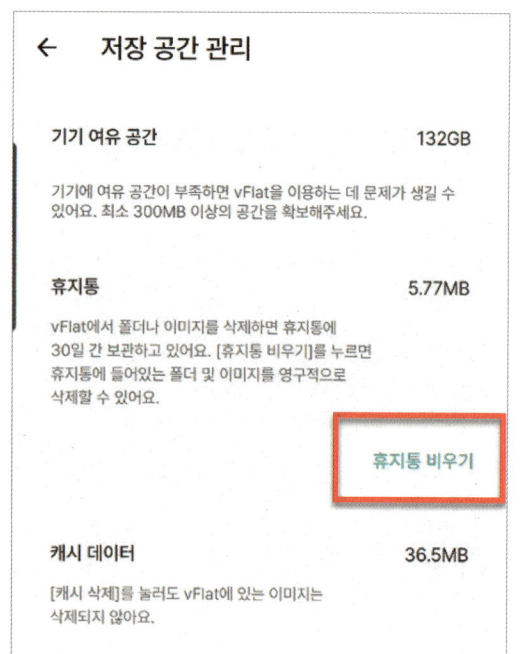 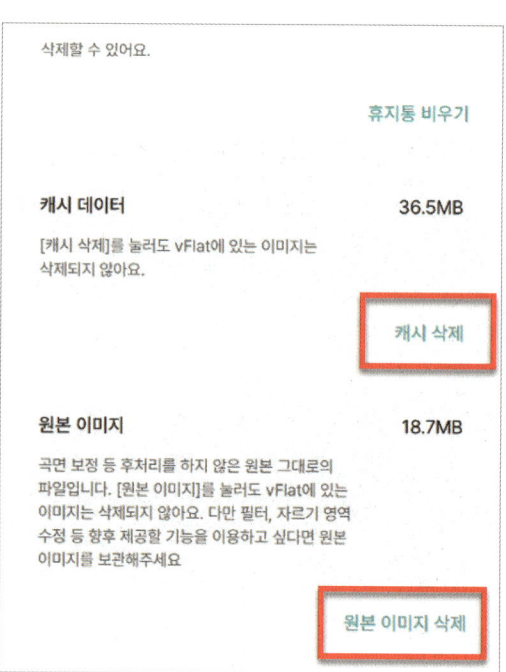

04 vFlat Scan으로 작업한 스캔 파일을 백업하게 되면, 앱을 제거하거나 다른 기기에서 vFlat Scan 앱을 설치한 후 복원작업으로 계속할 수 있게 됩니다.

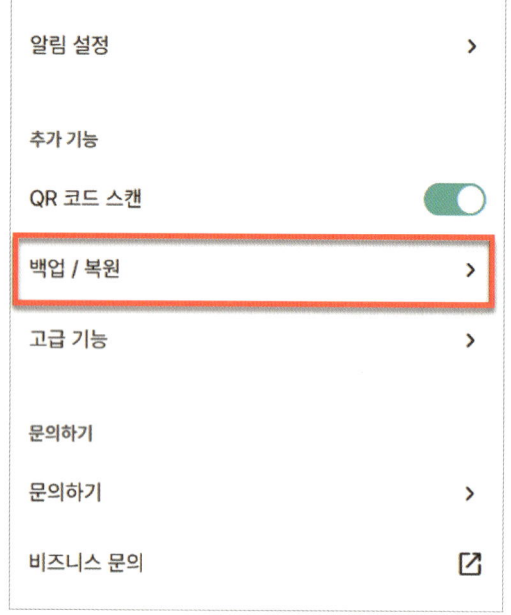 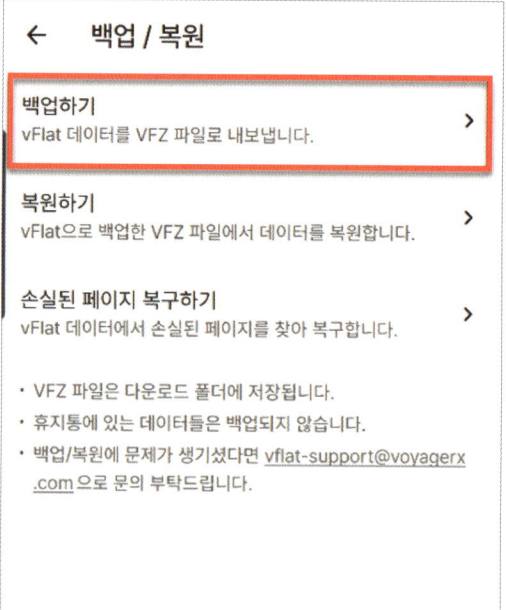

STEP 4 ▶ 라이브러리 사용하기

01 기본 폴더 이외 내 폴더를 만들어서 사용할 수 있습니다. **[라이브러리]**를 누른 후 **[폴더 추가]**를 누릅니다.

 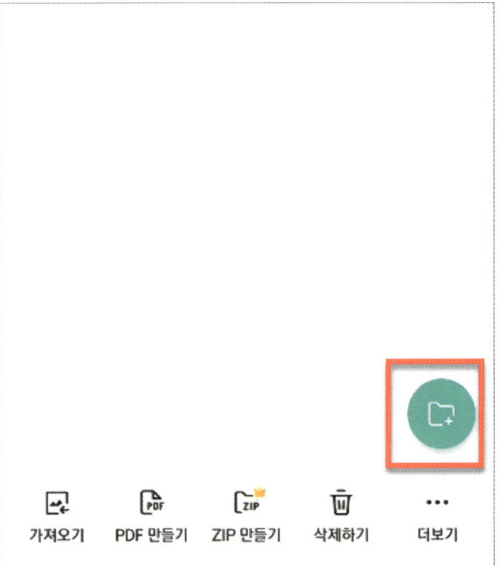

02 ❶**[폴더명]**을 "**영수증**"이라고 입력한 후 ❷**[추가]**를 눌러서 새로운 폴더를 생성한 후, 생성된 폴더를 눌러서 스캔하면 해당 폴더에 저장됩니다.

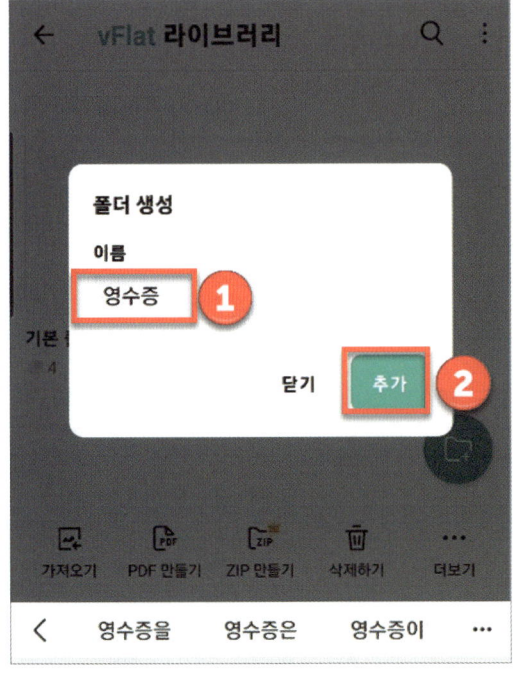 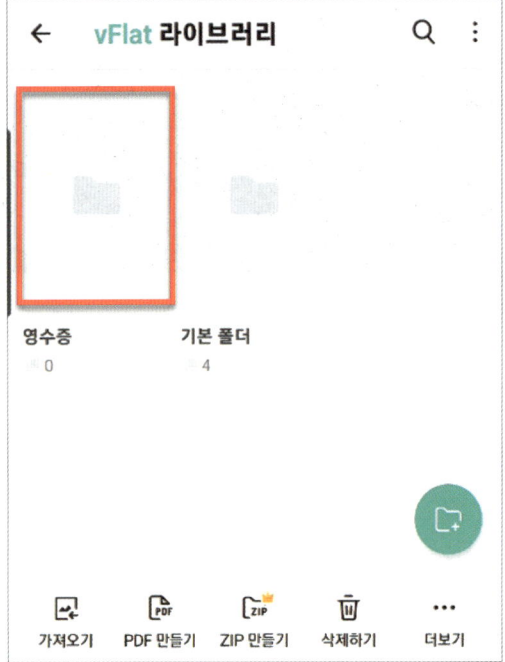

03 [스캔] 버튼을 눌러서 영수증을 촬영합니다.

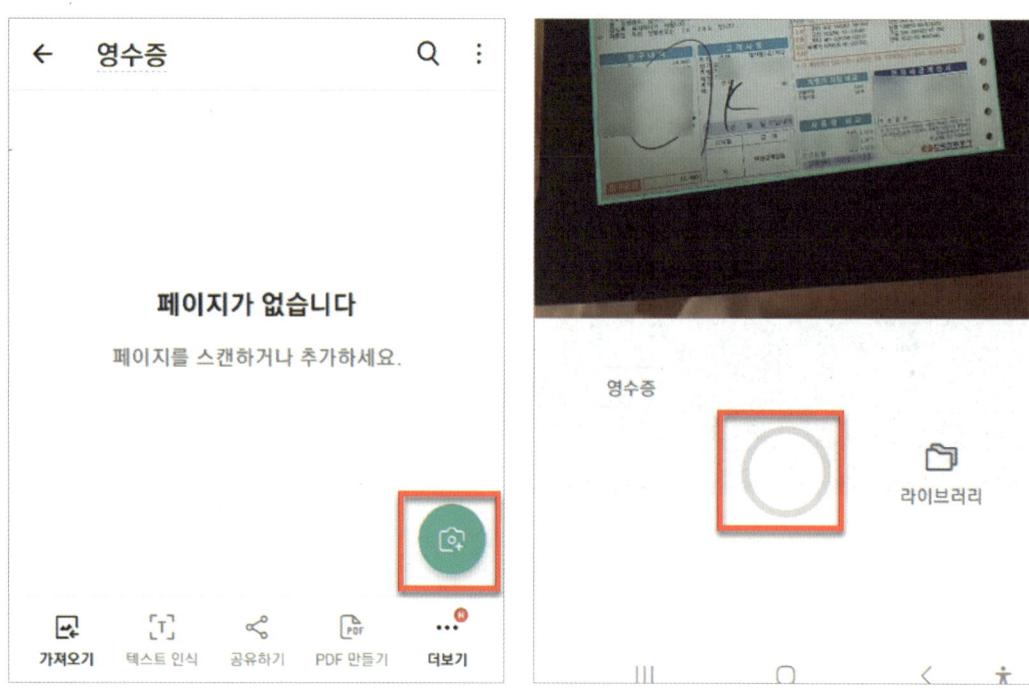

04 계속해서 영수증을 촬영해서 보관하면 되는데, [폴더] 이름을 변경해야 할 때가 있습니다. [라이브러리]를 눌러서 [더보기]를 누릅니다.

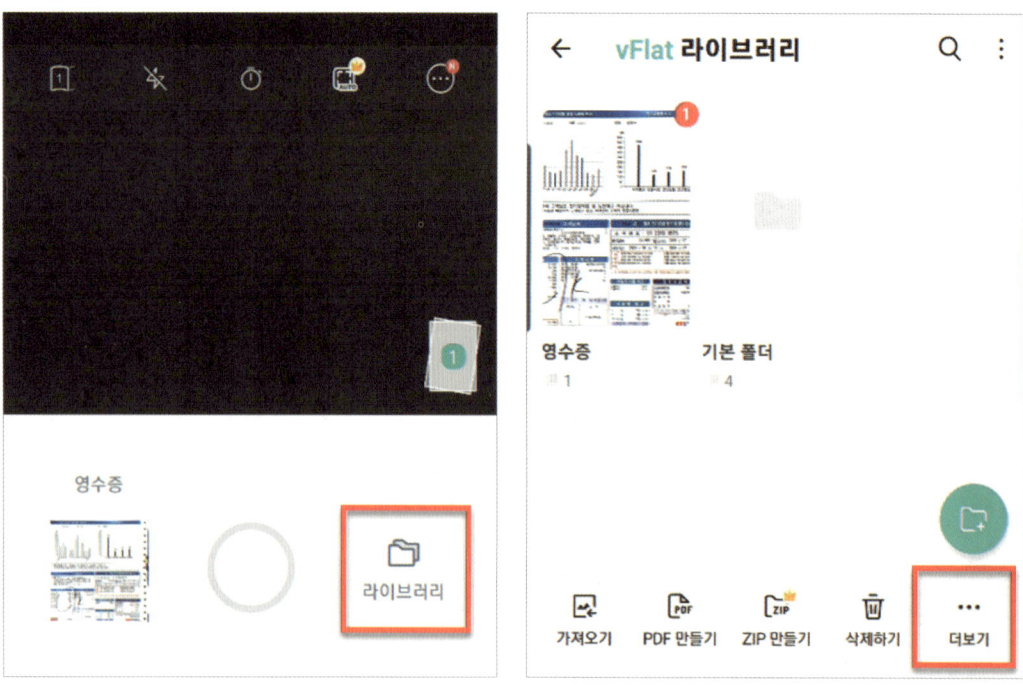

05 [이름 바꾸기]를 누른 후 변경할 폴더를 **체크**해서 선택합니다.

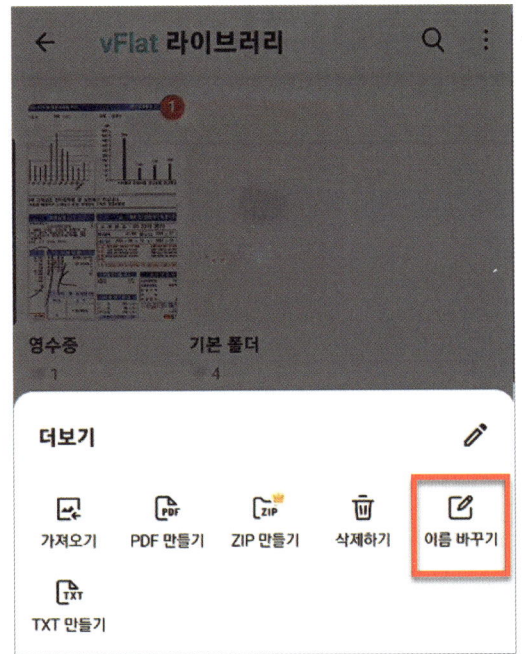 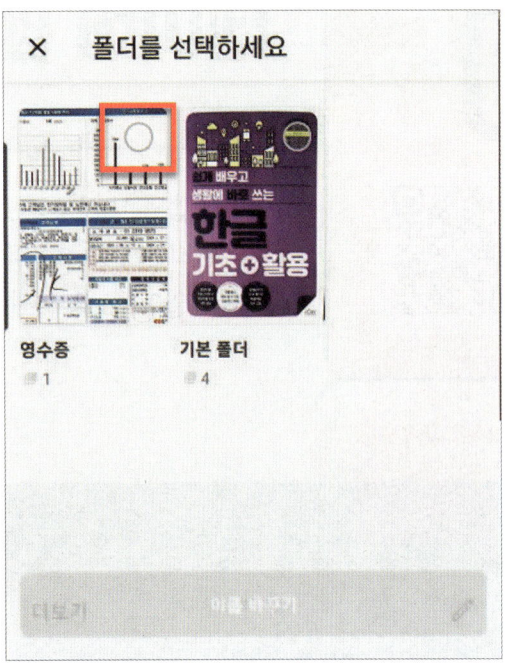

06 [이름 바꾸기]를 눌러서 대화상자에서 ❶"고지서"라고 입력한 후 ❷[수정]을 누르면 폴더명이 변경됩니다.

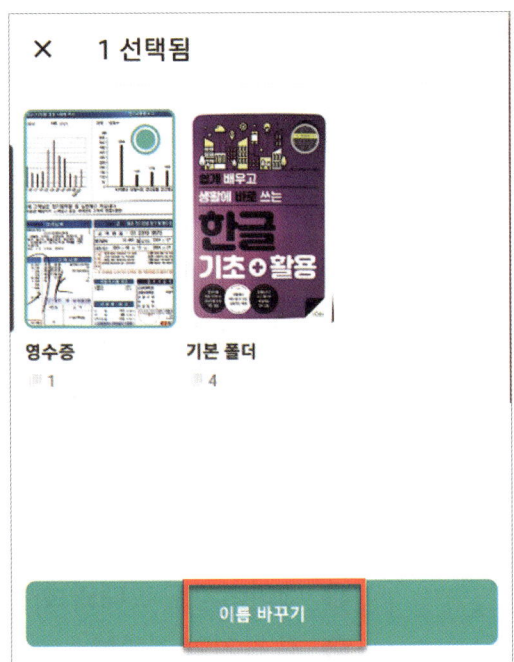 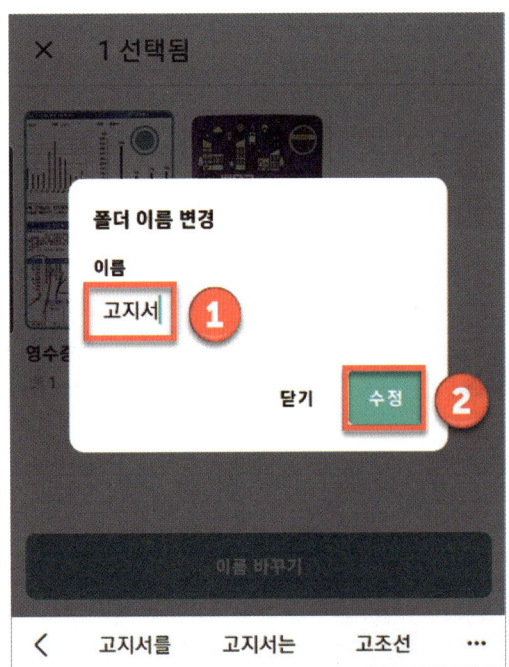

CHAPTER 05
네이버 앱 활용하기

네이버 앱을 잘 사용하면 단순한 검색에서 생활에 필요한 여러 가지 사항까지 매우 편리하게 활용할 수 있습니다. 이번 기회에 새로 추가된 기능과 필수 기능도 함께 알아보도록 하겠습니다.

결과화면 미리보기

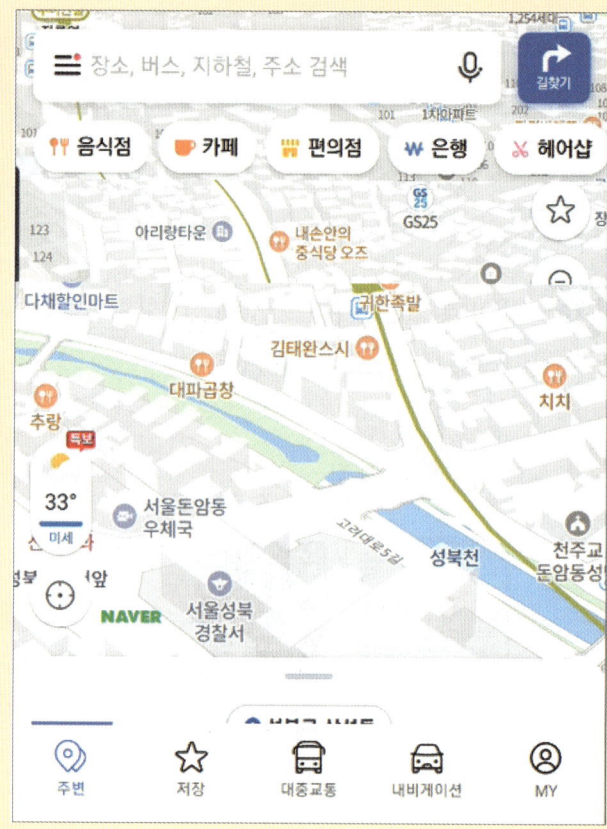

무엇을 배울까?

❶ 네이버 탭 닫기
❷ 랜덤 지식백과
❸ 네이버 스마트렌즈
❹ 주변 맛집과 가볼만한 곳
❺ 음성 서비스
❻ 파파고로 번역하기
❼ 네이버지도 현위치와 방위
❽ 네이버지도 확대와 회전
❾ 길 찾기와 거리뷰
❿ 대중교통 이용하기
⓫ 계단회피 이동하기

STEP 1 ▶ 네이버 탭 닫기

01 [NAVER] 앱을 설치하고 실행한 후, 좌측 상단의 **메뉴**를 누릅니다.

 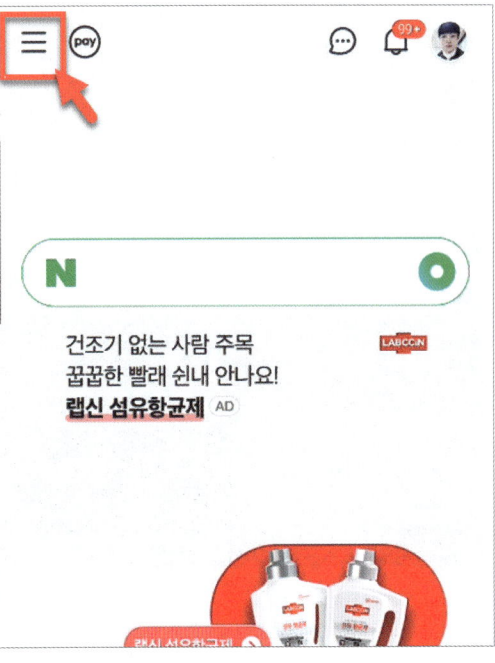

02 열려 있는 탭의 개수가 숫자로 표시됩니다. 웹페이지를 열기만 했지 닫지 않으면 문제가 발생할 수 있기 때문에 사각형의 숫자가 있는 **[탭]**을 누른 후 **[모두 닫기]**를 누릅니다.

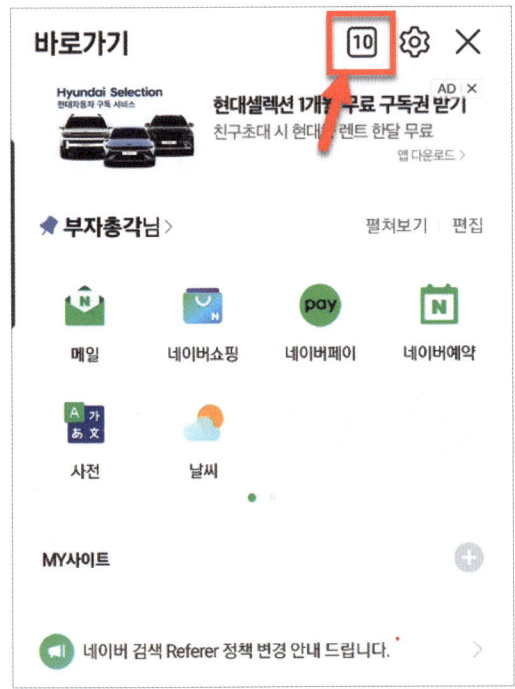 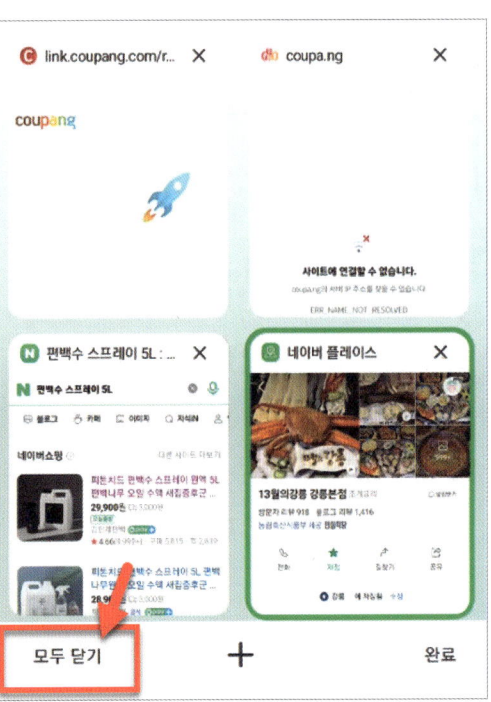

03 확인 대화상자에서 [**모두 닫기**]를 누른 후 우측 하단의 [**완료**]를 누릅니다. [**추가 (+)**]를 눌러서 새로운 탭을 추가해 검색하거나, 서비스를 이용할 수 있습니다.

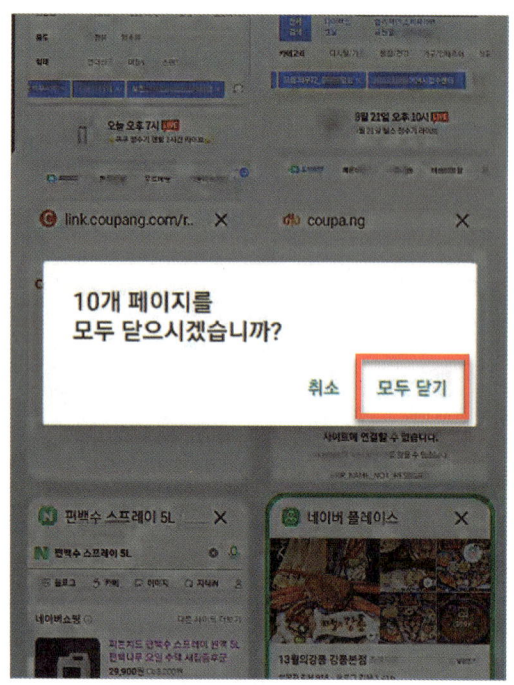 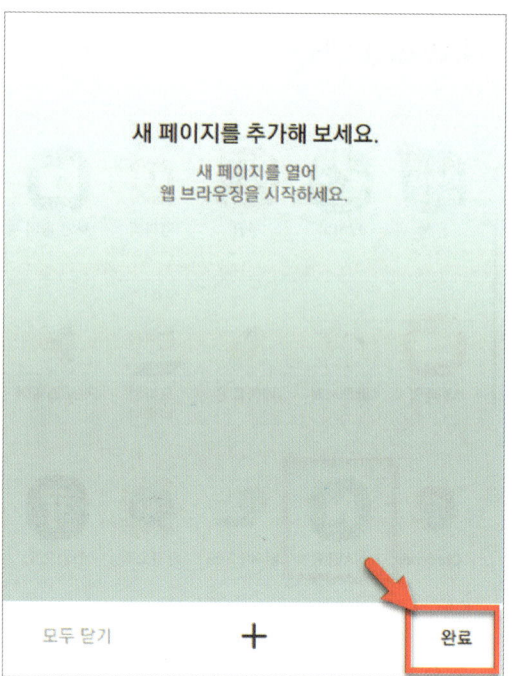

04 상단의 탭 버튼에 표시가 '0'으로 나왔는데 모두 닫아졌다는 의미입니다. 우측 상단의 [**X**]를 눌러서 바로가기 창을 닫아줍니다.

 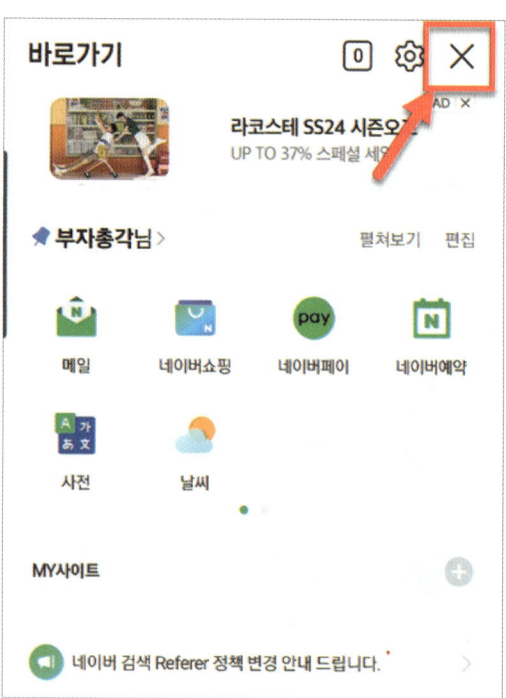

STEP 2 ▶ 랜덤 지식백과

01 네이버의 **검색 상자**를 탭하여 검색어를 입력하지 않고, 키보드에서 바로 **[검색]**을 누릅니다.

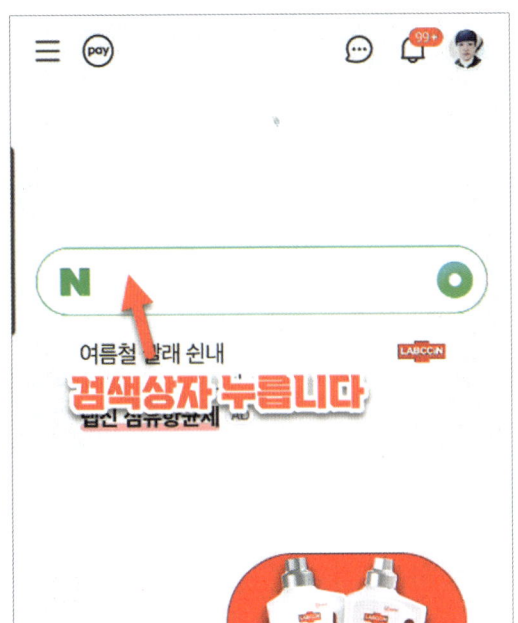
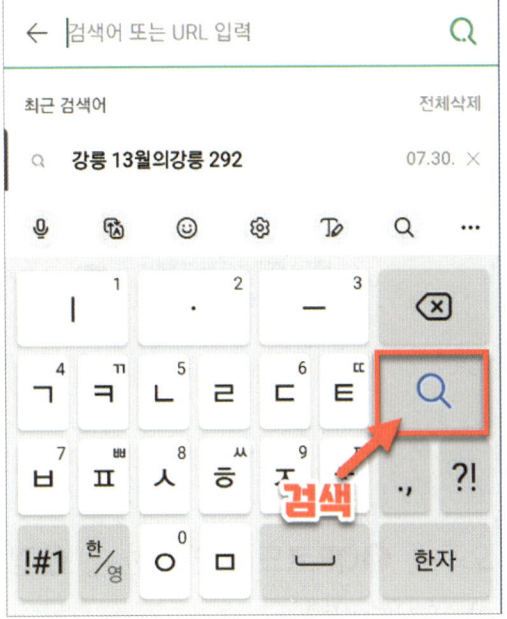

02 재미있는 지식 결과가 임의적으로 표시되며, 페이지 아래에는 많이 본 지식백과가 나옵니다.

STEP 3 - 네이버 스마트렌즈

01 네이버 앱의 홈 화면에서 [그릿닷]을 누른 후 [렌즈]를 선택합니다.

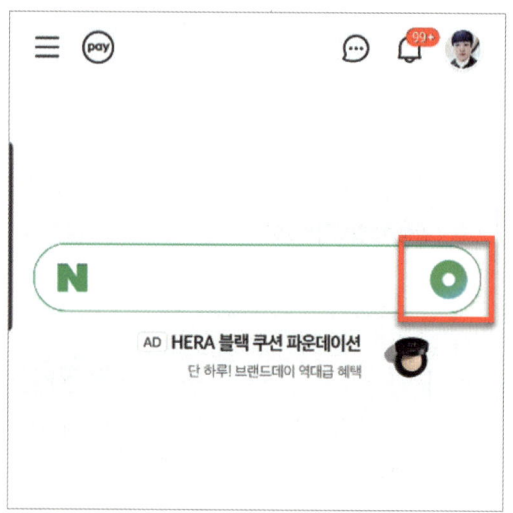 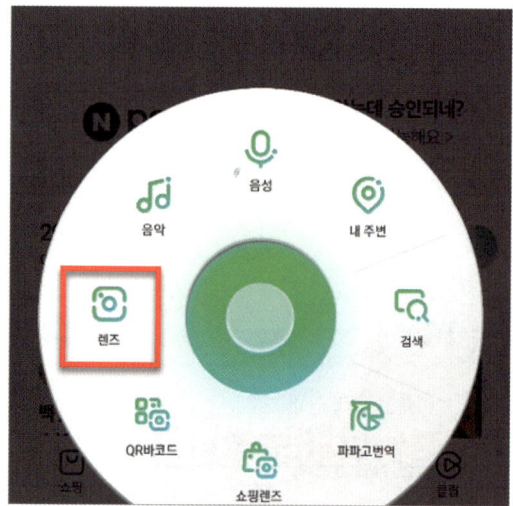

02 오른쪽 ❶QR코드를 인식한 후 ❷링크를 탭하면 연결된 웹페이지가 표시됩니다.

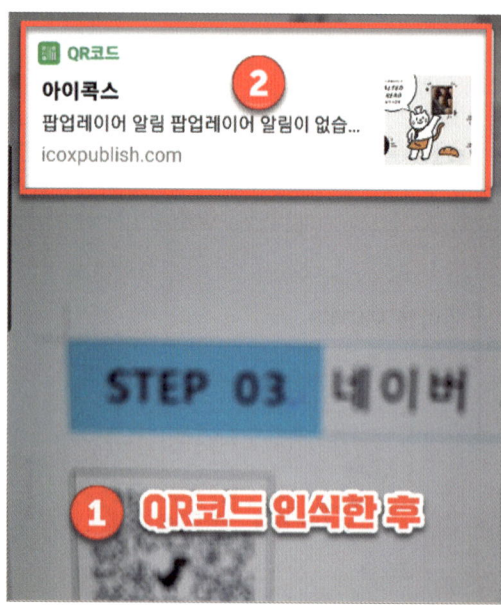 

03 오른쪽 사진을 [그린닷]의 [렌즈]에서 셔터를 눌러 촬영합니다. 만약 그림 안의 텍스트가 선택되어 보인다면 이미지 검색을 하기 위해서 그림 오른쪽 아래에 있는 ◉를 누릅니다.

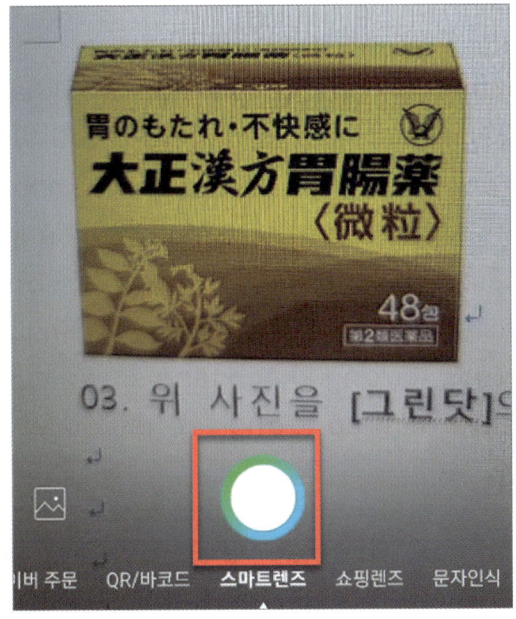 

04 스마트렌즈가 이미지를 검색하면 제품의 사용 방법 등을 알아볼 수 있습니다. 구글 렌즈도 동일한 기능을 수행할 수 있습니다.

※ 이번에는 아래 그림을 스마트렌즈로 인식하여 한국어로 번역해 보겠습니다.

Trong 6 tháng đầu năm, 6 tháng đầu năm, toàn tỉnh đón gần 3 triệu lượt khách du lịch (bằng 104% so với cùng kỳ năm 2023), doanh thu xã hội đạt 3.560 tỷ đồng (bằng 119% so với cùng kỳ năm 2023). Trong đó lượng khách quốc tế khoảng 20 nghìn lượt (bằng 187% so với cùng kỳ năm 2023). Nổi bật là Mộc Châu đã thu hút được trên 1,6 triệu lượt khách du lịch, chiếm hơn 1 nửa lượng khách tới Sơn La, doanh thu xã hội đạt hơn 1.912 tỷ đồng. Huyện Vân Hồ đón hơn 193 nghìn lượt du khách, doanh thu từ du lịch đạt gần 98 tỷ đồng. Lượng khách tăng so với cùng kỳ, tuy nhiên, lượng khách du quốc tế đến chỉ chiếm số lượng rất nhỏ so với tổng lượng khách đến.

Ông Trần Xuân Việt, Phó Giám đốc Sở Văn hóa, Thể thao và Du lịch, chia sẻ: Du lịch Sơn La đang phát triển, nhưng sản phẩm du lịch còn chưa thực sự đa dạng; chưa chuyên sâu theo từng loại hình du lịch. Đặc biệt, hiện nay xu hướng phát triển các loại hình du lịch, như: Du lịch nông nghiệp, du lịch Trekking và Hiking (đi bộ đường dài khám phá thiên nhiên); du lịch Glamping (cắm trại), là những dòng sản phẩm du lịch chủ yếu mà khách du lịch quốc tế yêu thích, nhưng lại chưa phát triển mạnh ở Sơn La.

Hiện nay, Giải chạy Marathon đường mòn Việt Nam hằng năm được tổ chức tại huyện Mộc Châu ngày càng thu hút nhiều vận động viên trong nước và quốc tế. Năm 2024, giải thu hút hơn 4.000 vận động viên đến từ 40 quốc gia và vùng lãnh thổ trên thế giới. Các vận động viên, nhất là vận động viên nước ngoài rất ấn tượng với các cung đường mòn, qua nhiều điểm có phong cảnh thiên nhiên đẹp, bản làng yên bình, những đồng cỏ, đồi chè, thung lũng hoa mận, hoa mơ. Tuy nhiên, những giải đấu như thế này chưa được tổ chức nhiều tại Sơn La.

05 앞의 이미지를 번역하려면 **[그린닷]**의 **[렌즈]**를 누른 후, 아래와 같이 **[문자인식]**을 선택한 후 셔터를 누릅니다. 텍스트만 선택하기 위해 **[전체선택]**을 누릅니다.

06 **[번역]**을 누르면 이전에 설정된 번역에 의해 언어를 자동으로 인식하고, 한글로 번역을 해주게 되는데 번역이 한글로 안될 경우에는 화면을 아래로 이동하면 **[papago 번역 더보기]**가 있습니다. 이 기능을 이용하여 어떤 언어에서 어떤 언어로 번역할지도 정할 수 있습니다.

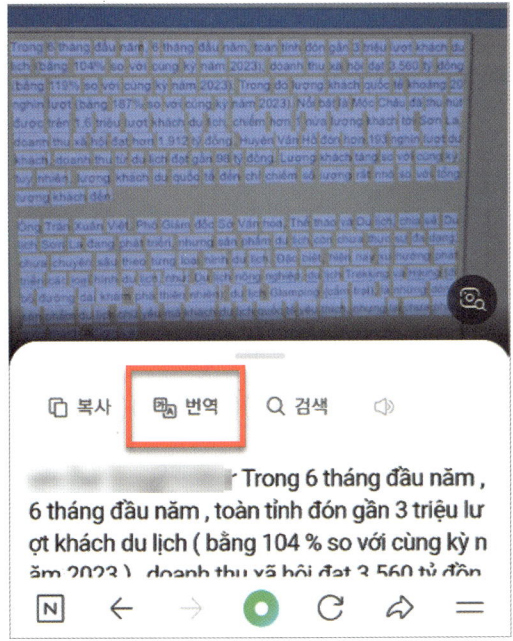

STEP 4 > 주변 맛집과 가볼만한 곳

01 [그린닷]에서 [내 주변]을 누르면 근처의 시간대별 추천 장소가 나옵니다. 제시된 추천 장소를 클릭합니다.

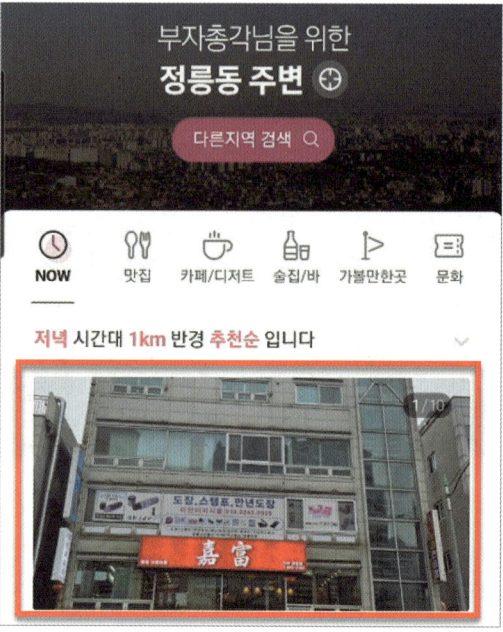

02 맛집의 메뉴와 리뷰 등을 살펴볼 수 있으며, [네이버 예약]을 할 수도 있습니다. [주변]을 눌러서 [명소]를 누르면 근처의 가볼만한 곳이 나오게 됩니다.

03 내 주변의 맛집을 찾아보는 것이 아니라 다른 장소의 맛집을 찾아보려면 **[다른지역 검색]**을 누른 후 **지역이름**을 입력하여 검색합니다.

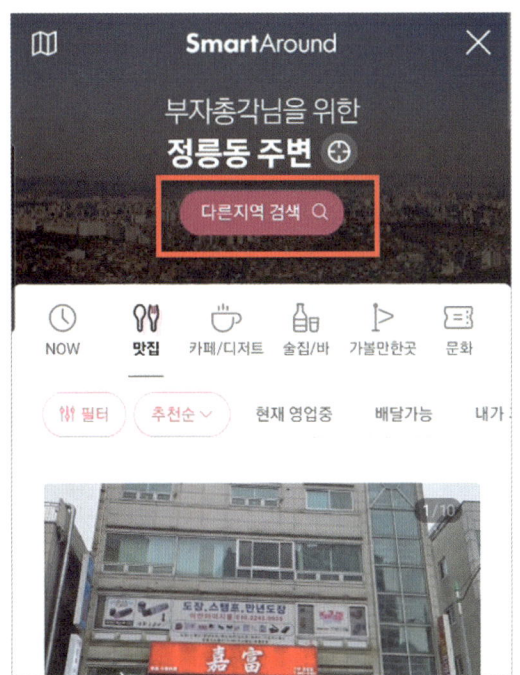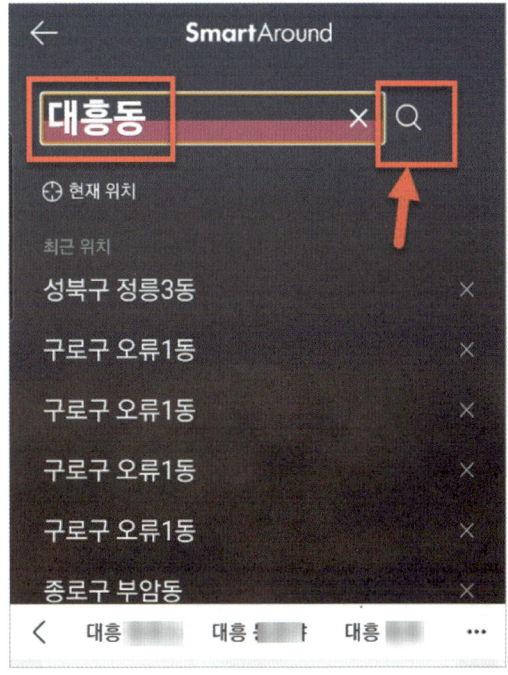

04 아래와 같이 해당하는 지역을 선택하면 오른쪽 그림과 같이 원하는 지역의 주변 맛집과 가볼만한 곳, 전시회, 분위기 좋은 카페 등을 알아볼 수 있습니다. 인플루언서들이 많이 방문하는 곳을 우리도 함께 즐겨보며 스마트한 생활을 해 보세요.

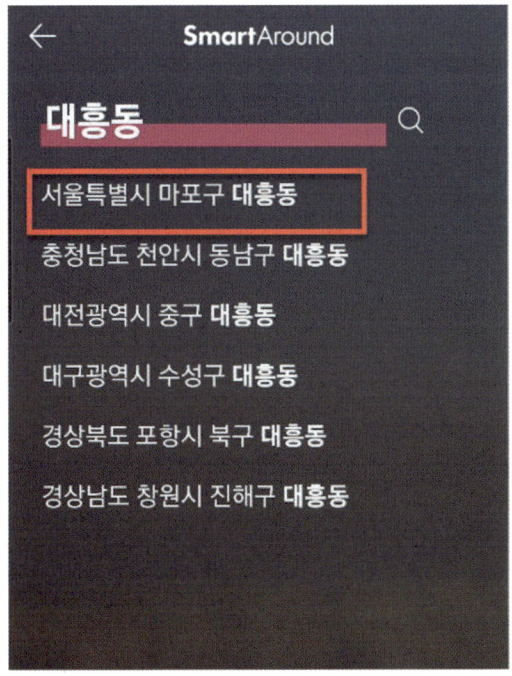

STEP 5 ▸ 음성 서비스

01 [그린닷]에서 [음성]을 누른 후 **"경부고속도로 교통정보"**를 말한 후 잠시 기다립니다.

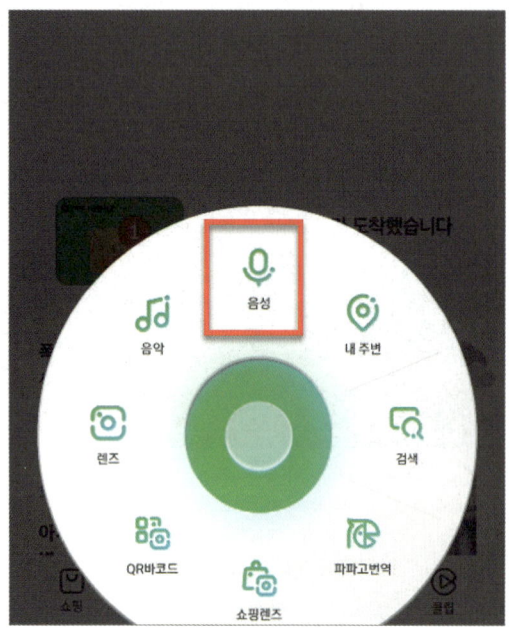 

02 교통정보가 검색되어 말로 안내를 해주고 있습니다. [CCTV] 아이콘을 눌러서 교통상황을 살펴본 후 [닫기]를 누릅니다.

03 화면을 위로 올려보면 오른쪽 그림처럼 상세한 교통정보를 보여주고, 막히고 있는 현장의 CCTV도 볼 수 있습니다.

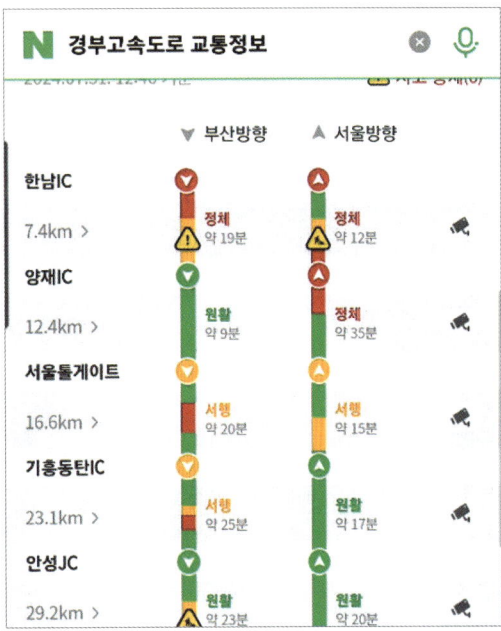

04 우측 상단의 [마이크]를 눌러서 다른 장소를 검색할 수 있습니다. "**국도6호선 교통상황**"이라고 말하면 음성으로 교통상황을 브리핑하거나 간단한 상황을 알려줍니다.

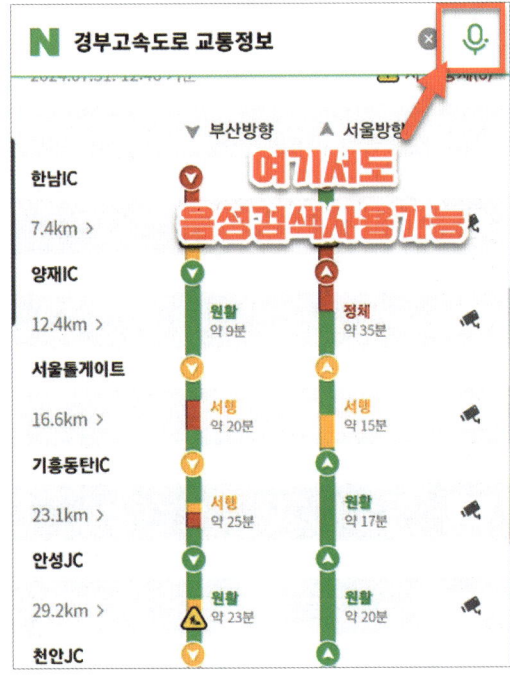
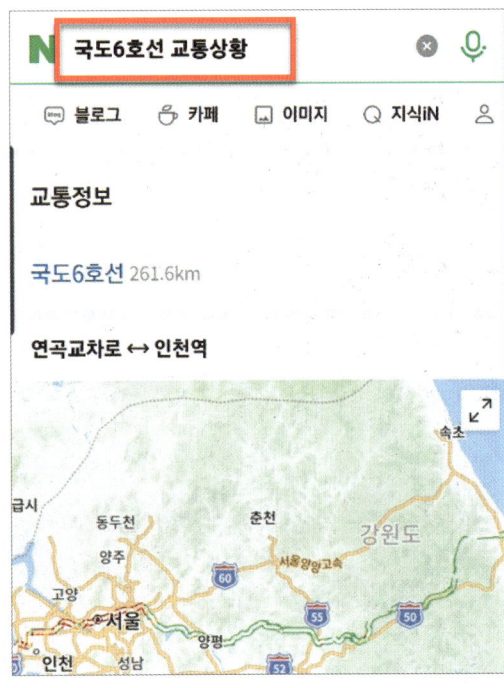

STEP 6 - 파파고로 번역하기

01 [그린닷]에서 [파파고번역]을 누른 후, 상단의 번역될 언어를 눌러서 변경을 합니다.

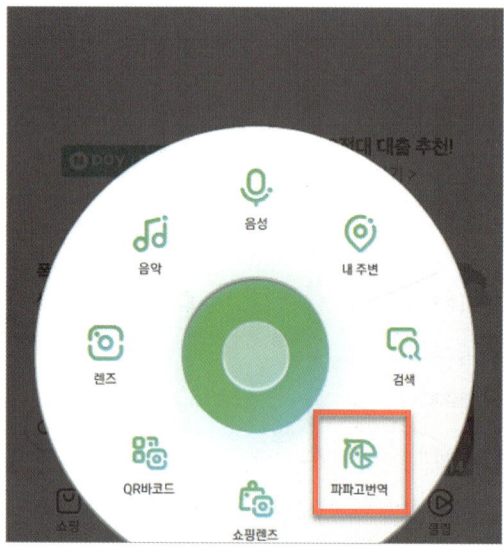 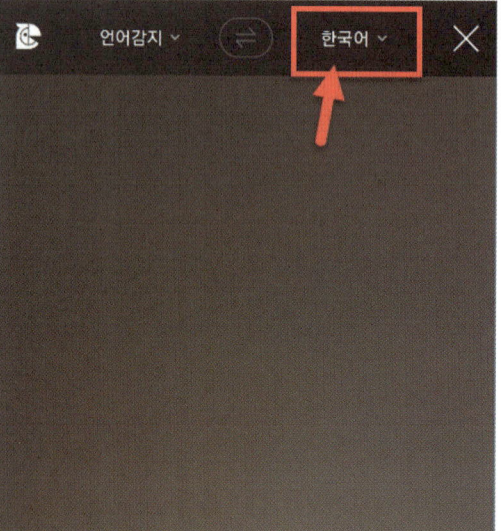

02 [영어]를 선택한 후, 하단의 [갤러리] 버튼을 눌러서 저장된 이미지를 가져와 번역을 하도록 합니다. 물론, **셔터**를 눌러서 촬영을 하면 동일한 작업이 진행되니 이것은 혼자 연습해 보기 바랍니다.

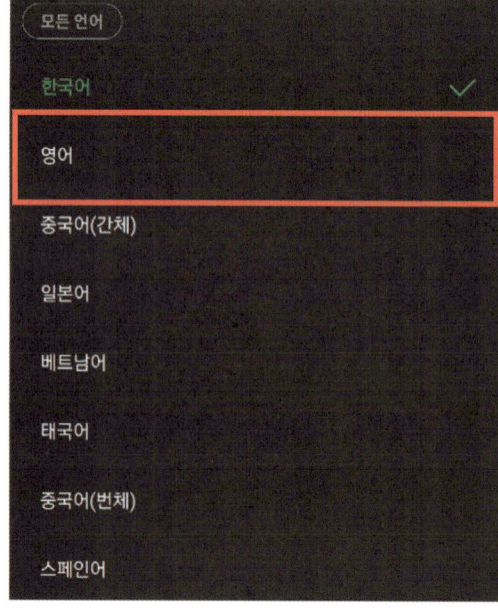 

03 [갤러리]에서 글자가 포함된 이미지를 한 장 선택하면, 번역 기능이 작동하여 결과를 보여줍니다. [바로번역]을 누르면 수동으로 원하는 영역을 선택하여 번역할 수 있습니다.

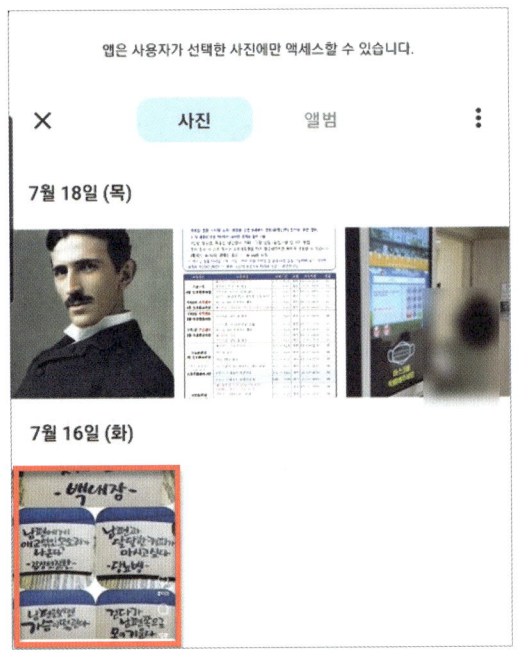

04 번역이 필요한 곳을 ❶드래그해서 범위를 지정하면, 번역결과는 상단에 표시됩니다. ❷자세히(>) 버튼을 누르면 상세하게 번역결과가 보이는데, 스피커를 눌러서 들어본 후 [뒤로]를 눌러서 되돌아갑니다.

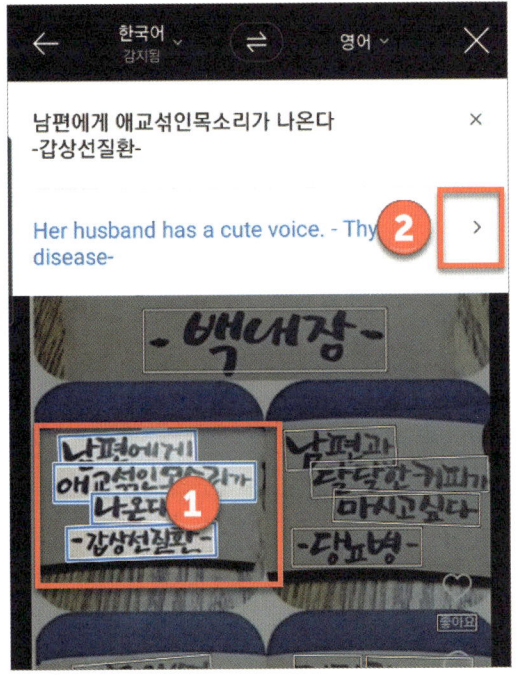
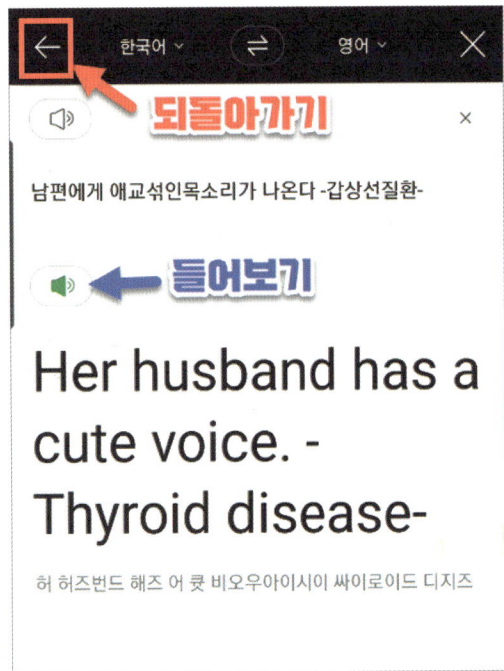

STEP 7 네이버지도 현위치와 방위

01 [네이버지도] 앱을 실행한 후 검색 상자에 ❶"**서울시청**"을 입력하면, 아래에 목록이 나열됩니다. 목록에서 ❷[서울특별시청]을 누릅니다.

02 **서울시청** 위치로 지도가 이동하여 표시가 됩니다. 언제든 스마트폰이 있는 현재 위치로 이동하려면 [**현위치**] 버튼을 누르면 지금 현재 위치로 지도가 이동됩니다.

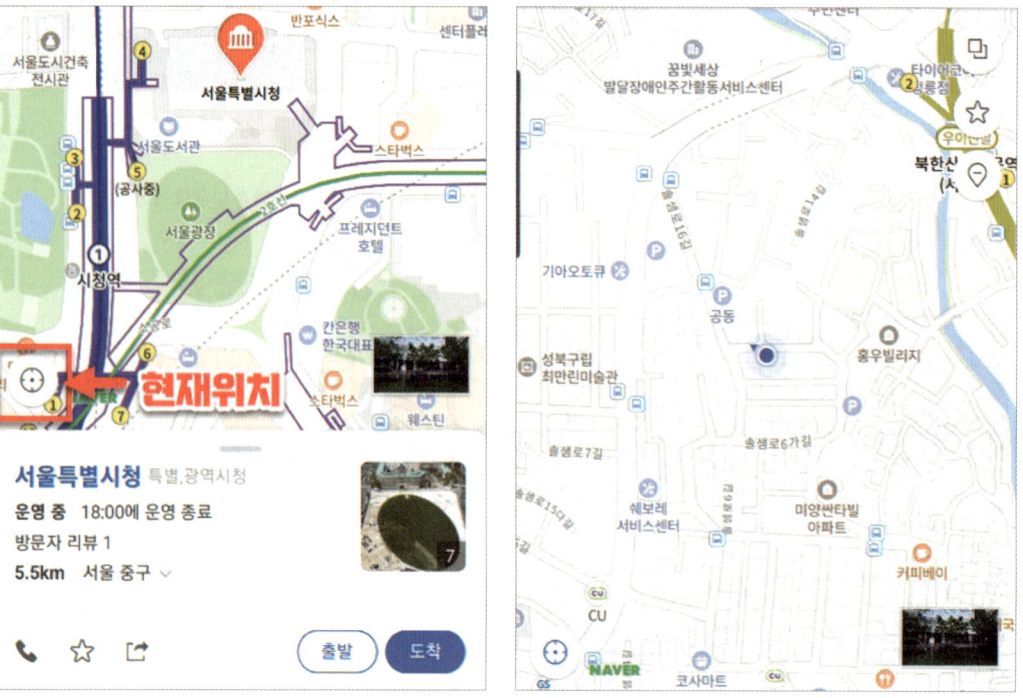

03 우측 상단의 **[닫기]**를 눌러 검색 위치를 지운 후, 좌측 하단의 **[현위치]** 버튼을 **2번** 누르면 시야각이 표시됩니다.

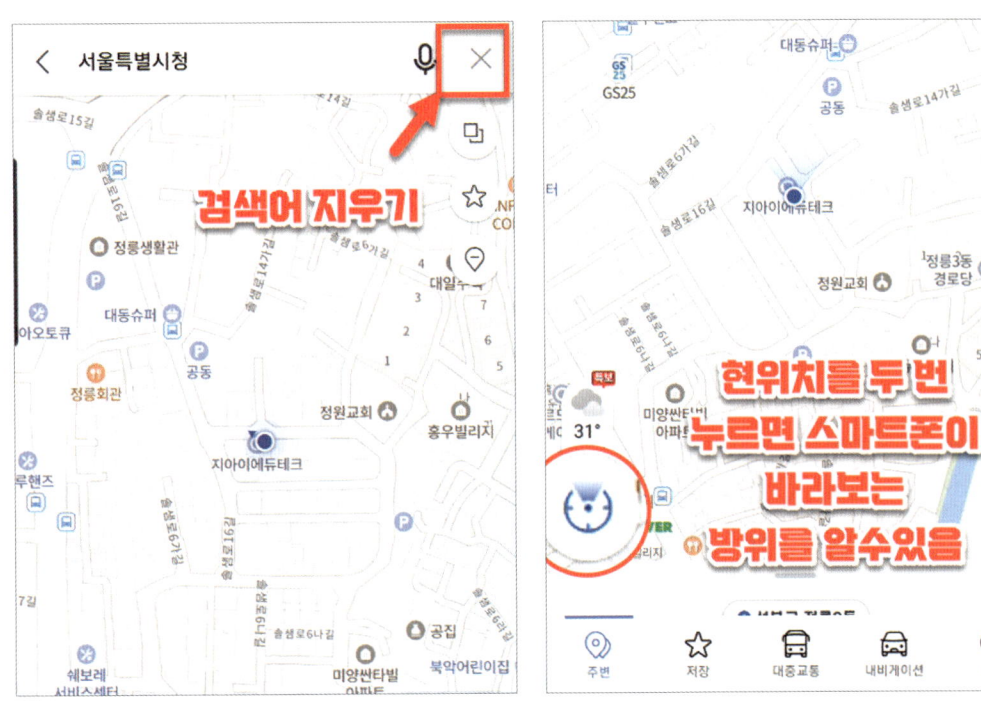

04 좌측 상단에 **나침반**이 표시가 되며, 스마트폰 헤드가 바라보는 방향으로 지도가 돌아가서 동서남북 어느 쪽을 향하고 있는지 확인할 수 있습니다. 도로 위에 있는 이정표를 바라보면 방위를 알 수 있어서 **길찾기**에 유용하게 사용할 수 있습니다.

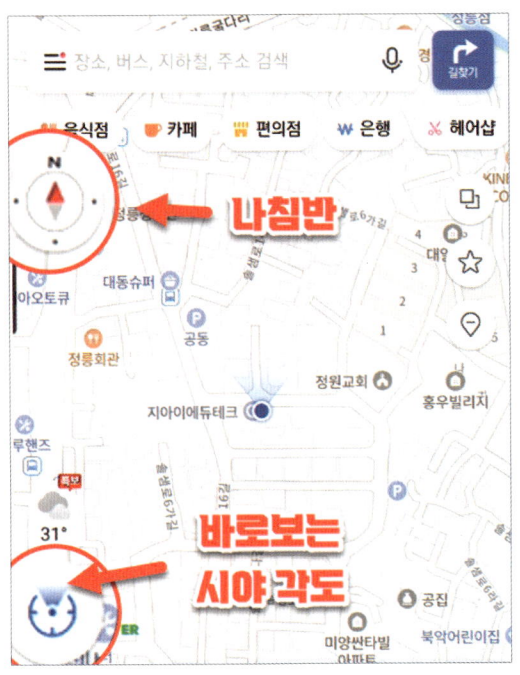
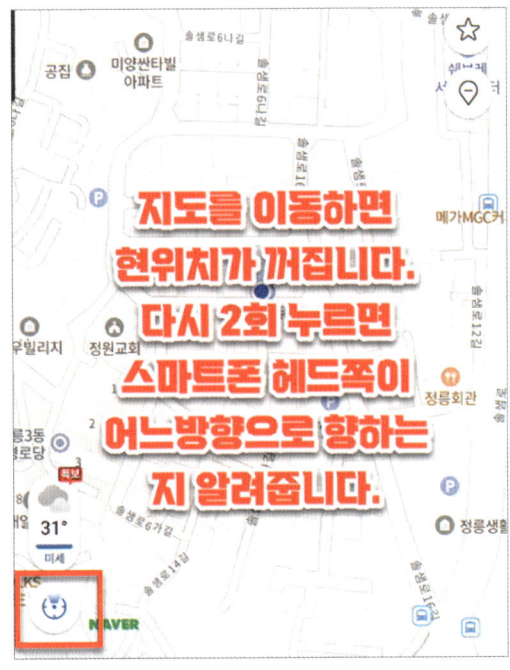

STEP 8 - 네이버지도 확대와 회전

01 [네이버지도] 앱에서 **확대**(Zoom In)를 하려면 두 손가락을 **스트레치**하거나, **한 손가락**으로 **더블탭**(Double Tap)을 합니다. 두 가지 방식으로 각각 확대 작업을 해 보세요.

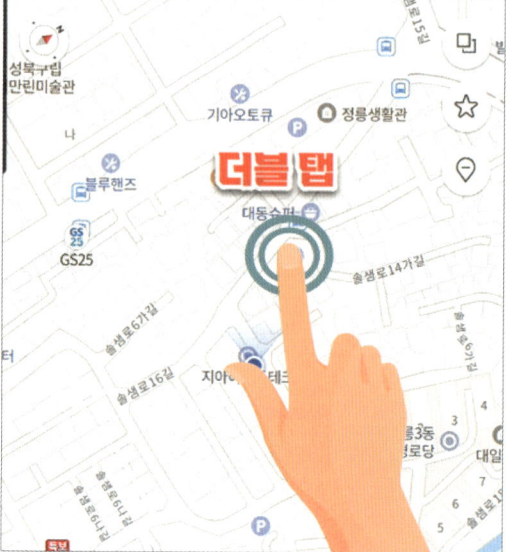

02 **축소**(Zoom out)를 하려면 두 손가락을 **핀치**하거나 **두 손가락**으로 **더블탭**(Double Tap)을 합니다.

03 두 손가락으로 화면을 위로 밀어보면 3차원 입체효과가 보이고, 한 손가락으로 플릭(끌어 내리기)하여 화면을 끌어내려 봅니다.

04 두 손가락으로 화면을 돌리면 지도가 회전이 됩니다. 제스처가 익숙할 수 있도록 많이 연습해 보세요.

STEP 9 - 길 찾기와 거리뷰

01 [네이버지도] 앱에서 상단의 **찾아갈 곳**을 입력하여 검색합니다. 현재 위치 근처의 가게 이름이나 명소 등을 직접 입력해 보세요.

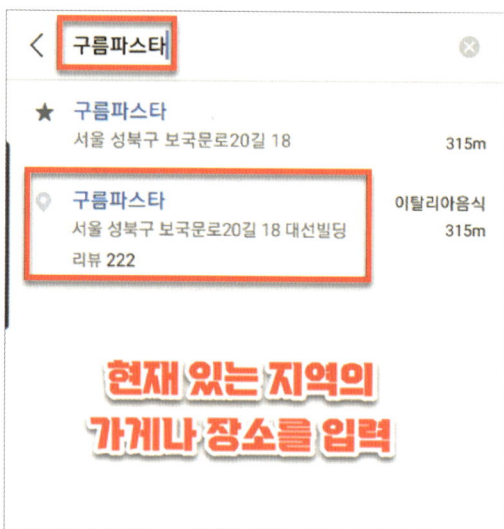

02 오른쪽 하단의 [도착]을 누르면, 출발지는 현재 위치로 자동설정이 됩니다. 이동수단은 ❶[도보]를 선택하고 ❷[따라가기]를 누르면 지금부터 안내에 따라 목적지까지 걸어서 이동할 수 있습니다.

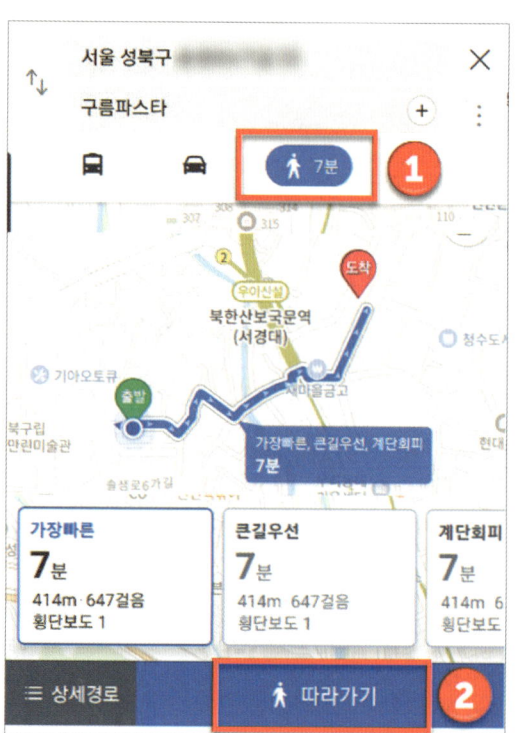

03 내비게이션이 작동된 상태로 **파란색** 표시 된 길을 따라 걸어가면 되며, 미리 앞의 상황을 눌러서 살펴볼 수 있습니다.

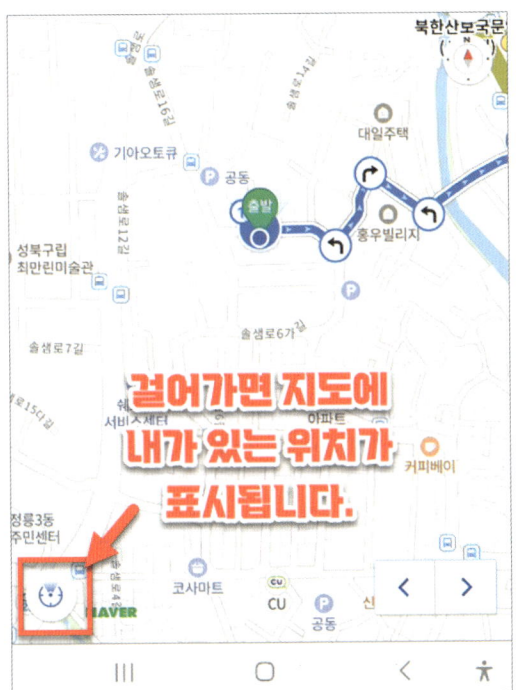 

04 [거리뷰]를 누르면 실제 거리가 보이며 동그란 위치를 누르면 그 위치로 이동을 하게 됩니다. [닫기]를 누르면 지도가 다시 표시됩니다.

STEP 10 > 대중교통 이용하기

01 **160 간선버스**를 이용해 **[미아역] ▶ [여의도공원]**까지 이동합니다. **[네이버지도]** 앱을 실행한 후, **"160"**번 버스를 검색한 다음 **방면**을 선택합니다.

02 **[미아역.신일중고(중)]**을 누르면 **도착 예정 시간**이 표시가 됩니다. 이 정보는 버스 정류장의 도착정보와 동일한 곳에서 제공하는 것이므로 정확합니다.

03 [네이버지도] 앱의 좌측 상단 [메뉴]를 누른 후 [지하철노선도]를 선택합니다.

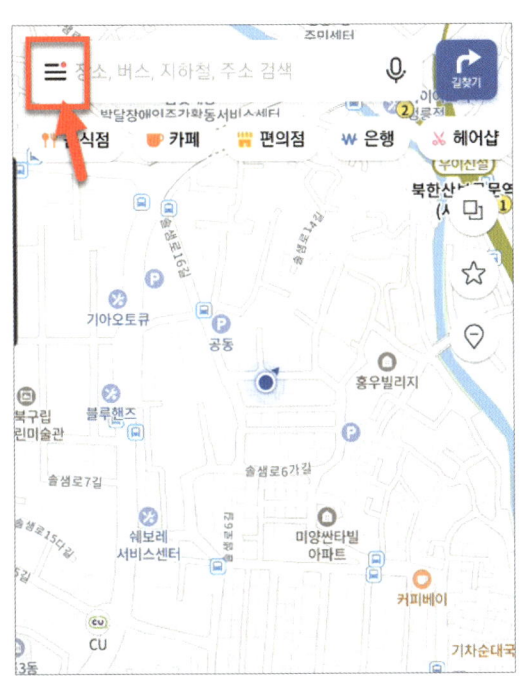 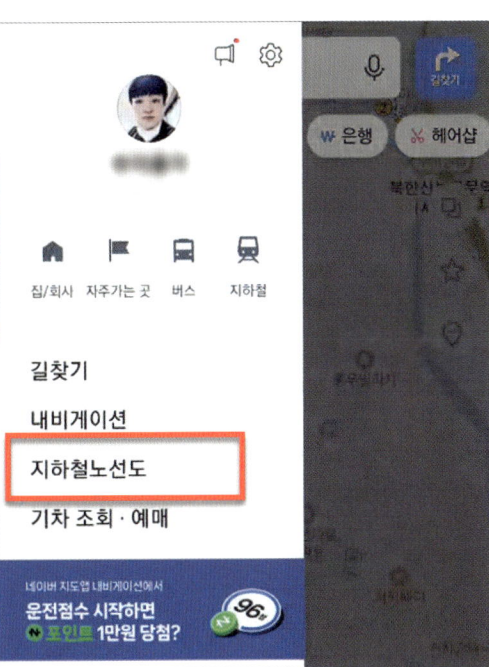

04 "건대"를 입력한 후 [건대입구 212]를 누른 다음 [출발] 지점으로 선택합니다.

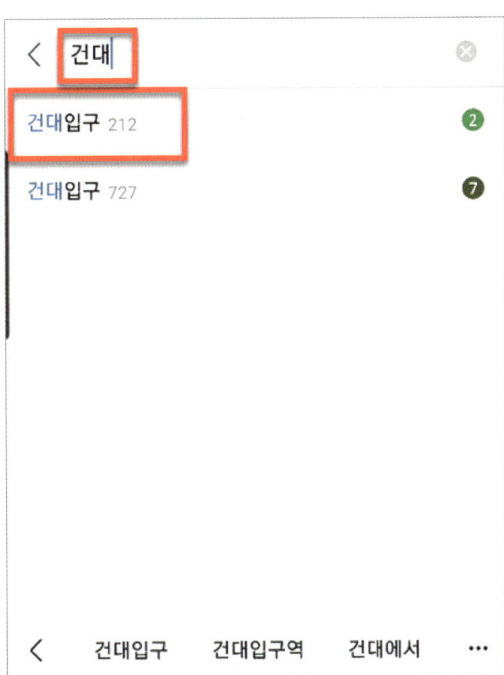 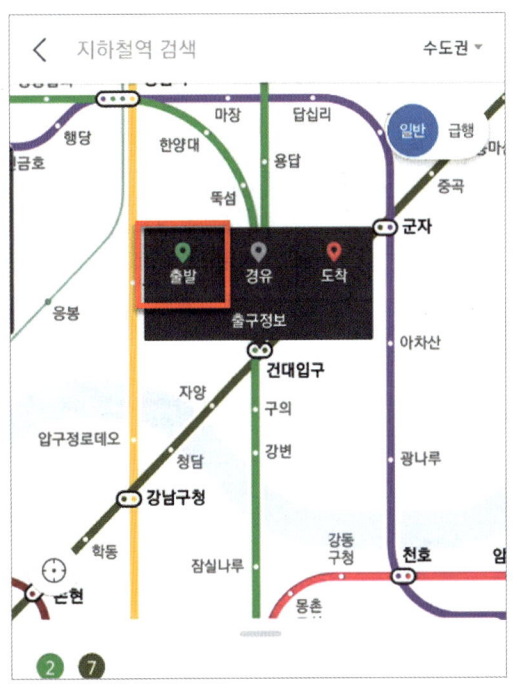

05 도착지에는 **"동대"**를 입력하여 **[동대입구 332]**를 선택하면 최단시간으로 결과가 나옵니다. **[최소환승]**을 눌러 확인할 수도 있습니다.

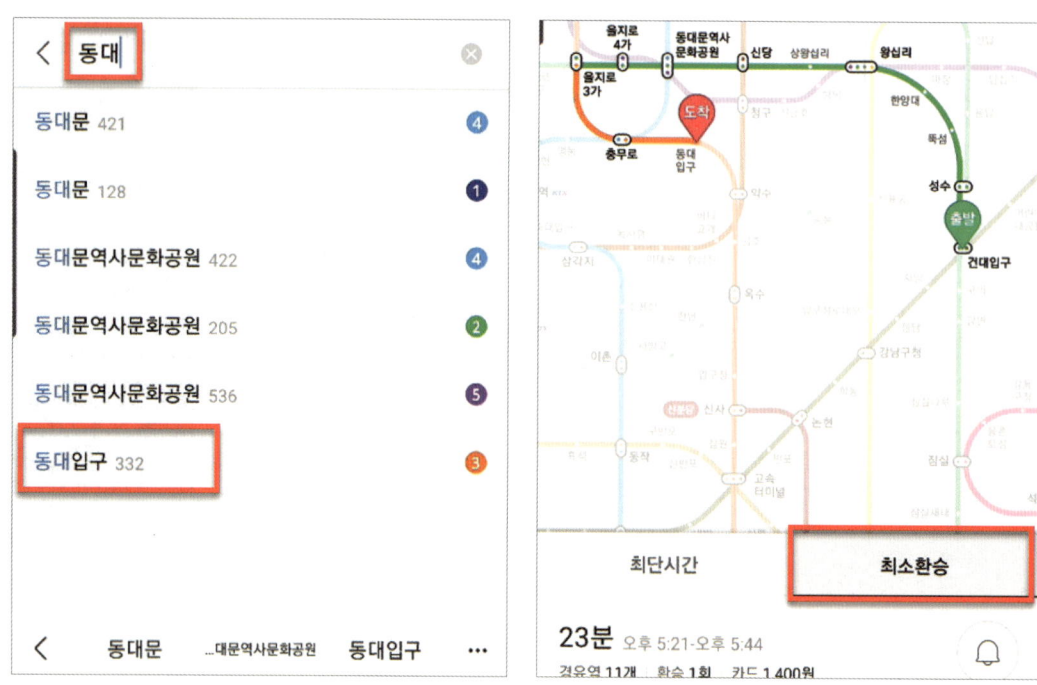

06 지하철노선도에서 **[흑석역]**을 누른 후 하단의 **[시계]** 버튼을 누르면 시간표가 열립니다. **[첫·막차]**를 눌러 보고, **[출구정보]**도 확인해 보세요.

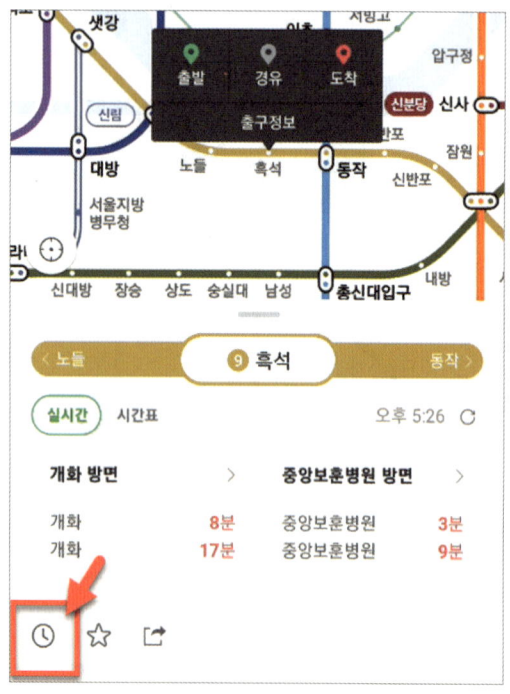

STEP 11 ▶ 계단회피 이동하기

01 [네이버지도] 앱에서 "봉은사"를 입력하여 [봉은사역9호선]을 [출발]로 설정합니다.

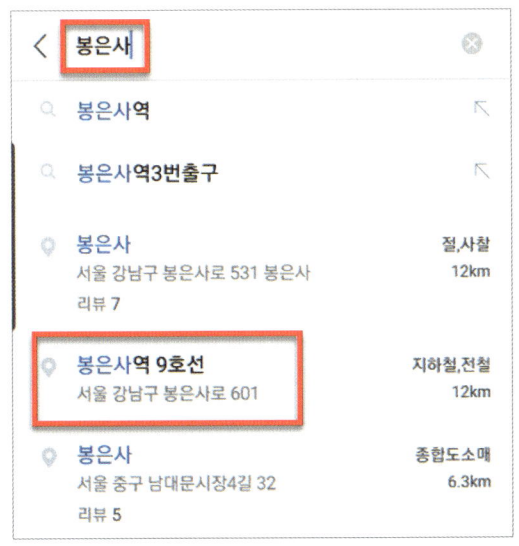 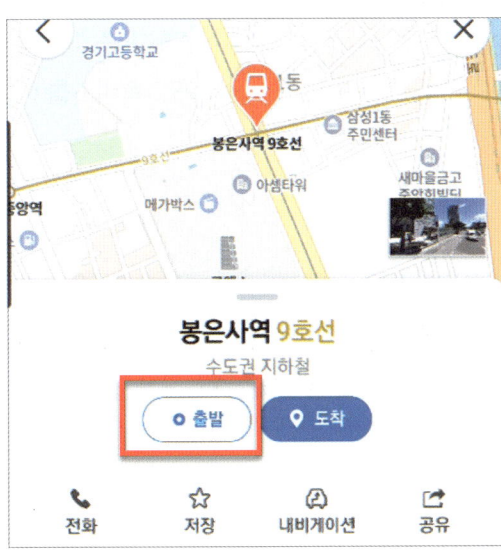

02 도착지는 "스타벅스"를 입력하여 나온 목록에서 [스타벅스 코엑스몰점]을 선택한 후, 하단에 있는 [계단회피]를 누르면 계단이 없는 길로만 안내합니다. 계단을 이용할 때 불편함이 있는 사람들이 활용하면 좋겠습니다.

CHAPTER 06 기차/버스 예매하기

여행할 때 필요한 지도를 들고 다닐 필요 없는 스마트한 세상에 아직도 서울역이나 버스터미널에서 줄서서 표를 사지는 않겠죠? 여기에서는 스마트폰 앱으로 기차와 고속버스를 예매하는 방법을 배웁니다.

결과화면 미리보기

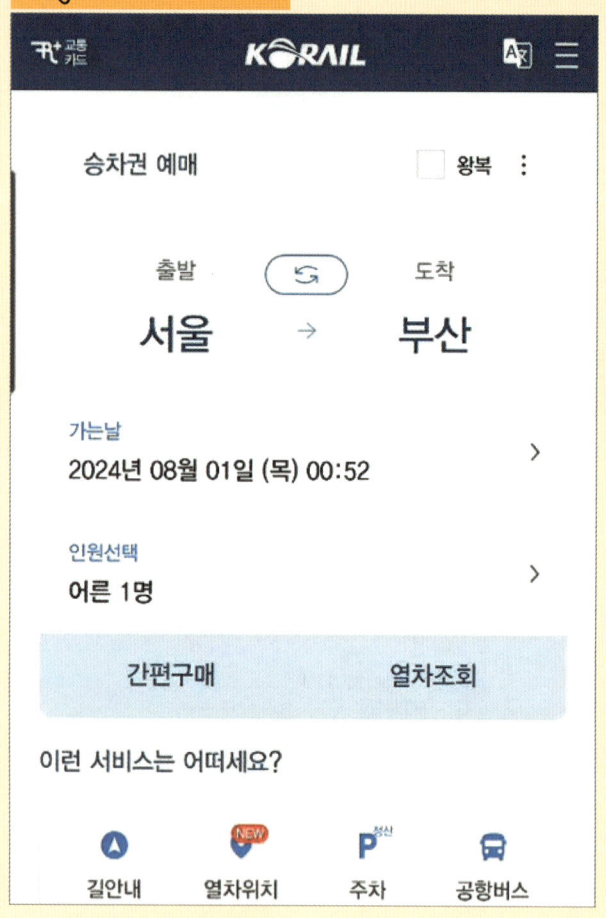

무엇을 배울까?

❶ 기차표 예매하기
❷ 고속버스 예매하기

STEP 1 ▶ 기차표 예매하기

01 **Play 스토어**에서 **"코레일톡"**을 검색하여 **[설치]**한 후 **[열기]**를 누릅니다.

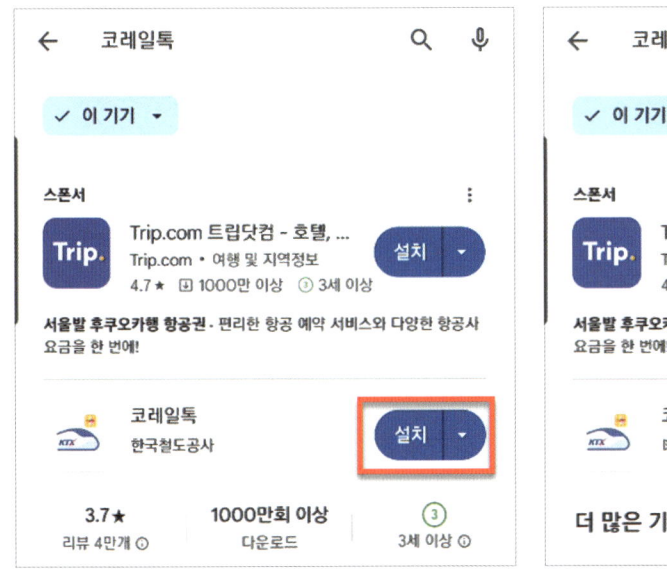
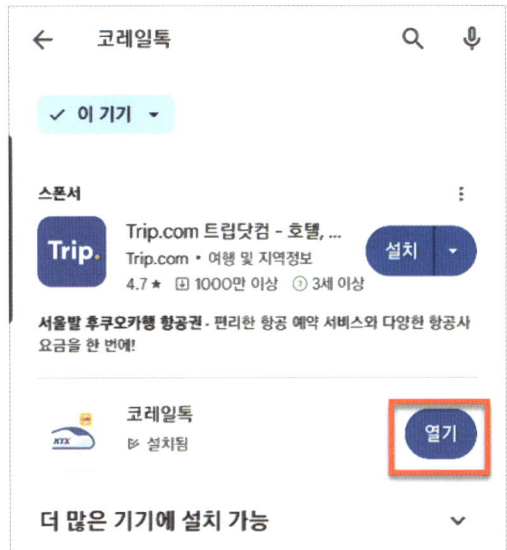

02 접근권한 설정안내에 필수 1개, 선택 1개를 요구한다고 나옵니다. **[네]**를 누른 후, 사진과 동영상에 액세스를 **[허용]**합니다.

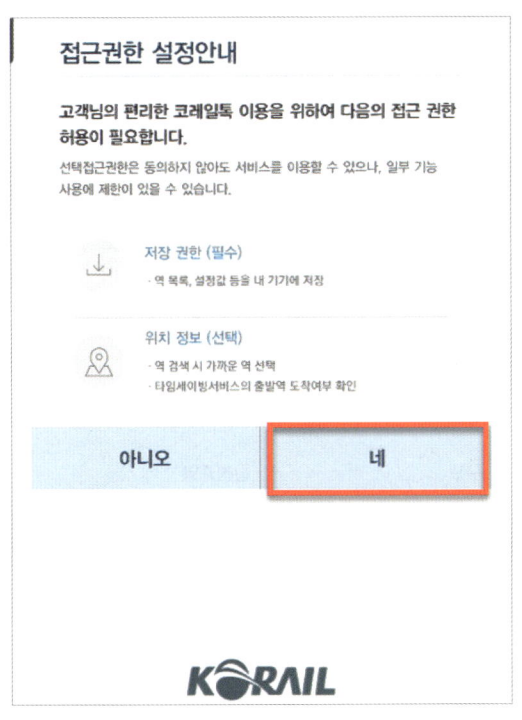
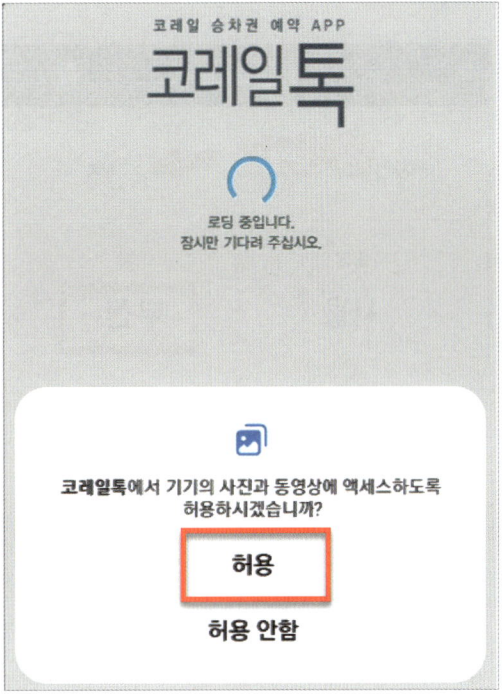

03 위치 정보에 액세스하도록 **[앱 사용 중에만 허용]**을 누른 후, 알림을 받을 수 있도록 **[허용]**을 누릅니다.

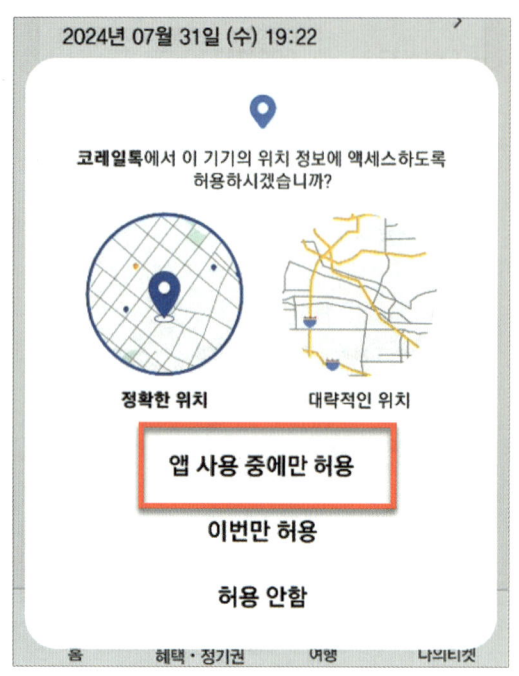 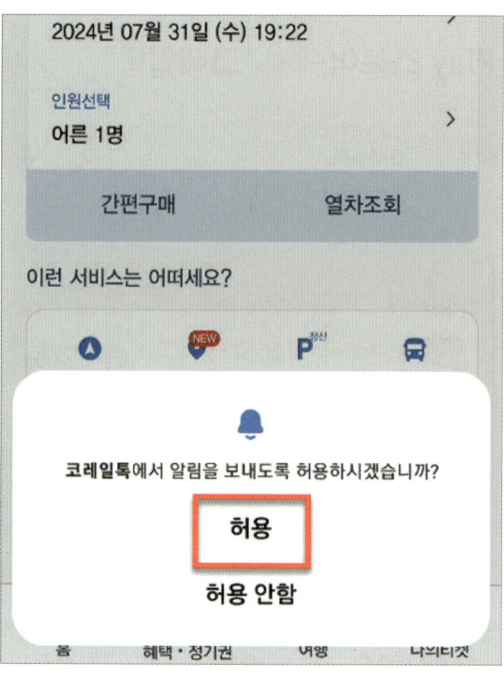

04 승차권 예매 화면에서 **[왕복]**을 **체크하지 않습니다.** 도착으로 표시된 **부산**을 터치해서 **[광주송정]**으로 도착지를 변경합니다. 검색 상자에 역 이름을 초성으로 검색할 수도 있습니다.

05 **가는날**을 눌러서 날짜를 변경하도록 합니다. 예매하려는 **날짜**와 **시간대**를 선택합니다.

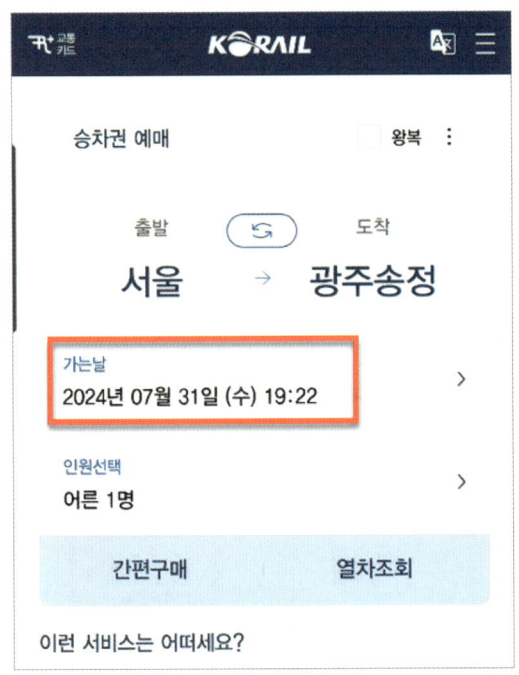

06 화면 아래에 있는 **[확인]**을 누른 후, 예매할 인원을 변경하기 위하여 **[인원선택]**을 누릅니다.

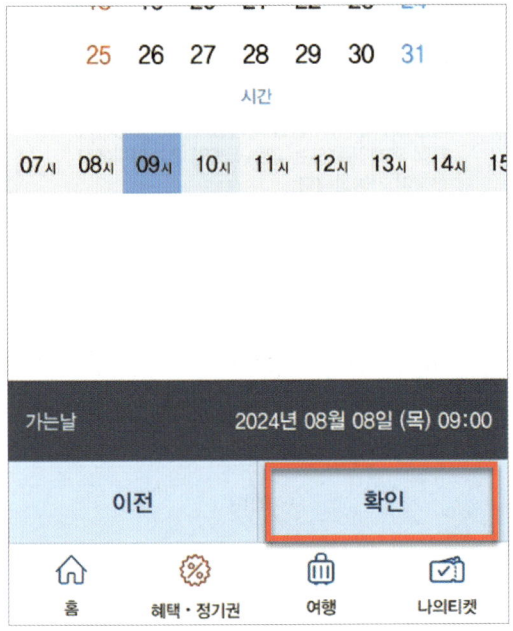
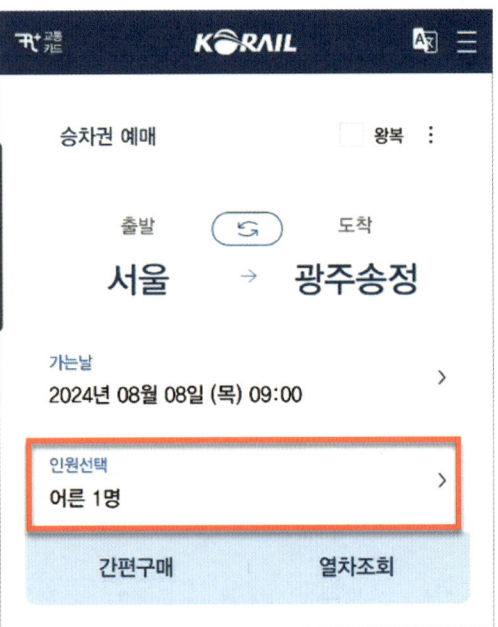

07 [경로] 2명으로 변경하고 [어른]은 0명으로 변경한 다음 [확인]을 누릅니다. 계속해서 [열차조회]를 누릅니다.

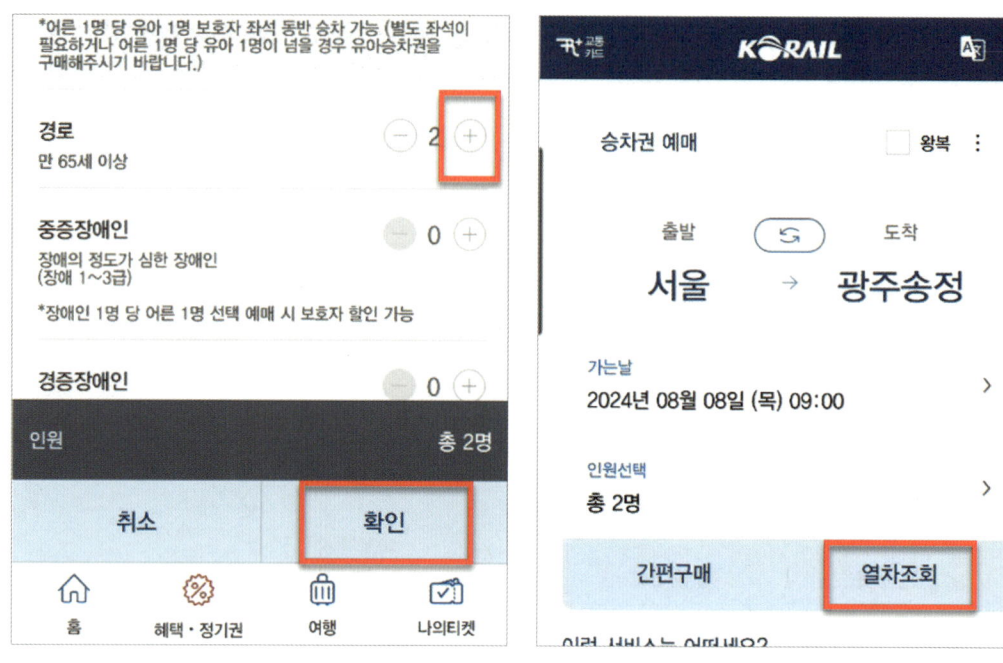

08 원하는 열차 시간의 [일반실]의 가격표를 누릅니다. 안내문이 표시되기도 하는데, 잘 읽어보고 [확인]을 누릅니다.

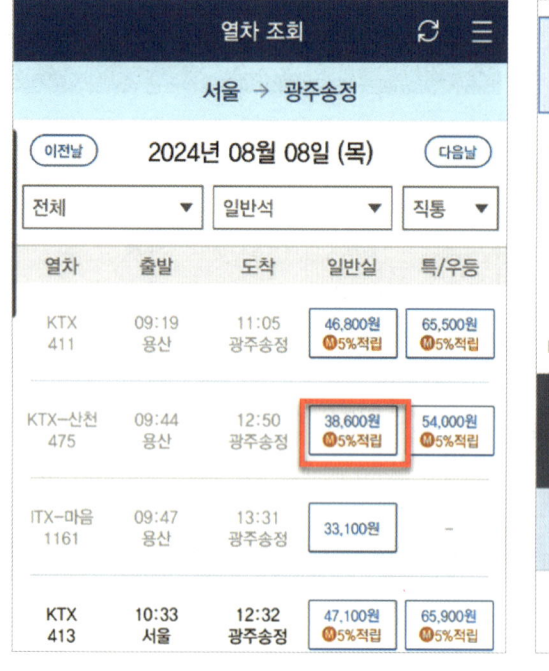 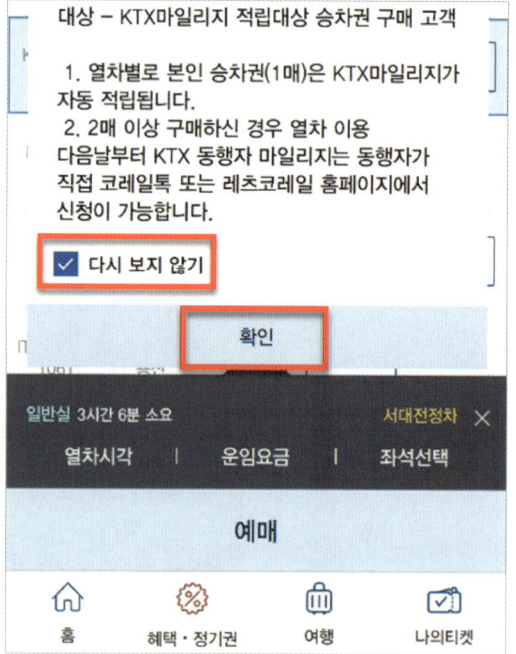

09 [좌석선택]을 눌러서 몇 호차로 할 것인지, 내측, 창측, 역방향, 순방향을 고려해서 선택한 후 [선택 완료]를 누릅니다.

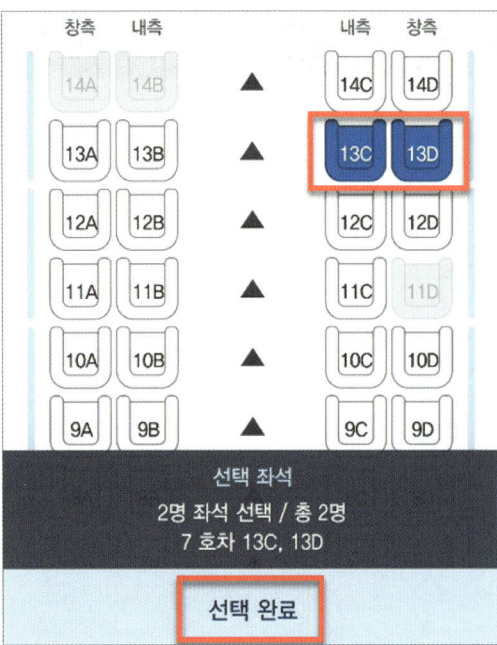

10 [예매] 버튼을 누르고 회원인 경우는 로그인을 하면 되지만, 여기서는 [비회원]을 눌러서 예매하도록 합니다.

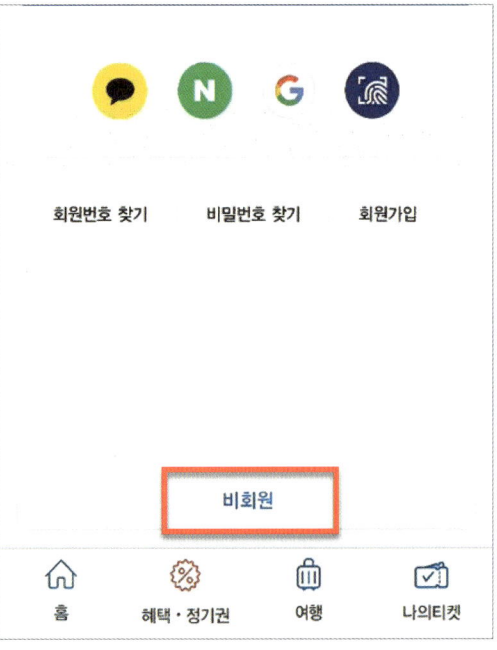

11 **이름, 휴대폰번호, 비밀번호 2회**를 입력한 후 **[확인]**을 누르면, 이용안내가 나옵니다. **내용을 확인**했다는 **체크**를 한 다음 **[네]**를 누릅니다.

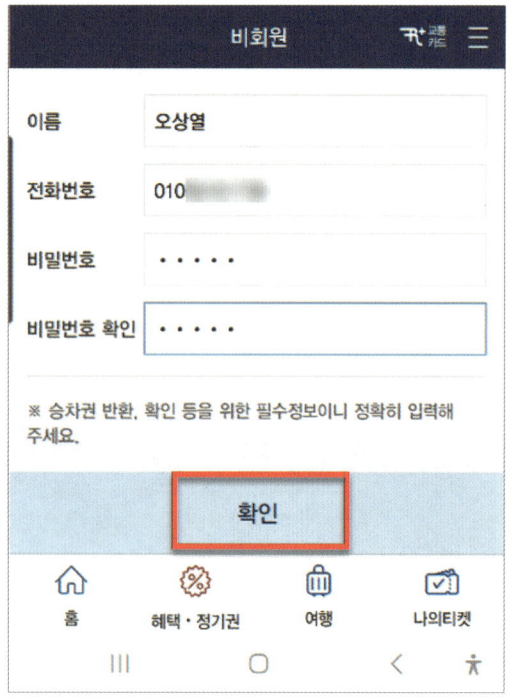 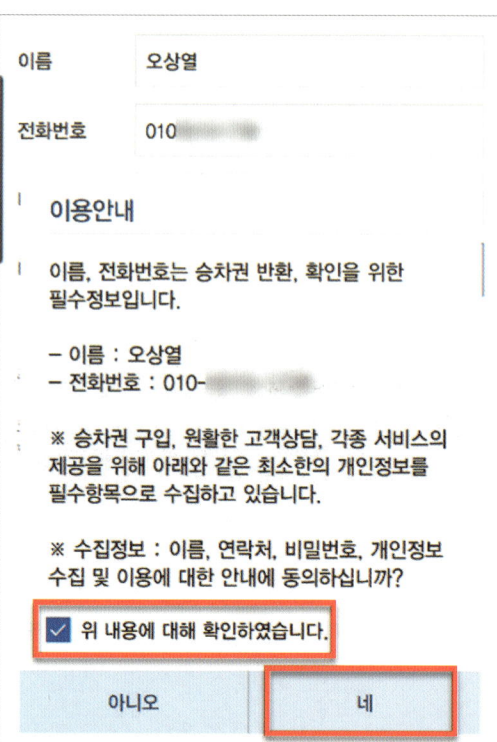

12 [예약 취소]를 눌러 취소할 수 있지만, **[결제하기]**를 눌러 진행을 계속해 보겠습니다. 결제사항을 확인한 후 **[다음]**을 누릅니다.

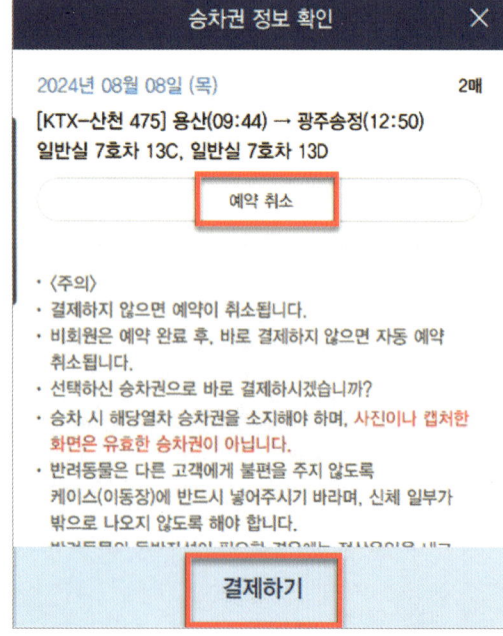 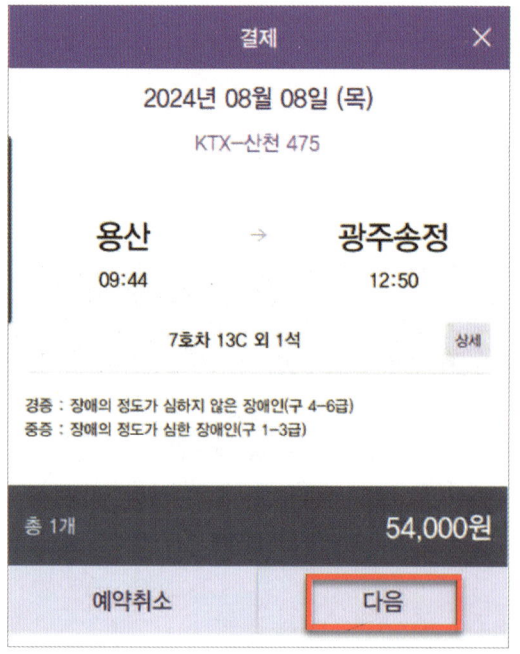

13 [카드결제]를 누른 후 **카드번호, 유효기간, 비밀번호 앞2자리**, 인증번호는 **주민번호 앞6자리**를 입력하고, **[결제/발권]**을 누릅니다.

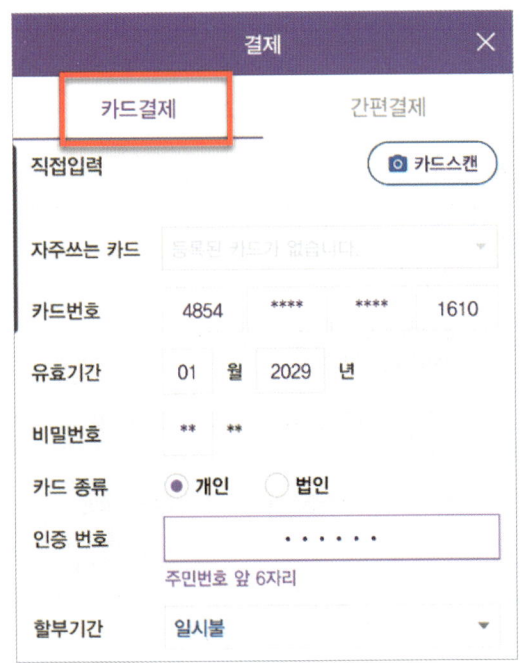 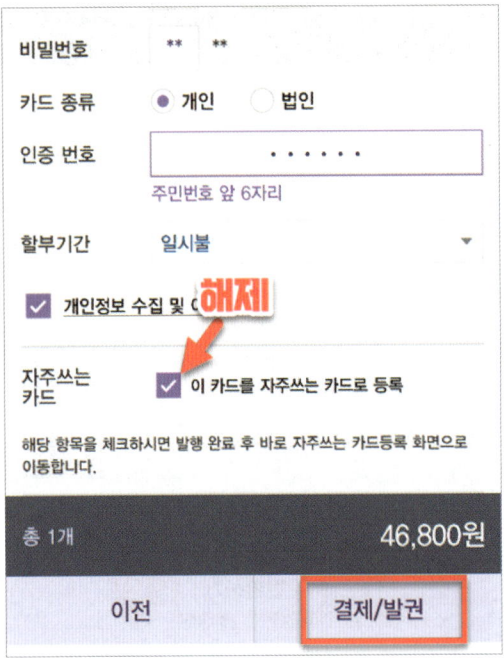

14 **[나의티켓]**에 예약한 티켓의 QR코드가 보입니다. 발권이 필요하지 않으며, **[반환하기]**를 누르면 예약을 취소할 수 있습니다.

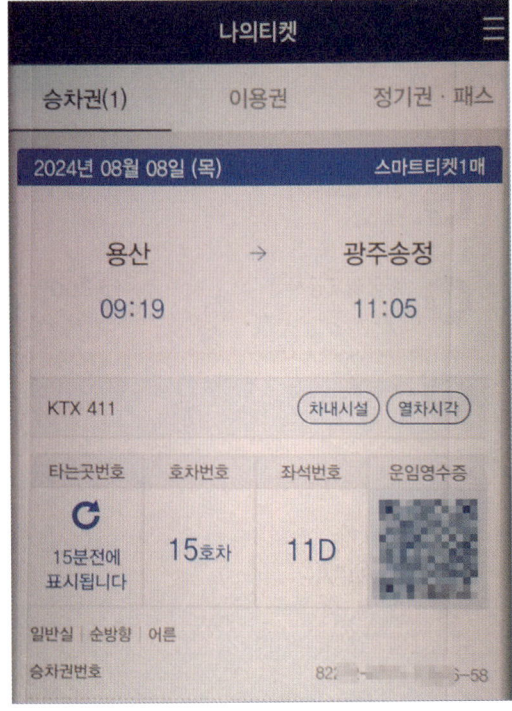 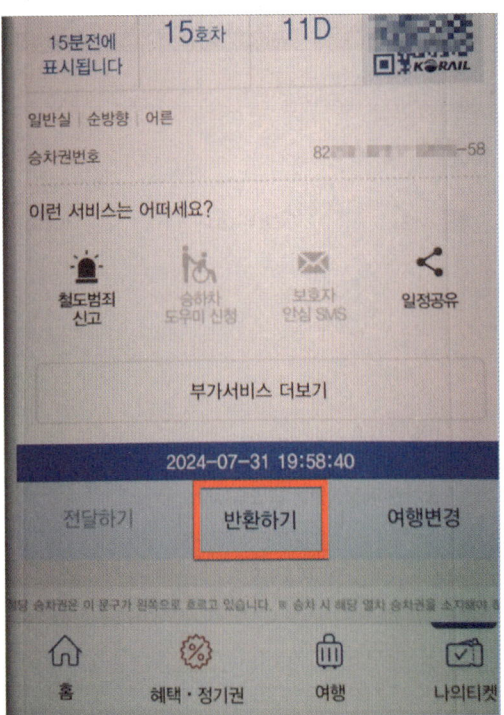

15 ❶[승차권]을 체크하여 **해당 항목**을 선택한 후, ❷[반환하기]를 눌러서 이용안내를 읽어본 후 [반환요청]을 누릅니다.

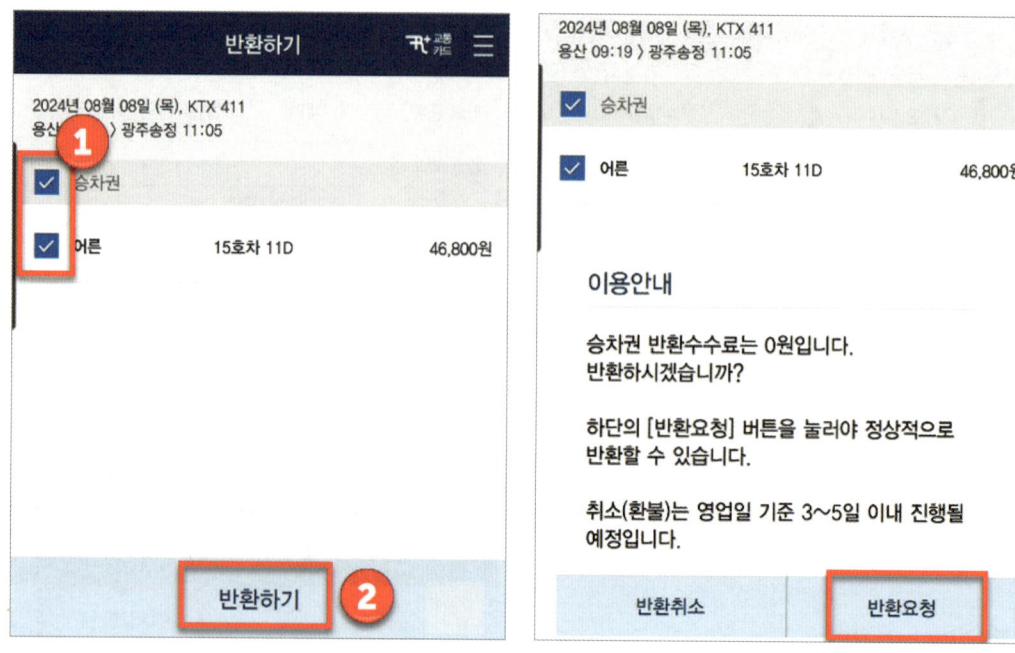

16 승차권이 반환된 것을 [확인]합니다. **체크카드**로 결제하면 아래와 같이 입금 처리되고, **신용카드**는 거래 취소가 진행됩니다.

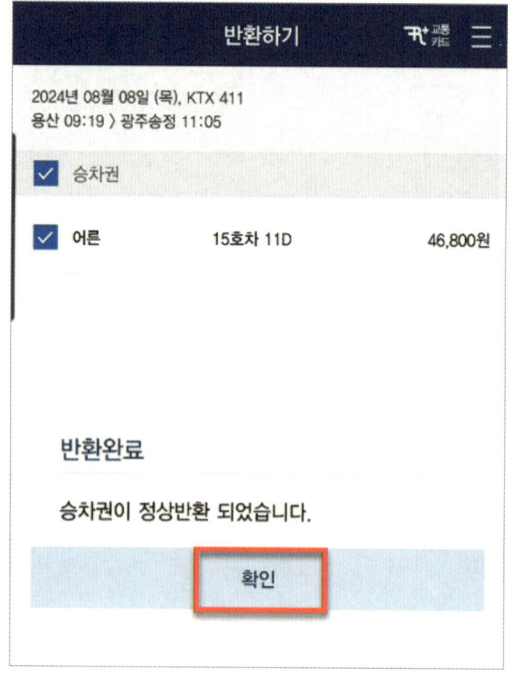 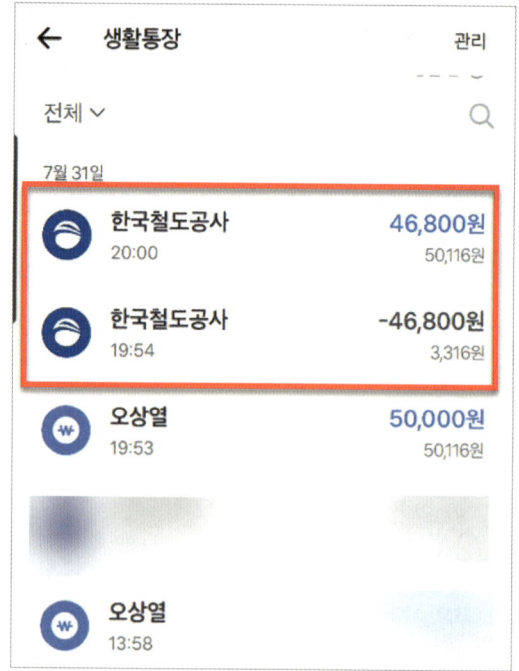

STEP 2 - 고속버스 예매하기

01 **Play 스토어**에서 "**고속버스 티머니**"를 [**설치**]한 후 [**열기**]를 누릅니다.

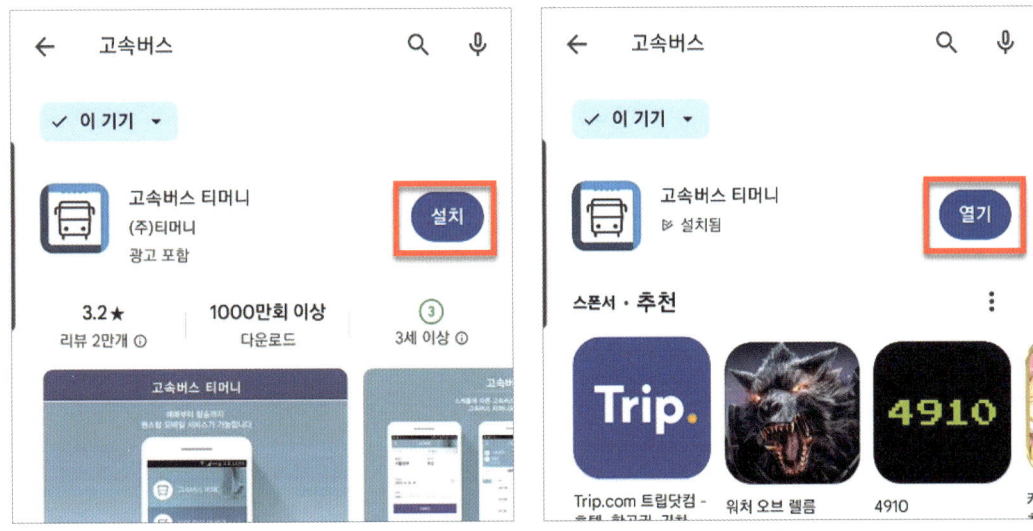

02 고속버스 티머니 앱을 실행할 때의 **권한 허용 3가지**에 대한 안내화면에서 [**확인**]을 누른 후, 전화를 걸고 관리하도록 묻는 대화상자에서 [**허용**]을 누릅니다.

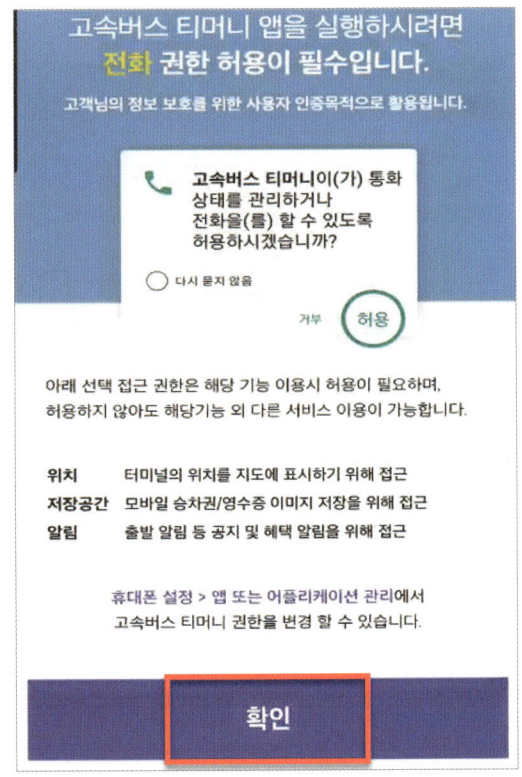
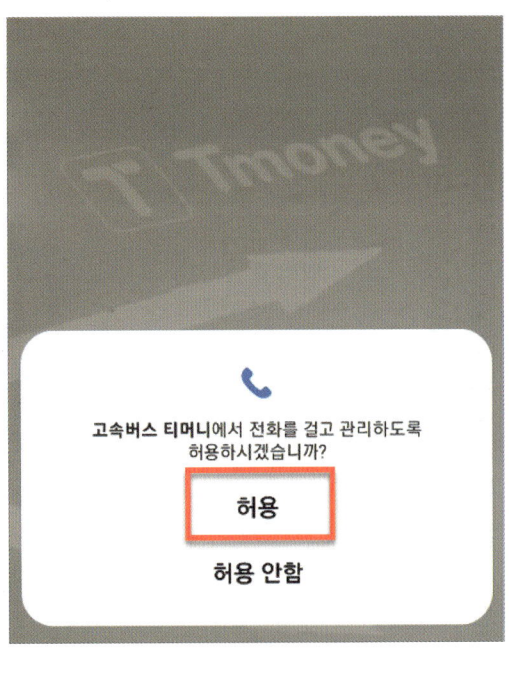

03 고속버스 티머니 앱 이용에 대한 안내창에서 ❶**[다시 보지 않기]**를 체크한 후 ❷ **[닫기]**를 누릅니다. 회원가입은 **[나중에]**를 누릅니다.

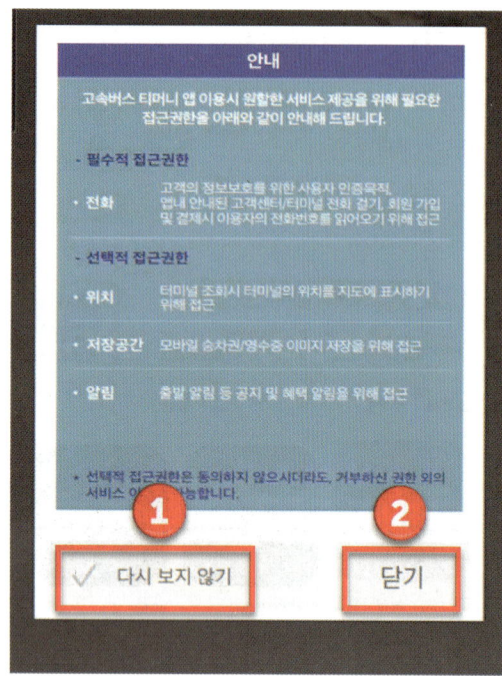 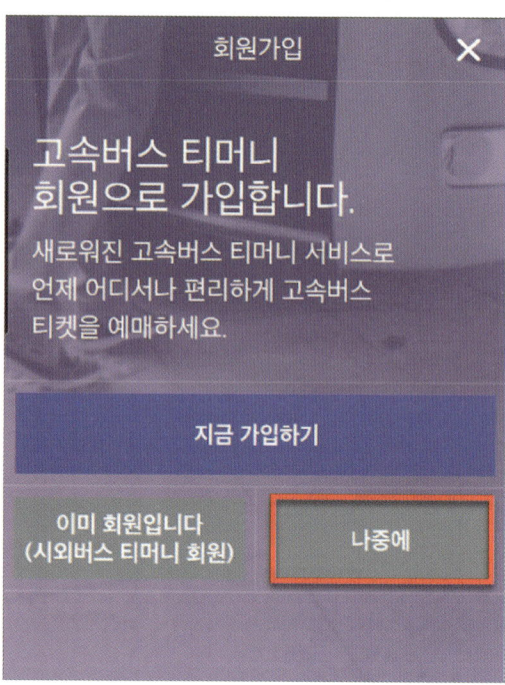

04 아래 메시지 그림은 나오지 않을 수도 있습니다. ❶**[하루 보지 않기]**를 누른 후 ❷ **[닫기]**를 누르고, 알림을 받도록 **[허용]**을 누릅니다.

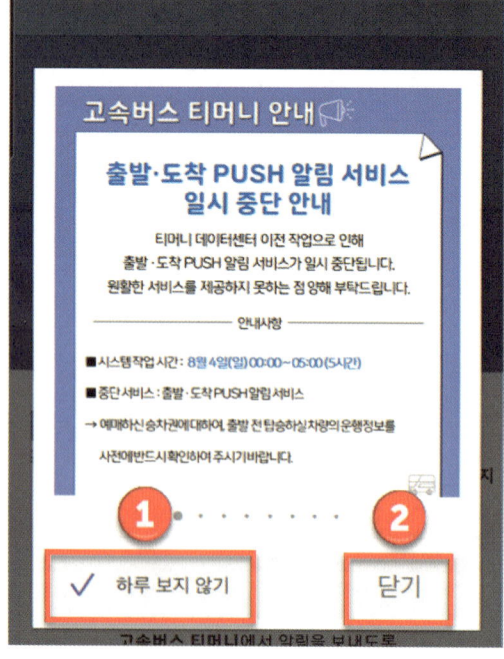 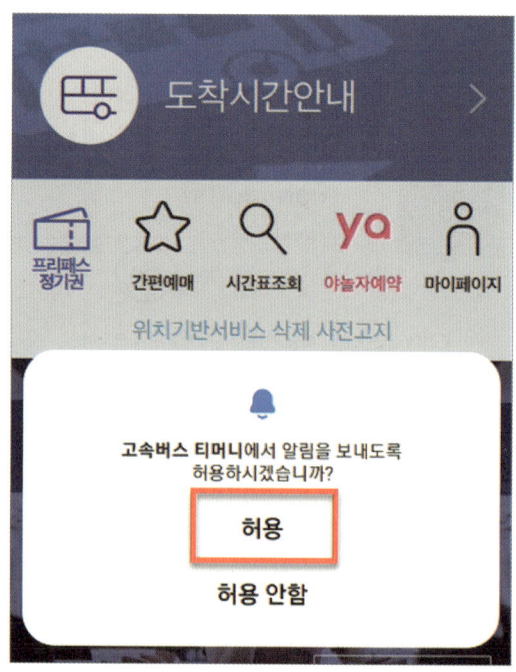

05 [고속버스 예매]를 누른 후 **편도 체크**된 상태에서 [출발지]를 누릅니다.

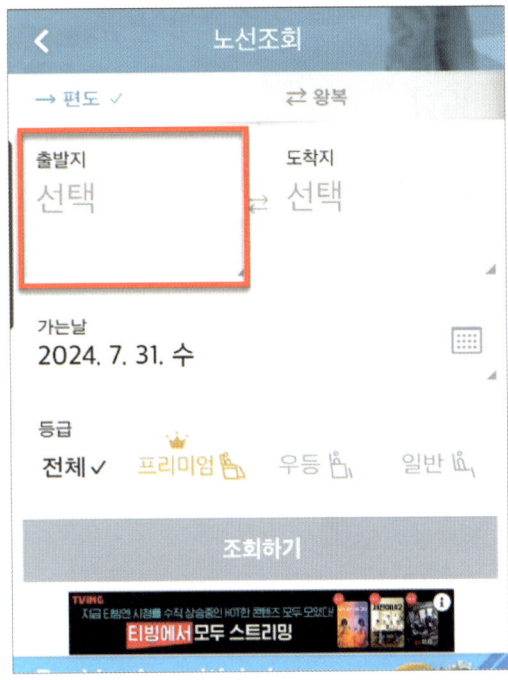

06 출발지 **전체**에서 [동서울]로 선택하면 자동으로 **도착지**의 지역별 터미널이 표시되는데, 여기에서 [강원]을 선택합니다.

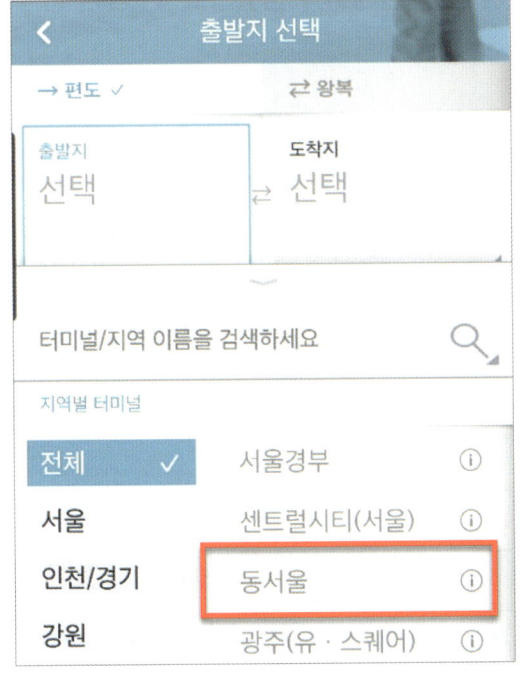
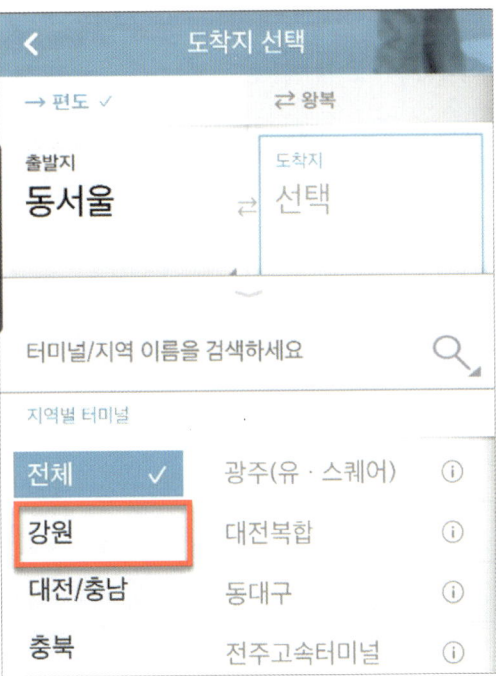

07 도착지는 **[양양]**을 선택합니다. 이전 화면이 다시 나오면 **[가는 날]**을 눌러 출발 일자와 시간을 조회합니다.

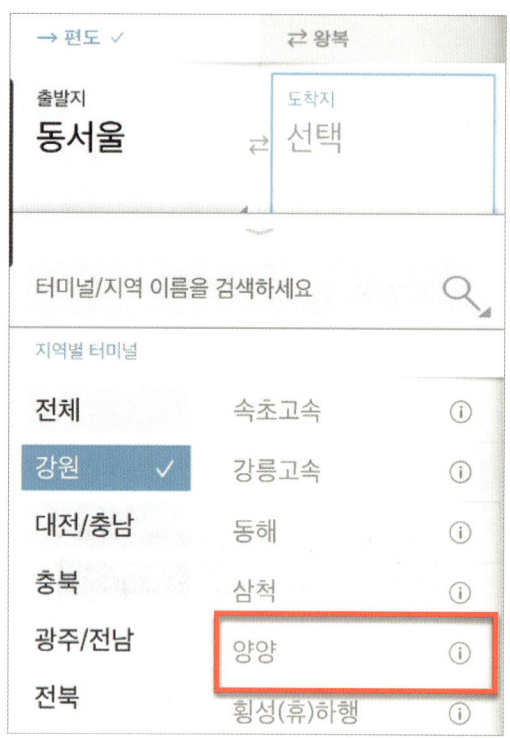
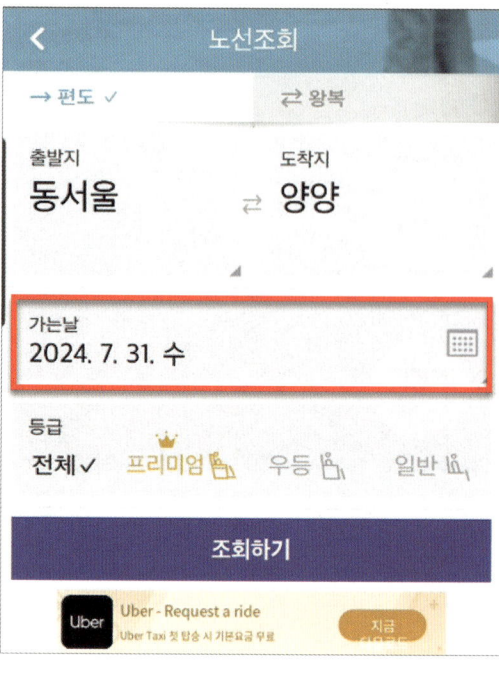

08 **출발일**을 선택하여 이전 화면이 나오면 등급을 ❶**[우등]**으로 선택한 후 ❷**[조회하기]**를 누릅니다.

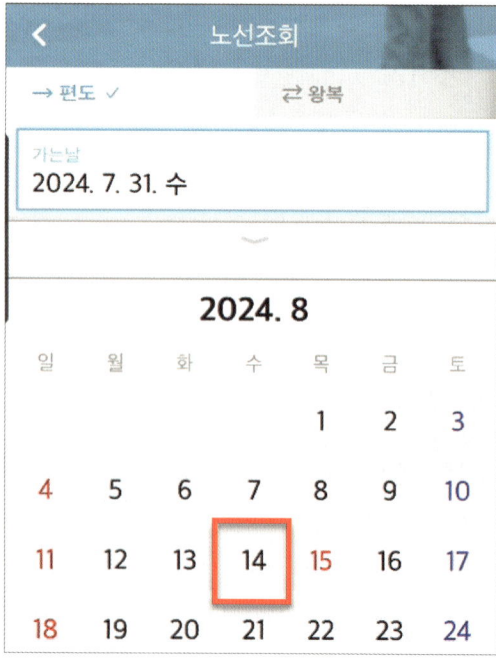
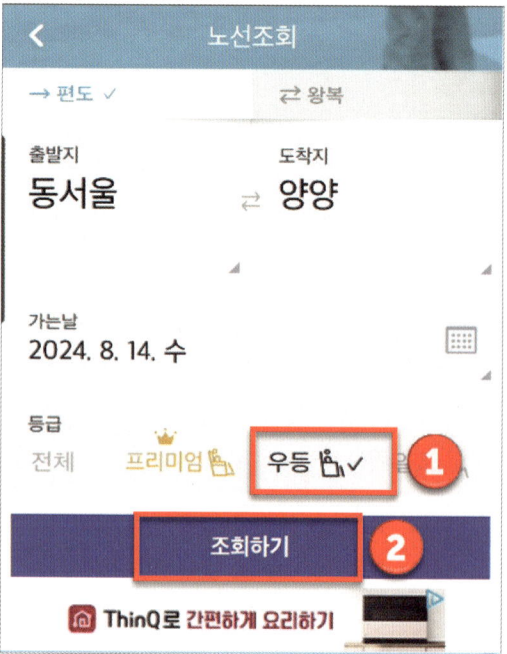

09 배차조회에서 **출발시간**을 선택 후, ❶[비회원]을 선택, ❷휴대폰번호 입력, ❸개인정보 동의 체크한 후 ❹[인증번호발송]을 누릅니다.

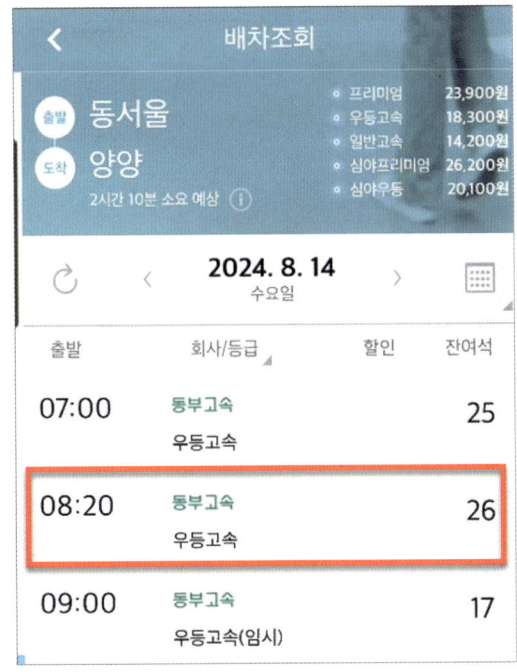 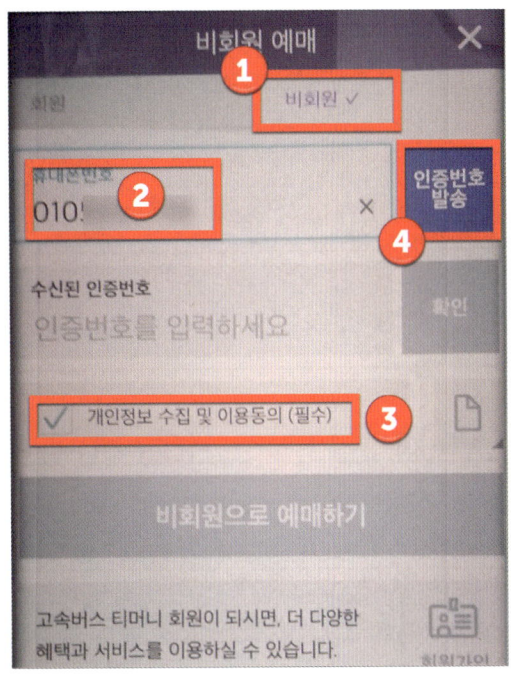

10 수신된 ❶인증번호를 입력한 후 [확인]을 눌러 인증하고, ❷[비회원으로 예매하기]를 누른 후 ❸좌석을 선택하고 ❹[선택완료]를 누릅니다.

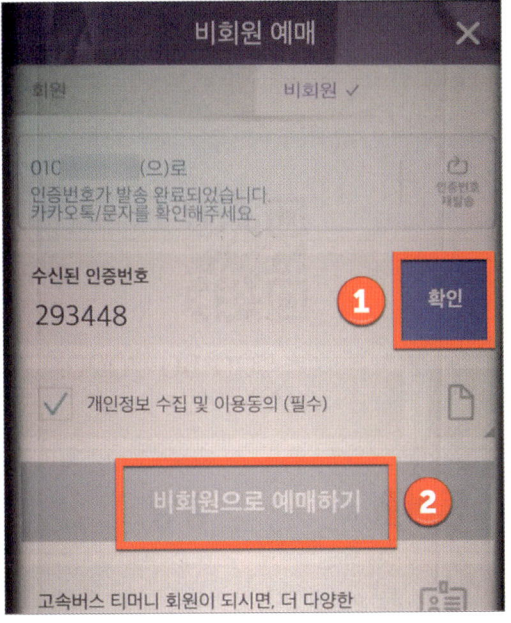 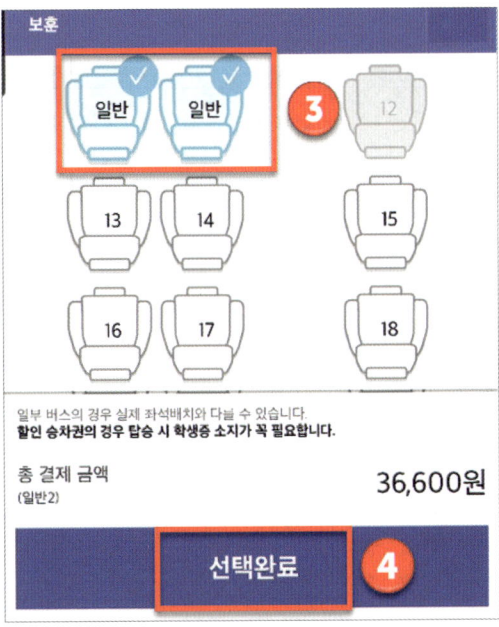

11 결제종류를 [**신용/체크카드**]로 선택한 후, 결제 진행여부를 묻는 대화상자에서 [**네**]를 누릅니다.

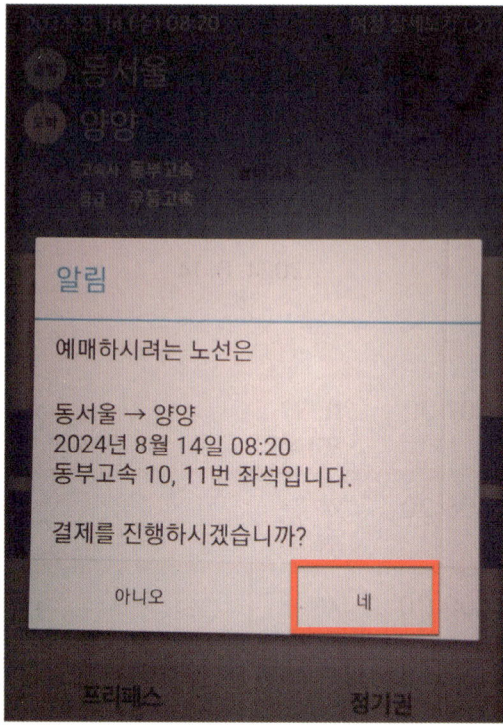

12 결제에 관한 화면이 나오면 **신용/체크카드**에 관련된 정보를 각 항목에 입력하고 [**동의/결제**]를 누르면 티켓이 발급됩니다.

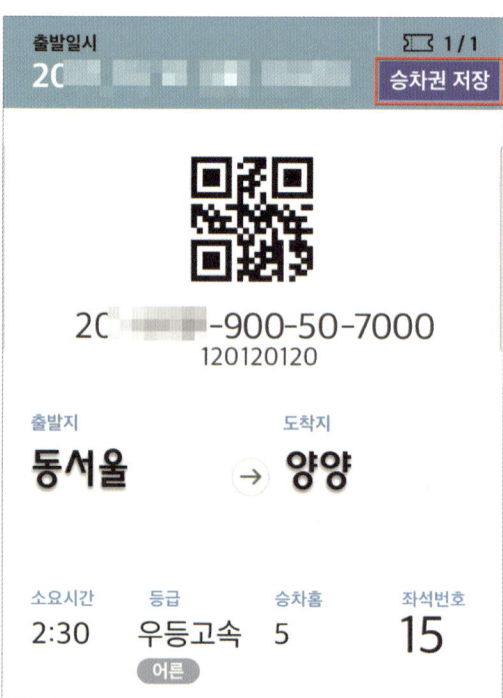

CHAPTER 07

스마트폰 업무활용

스마트폰 앱을 이용하면 팩스가 없더라도 시간과 장소에 구애받지 않고 상대방과 팩스 문서를 주고받을 수 있으며, 병원 방문 시 필수적으로 있어야할 건강보험증도 모바일에 설치하여 사용할 수 있습니다.

결과화면 미리보기

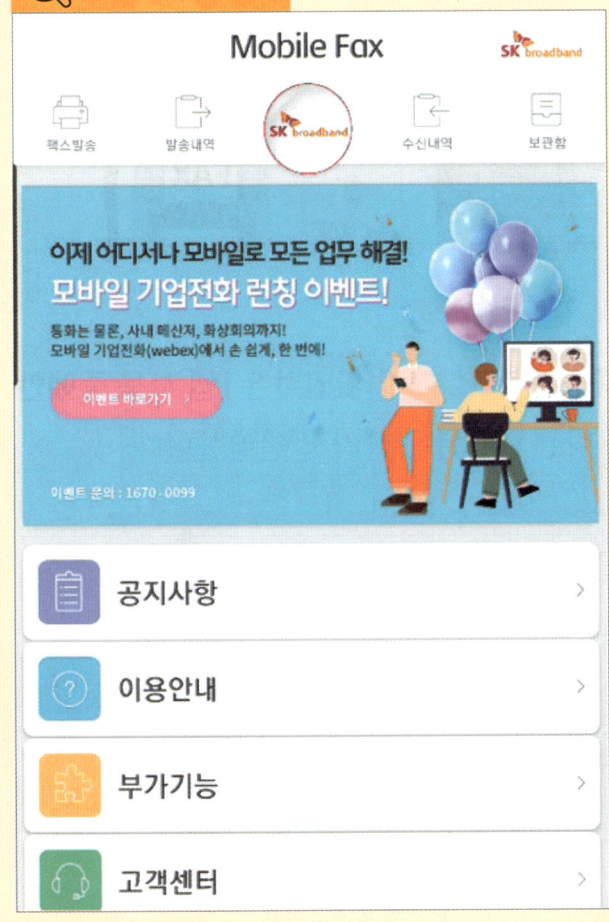
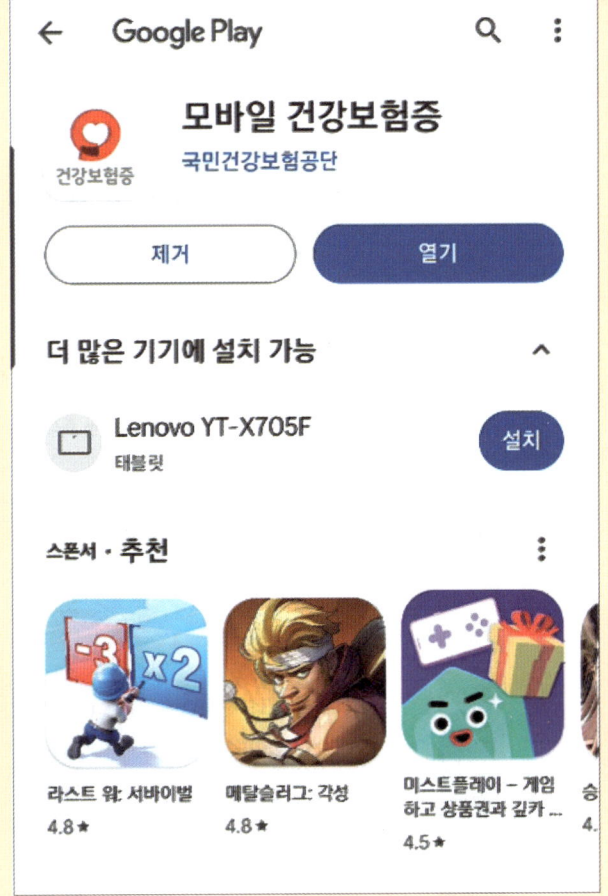

무엇을 배울까?

① 모바일팩스 설치하기
② 팩스 보내기
③ 팩스 수신하기
④ 모바일 건강보험증

STEP 1 ▶ 모바일팩스 설치하기

01 **Play 스토어**에서 **"모바일팩스"**를 **[설치]**한 후 **[열기]**를 누릅니다.

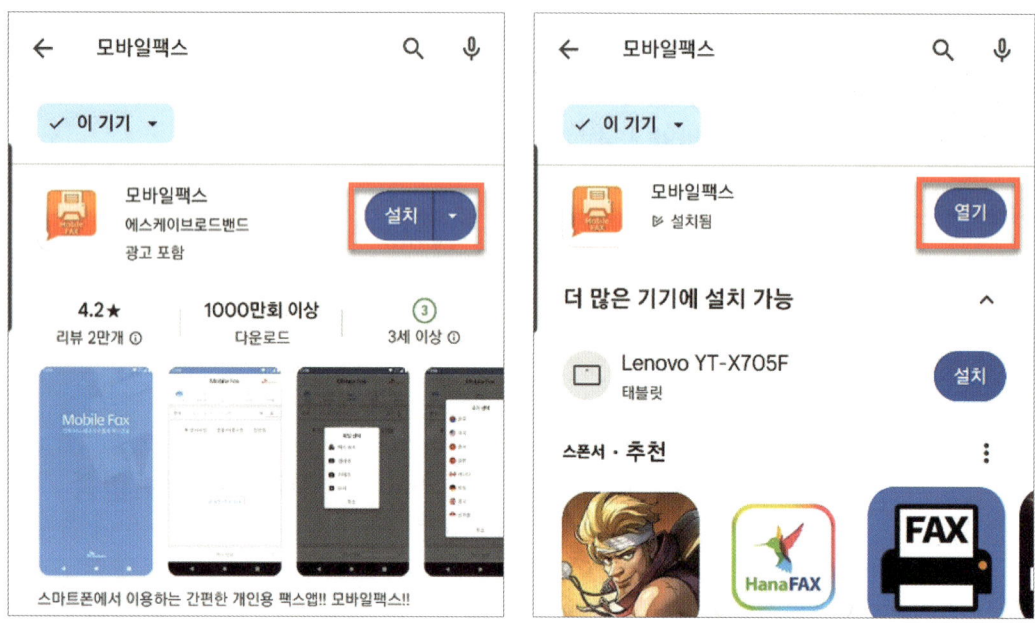

02 접근 권한 안내창에서 **[다시 보지 않기]**를 누르고, 카메라 권한은 **[앱 사용 중에만 허용]**을 누른 후 나머지 필수적 권한 사항은 **[허용]**을 눌러서 진행합니다.

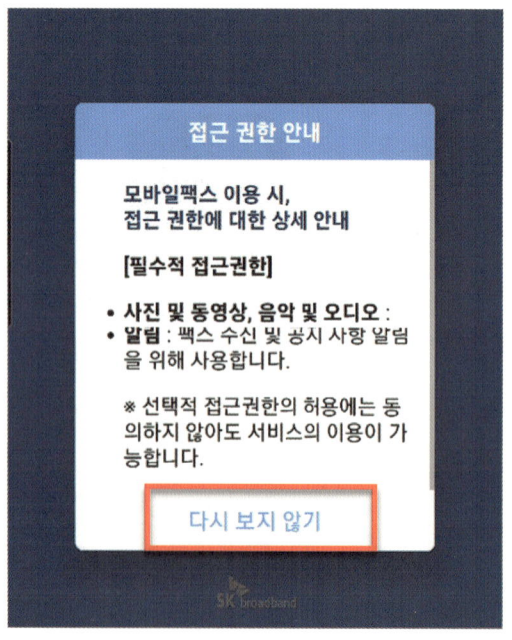 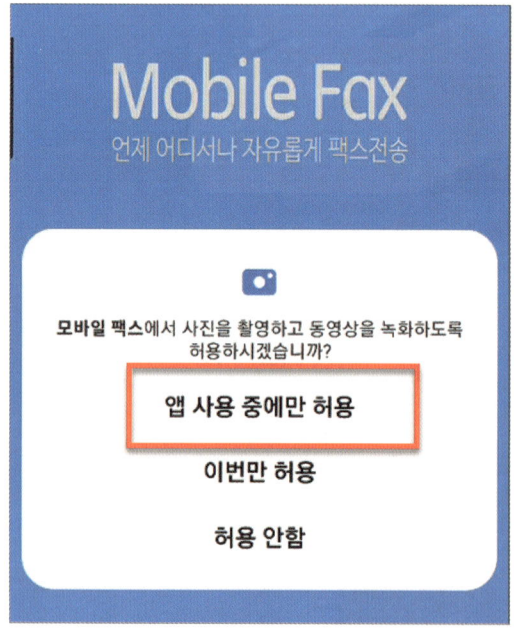

03 ❶[전체동의]를 누른 후 ❷[다음]을 누릅니다. ❸[신규 가입]을 체크한 후 ❹[다음]을 눌러 진행합니다.

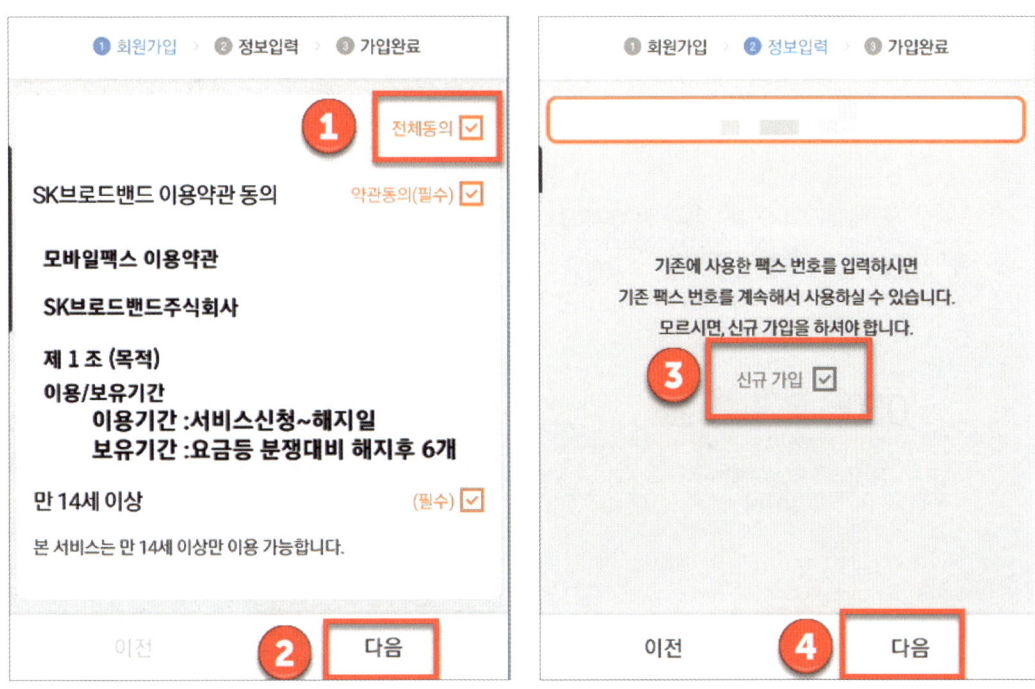

04 5개의 번호를 보여주는데 ❶1개를 선택한 후 ❷[다음]을 누르고, 연락처 변경에서 [변경]을 누릅니다.

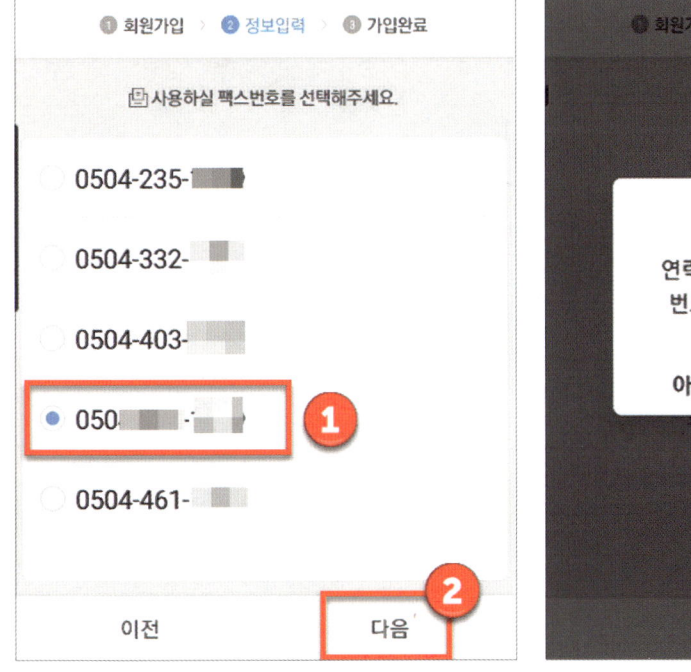
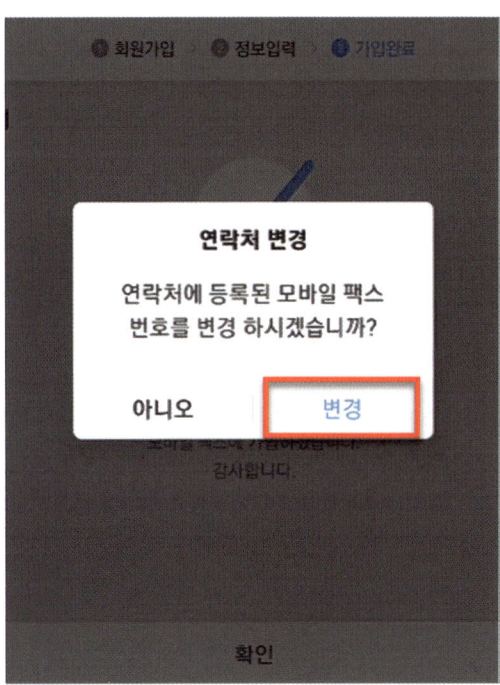

05 모바일팩스에 가입한 창이 나오면 **[확인]**을 누르고, 팩스 문서 복사 창의 메시지를 읽어본 후 **[확인]**을 누릅니다.

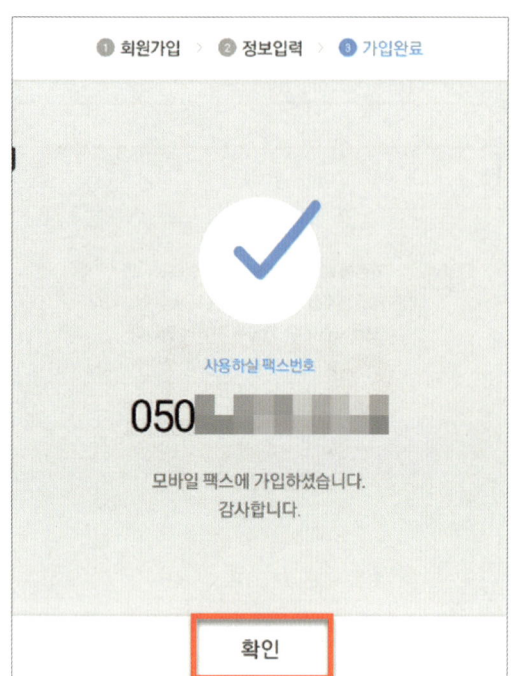 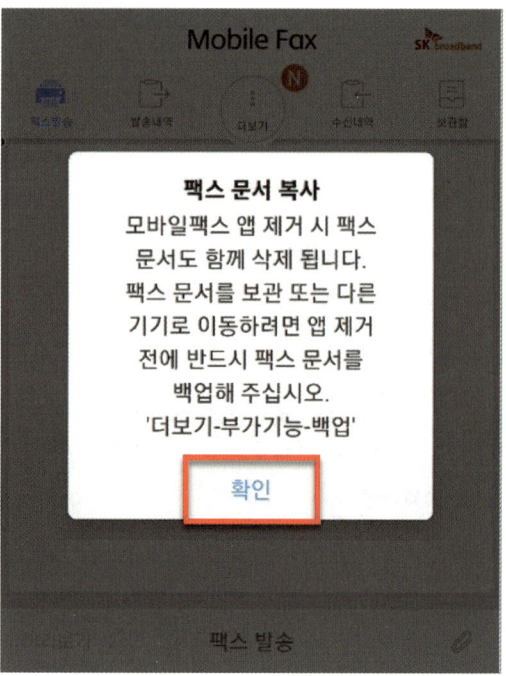

06 상단의 **[더보기]**를 누르면 **내 모바일 팩스번호**를 확인할 수 있습니다. 갑자기 내 팩스번호가 기억나지 않을 때 확인하는 방법입니다.

 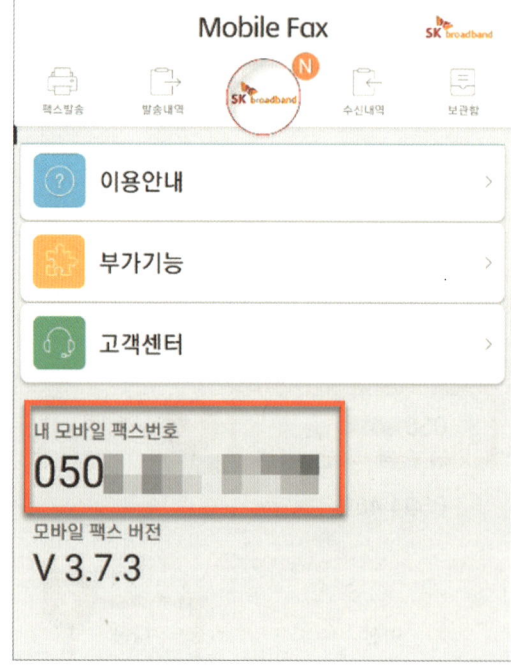

STEP 2 - 팩스 보내기

01 ❶**팩스번호**를 입력한 후 ❷**[사진/문서 첨부]** 누른 다음 ❸**[갤러리]**를 선택합니다.

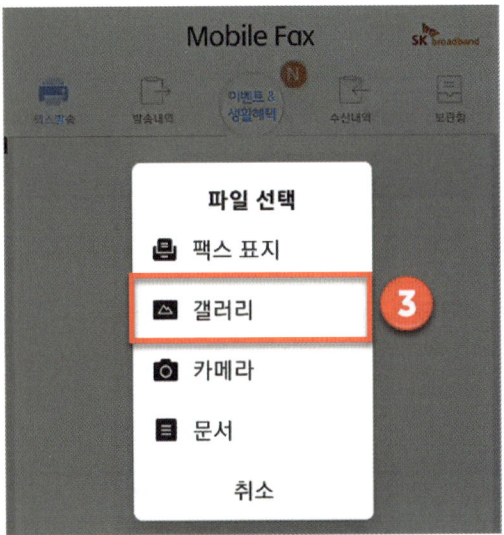

02 팩스로 보낼 ❶**이미지를 선택**한 후 우측 하단의 ❷**[추가(1)]**를 누른 다음 좌측 상단의 **[확인]**을 누릅니다. 필요하다면 이미지에 표시되는 조절점을 이용해 조절할 수도 있습니다.

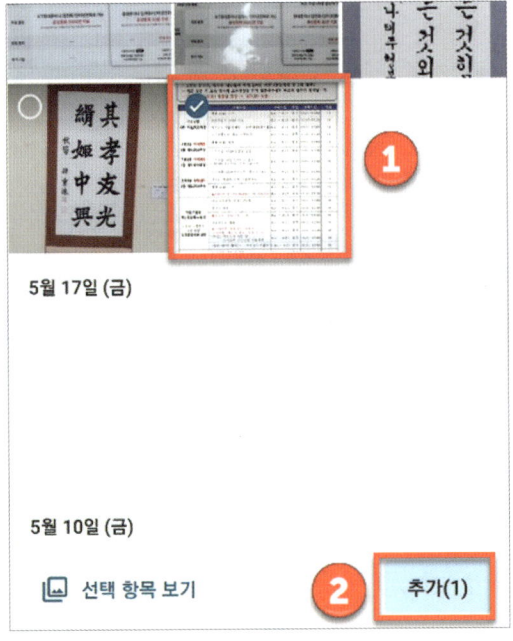
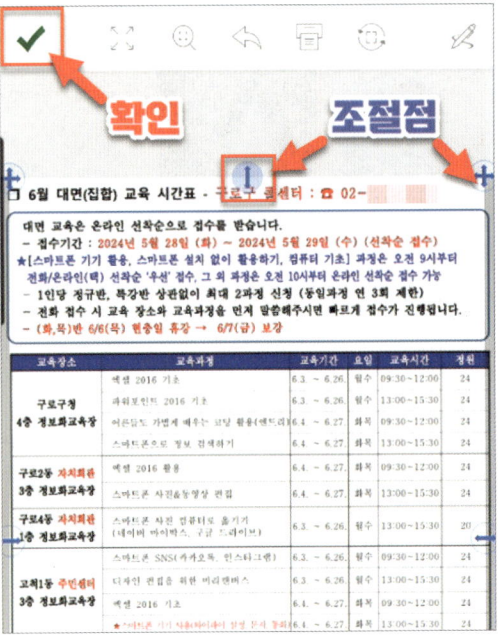

03 팩스로 보낼 이미지를 추가하기 위해 **[클립]**을 누른 후 **[갤러리]**를 선택합니다.

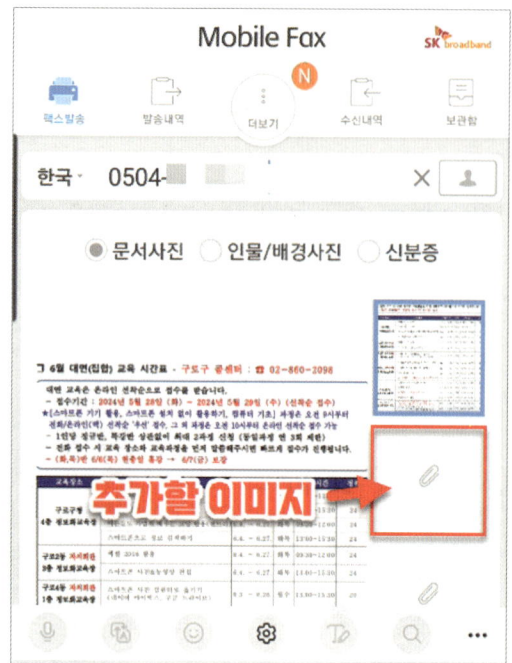
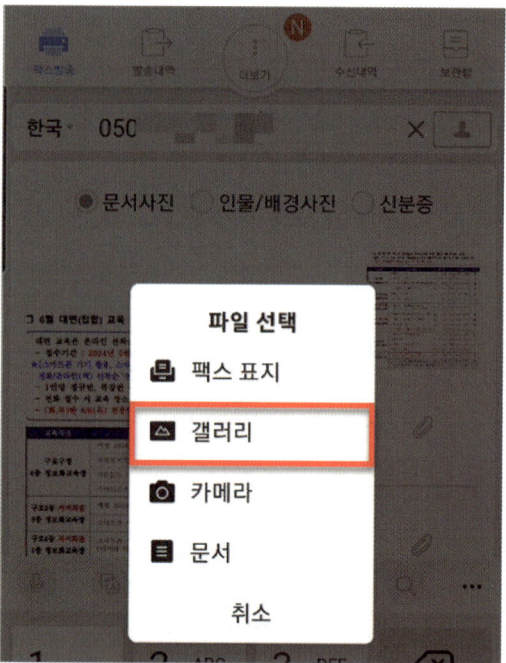

04 ❶**전송할 이미지**를 선택한 후 ❷**[추가]**를 누르고 이미지 조절점을 움직여서 조절한 다음 좌측 상단의 **[확인]**을 누릅니다.

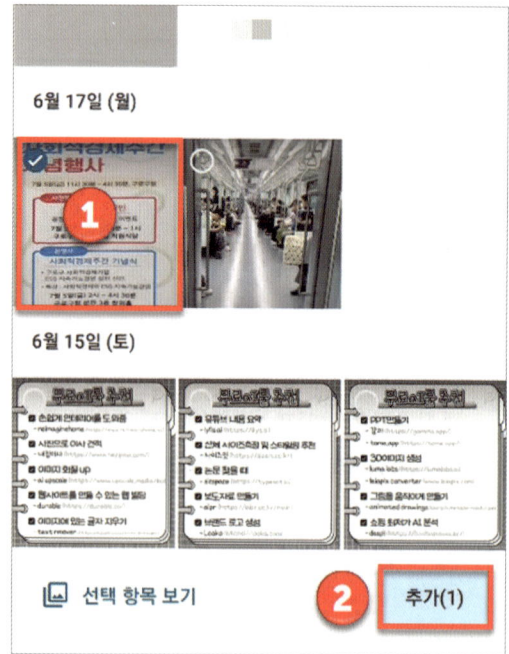

05 이미지 크기를 조절하면 아래와 같이 **이미지 수정** 창이 나타납니다. [예]를 누른 후 좌측 하단의 **[미리보기]**를 눌러서 확인해 봅니다.

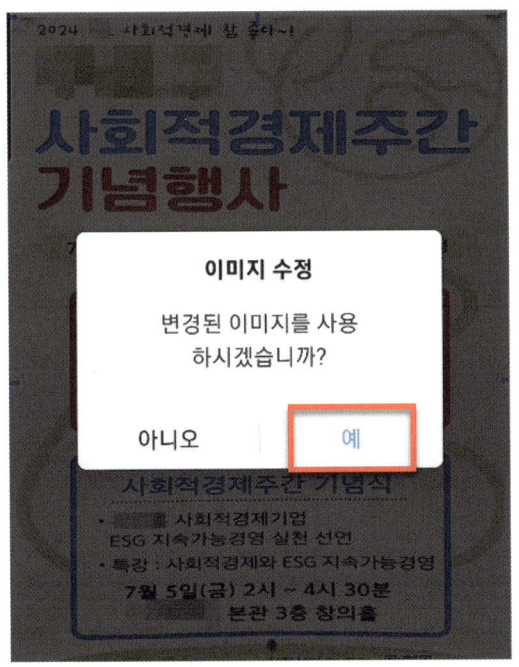
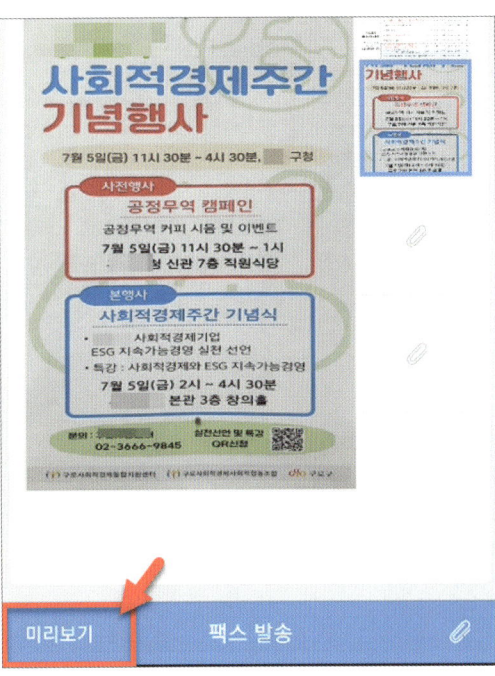

06 흑백으로 전송되며 하단의 **[팩스 발송]**을 누르면 팩스 발송이 시작됩니다. 발송은 **MMS 비용**으로 전송을 하게 되며, 무료는 아닙니다.

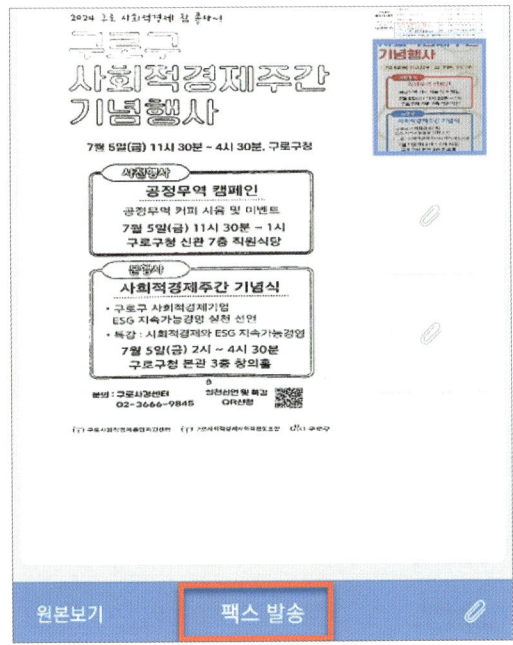
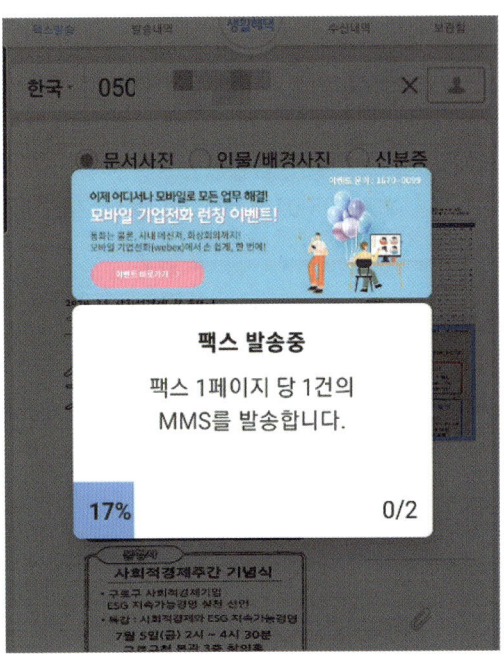

07 상단 도구에서 **[발송내역]**을 누르면 현재 진행 상황이 나오고 있습니다. 전송하는 데 약간의 시간이 소요될 수 있습니다.

 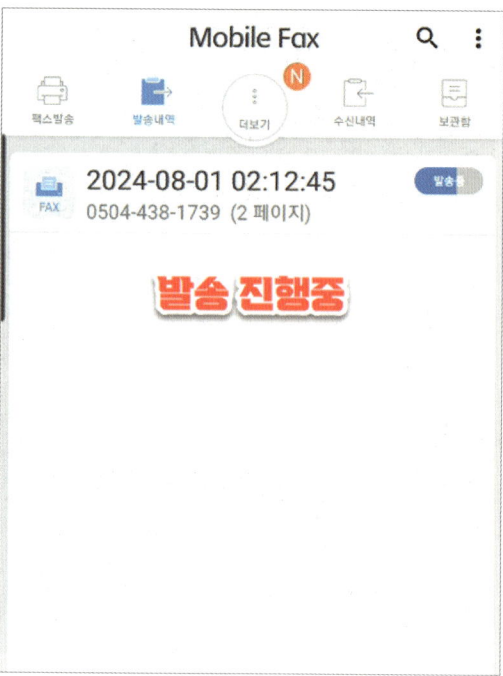

08 **발송완료**가 된 FAX 문서를 눌러보면 어떤 문서를 팩스로 보냈는지 확인할 수 있으며, 좌측 상단의 **[확인]**을 눌러 빠져 나갑니다.

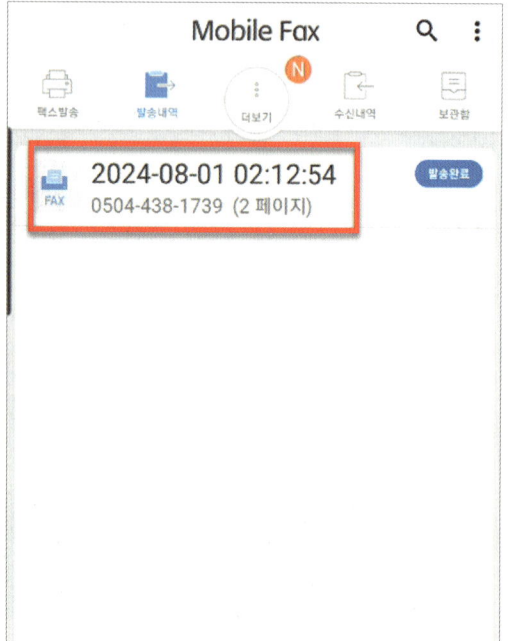 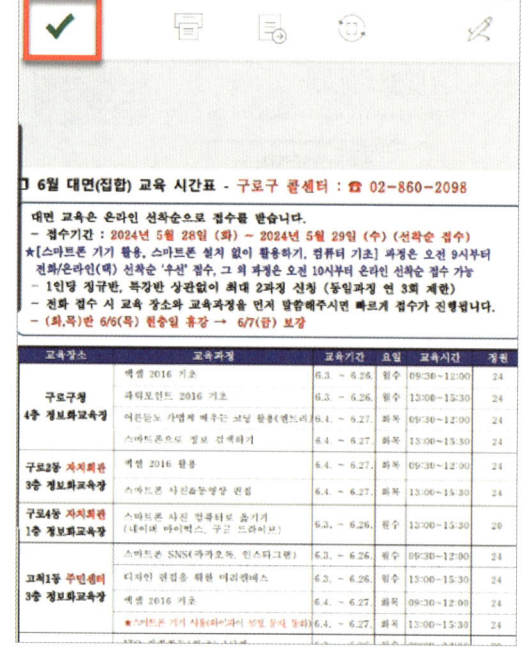

STEP 3 - 팩스 수신하기

01 상단 도구에서 [수신내역]을 누르면 전송중인 문서를 누릅니다.

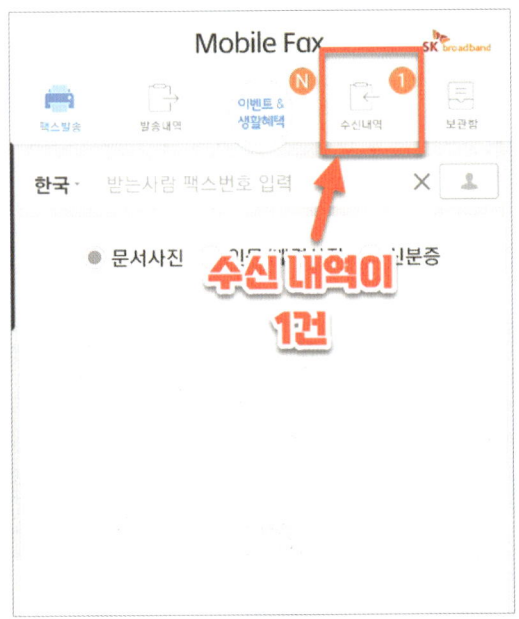 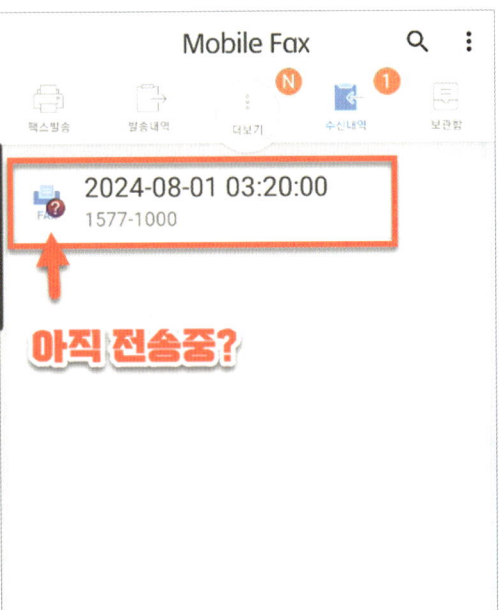

02 팩스 데이터를 다운로드 중이며, 다운로드가 끝나면 내용이 나옵니다. 좌측 상단의 [확인]을 누릅니다.

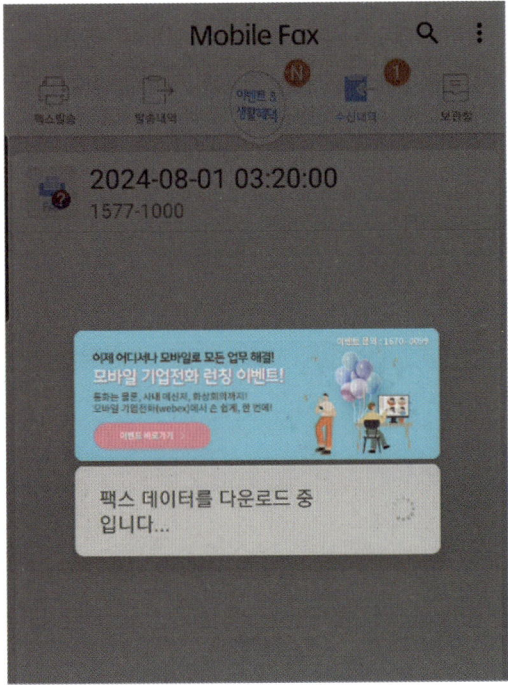 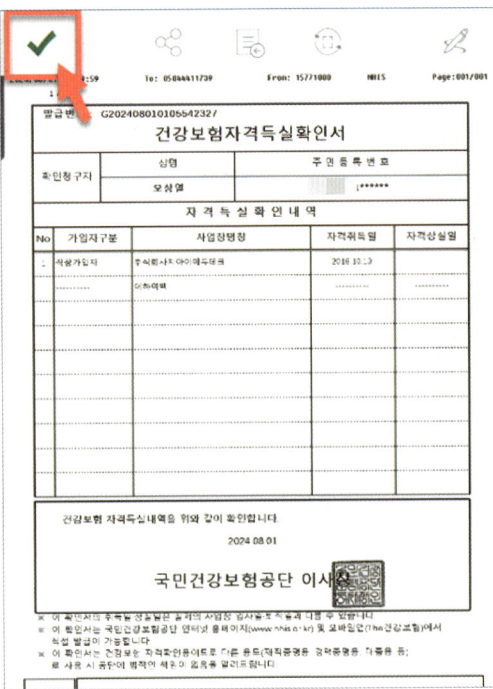

CHAPTER 07 스마트폰 업무활용

03 목록을 길게 누르면 하단에 6가지 기능들이 나오며, **[제목변경]**을 눌러서 이름을 바꿔야 편하게 찾아볼 수 있습니다.

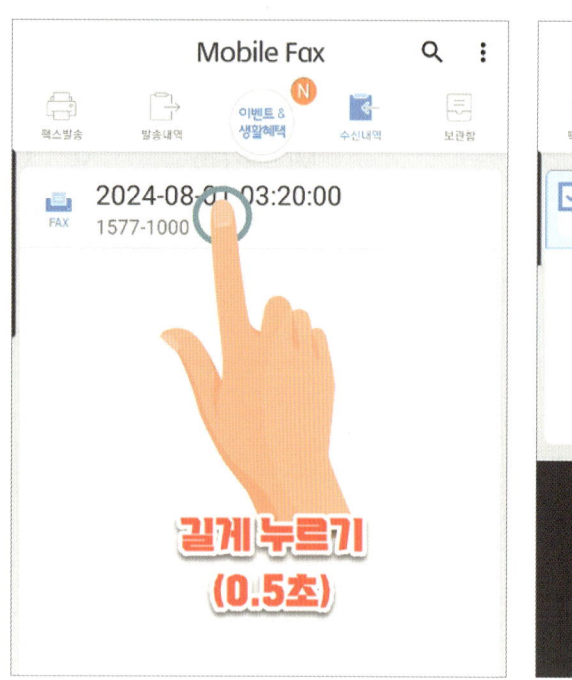 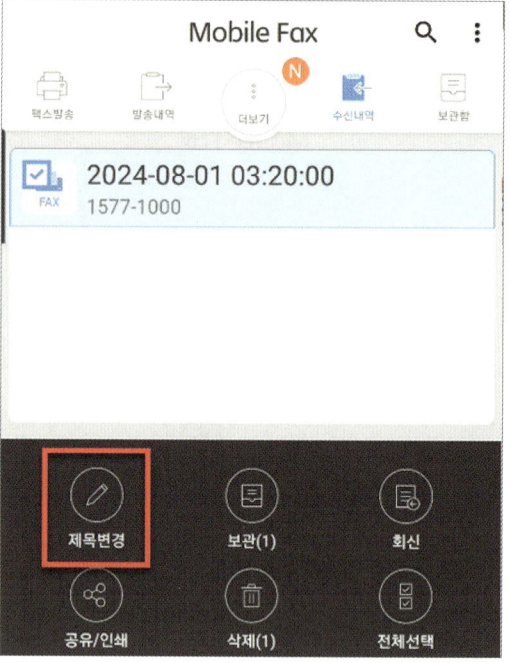

04 제목변경에서 ❶**적당한 이름으로 변경**한 후 ❷**[확인]**을 누르면 오른쪽과 같이 제목이 변경되었습니다.

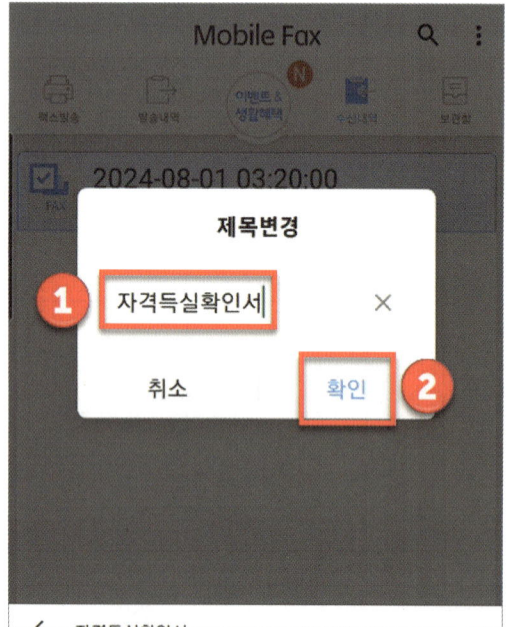 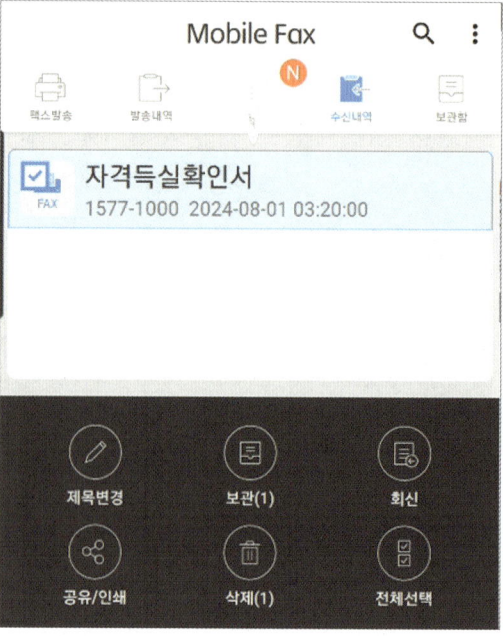

STEP 4 ▸ 모바일 건강보험증

01 "**모바일 건강보험증**" 앱을 [**설치**]한 후 [**열기**]를 누릅니다. 건강보험증 불법사용 금지 경고창에서 [**다시보지 않기**]를 누릅니다.

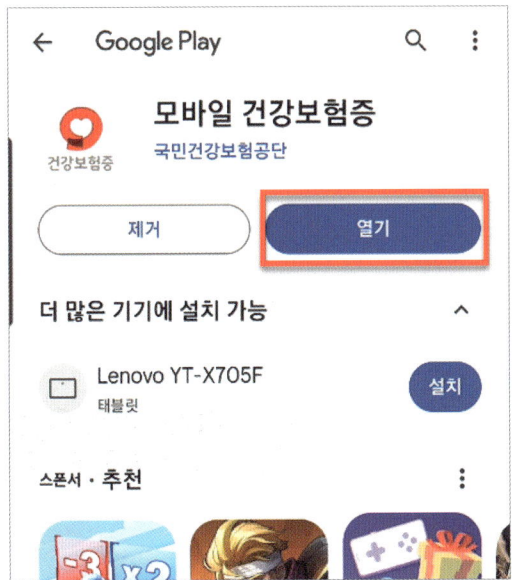 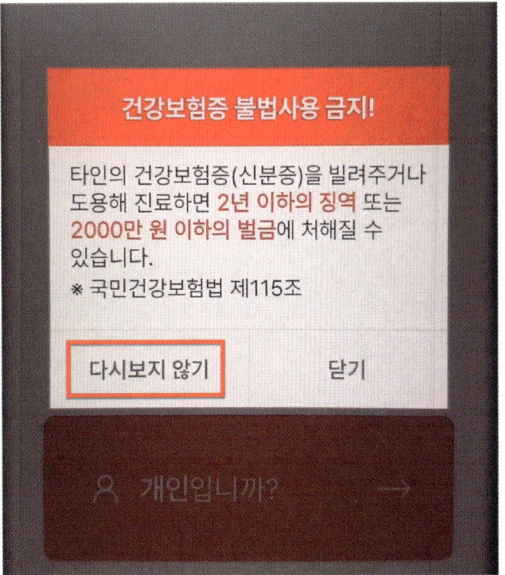

02 [**개인입니까?**]를 누른 후 [**확인**]을 누릅니다.

03 언어는 **한국어**로 선택되어 있으므로 그냥 [확인]을 누르고, 다음 화면에서는 [건너뛰기]를 누릅니다.

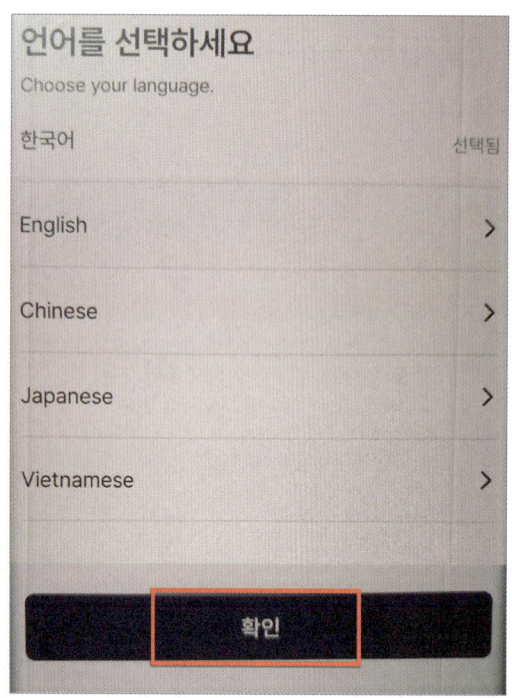 

04 기능 접근 권한 안내창에서 [확인]을 누른 다음, ❶[약관 전체동의]를 한 후 ❷[확인]을 누릅니다.

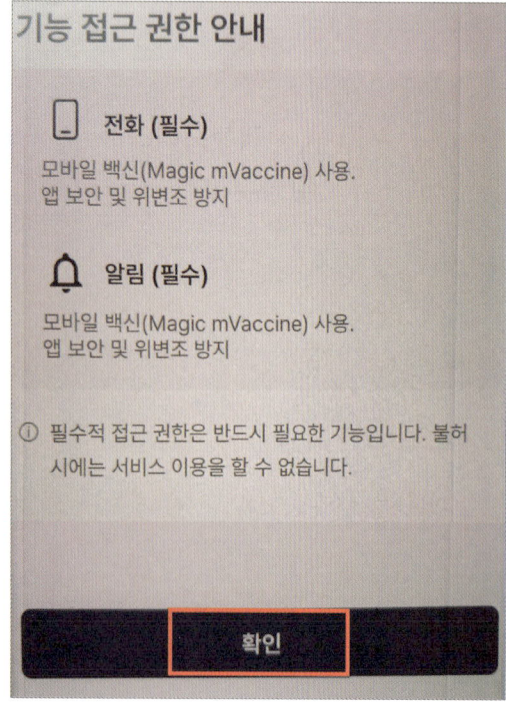 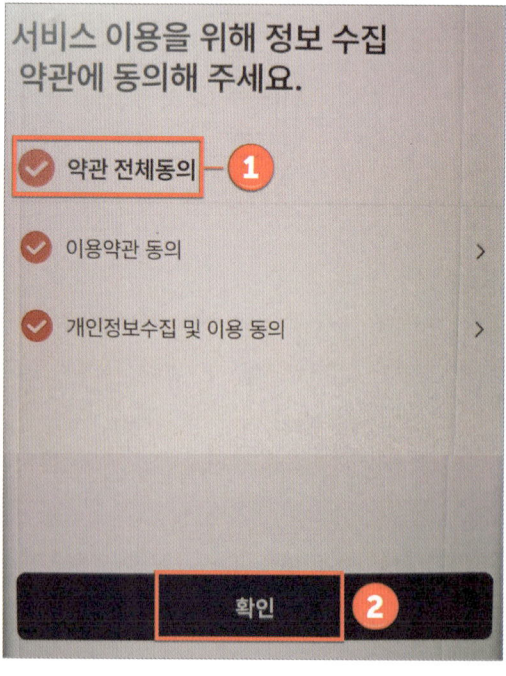

05 알림을 [허용]하고, 전화를 걸고 관리하도록 [허용]을 누릅니다.

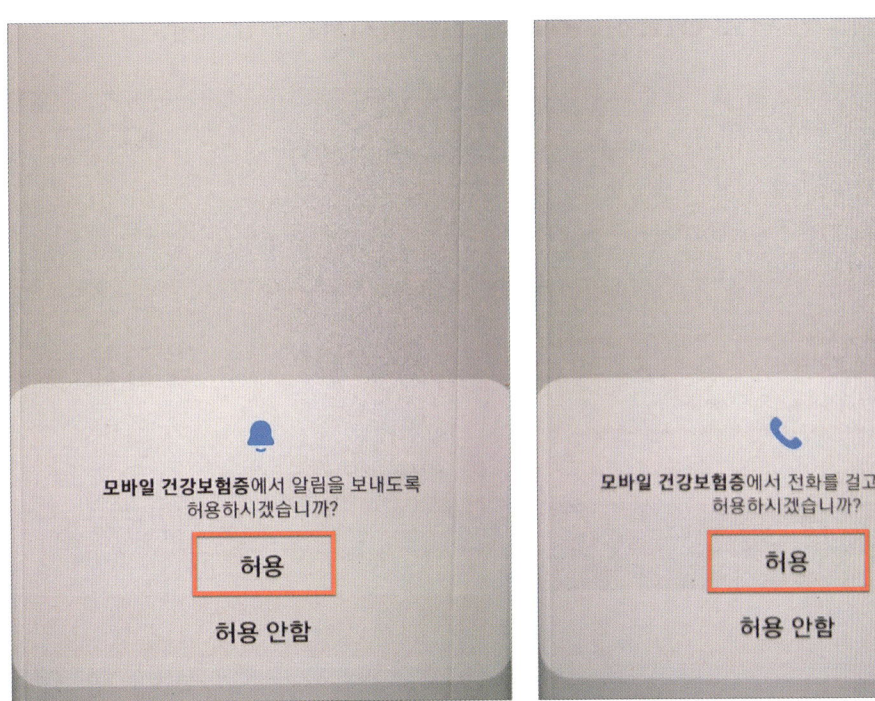

06 모바일 건강보험증 화면이 나오면 [본인확인 하기]를 누른 후 최초 1회 본인인증이 필요하다는 인증 안내 화면에서 [다음]을 누릅니다.

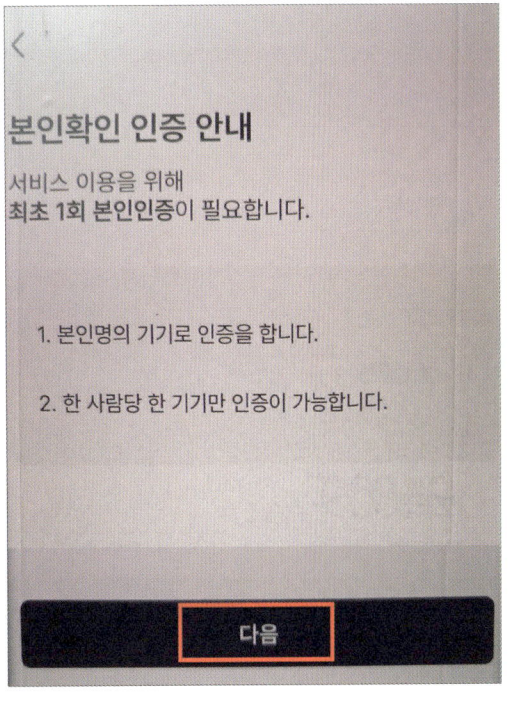

07 본인확인서비스로 [휴대폰 본인확인]을 누른 후, ❶통신사를 선택하고 ❷[전체 동의하기]를 체크한 다음 ❸[문자(SMS)로 인증하기]를 누릅니다.

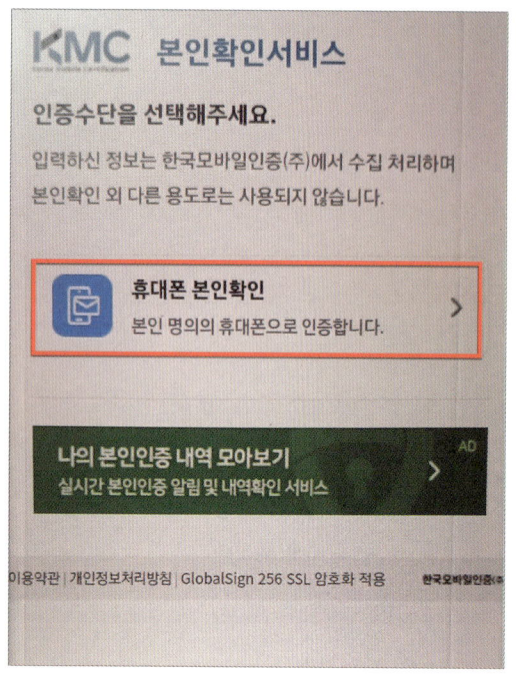 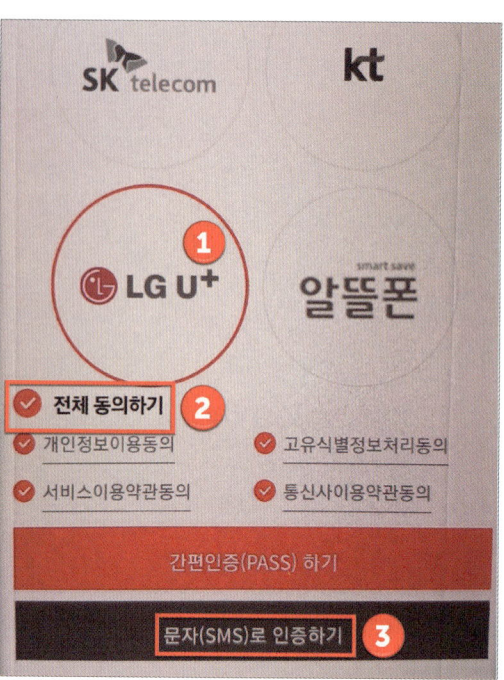

08 ❶이름, ❷주민등록번호, ❸휴대폰번호를 입력하고, ❹보안문자를 입력한 다음 ❺[확인]을 누릅니다. 계속해서 ❶인증번호를 입력후 ❷[인증확인]을 누릅니다.

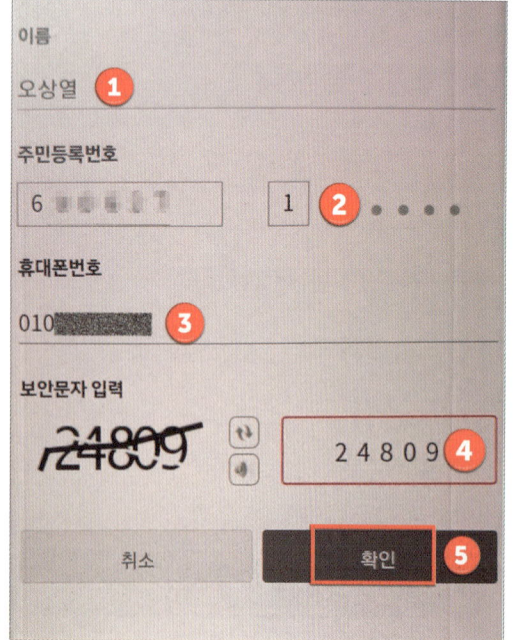 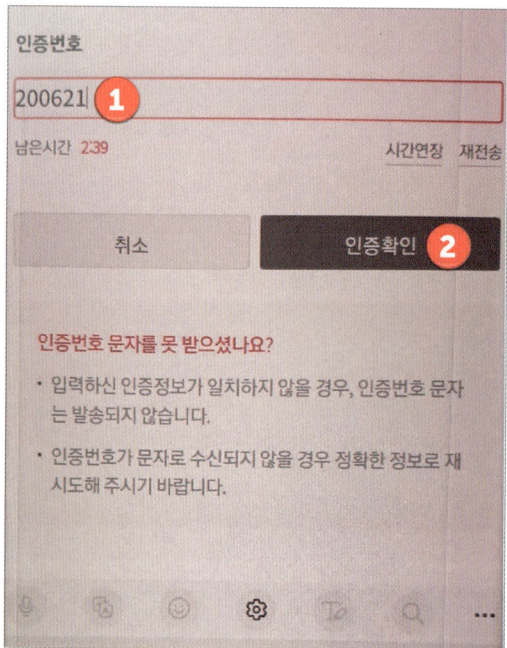

09 본인인증을 완료했다는 창에서 **[확인]**을 누르고, 비밀번호 4자리를 **2회** 동일하게 누릅니다.

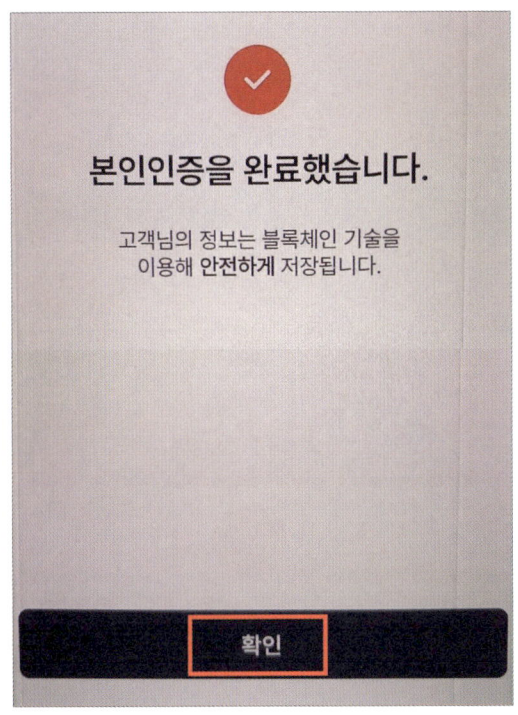
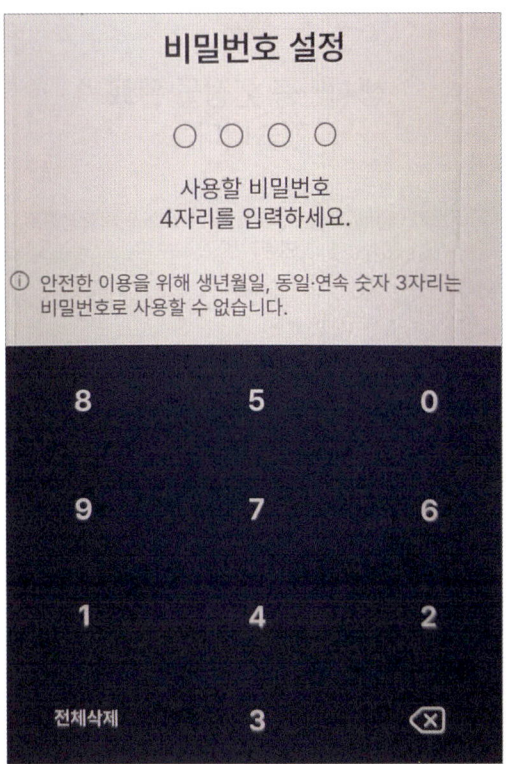

10 생체인증으로 로그인을 하도록 **[사용하기]**를 누르고 **지문**을 인식합니다.

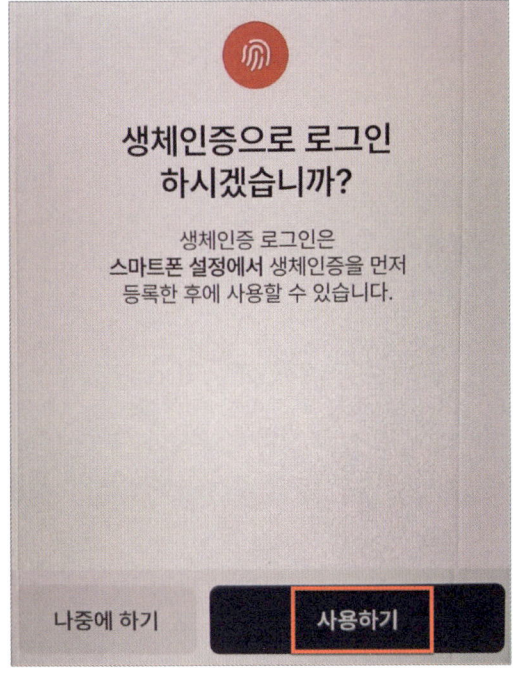
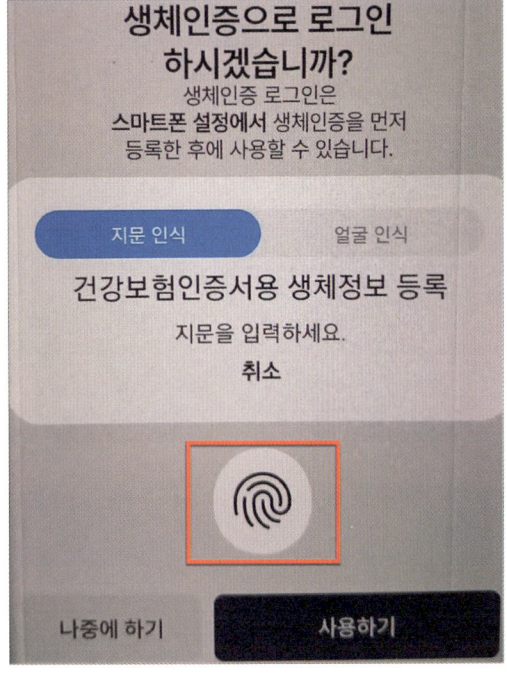

11 생체인증 설정을 완료한 창에서 **[확인]**을 누릅니다. **좌/우**로 플릭을 해 보세요.

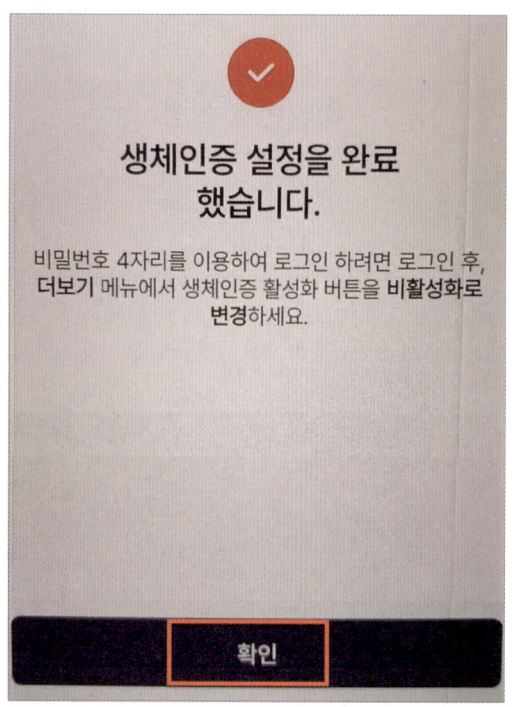

12 좌측 하단의 **[건강보험증]**을 누르면 건강보험증의 상세내용을 볼 수 있으며, 병원에 제출할 때는 **QR 바코드**를 누릅니다.

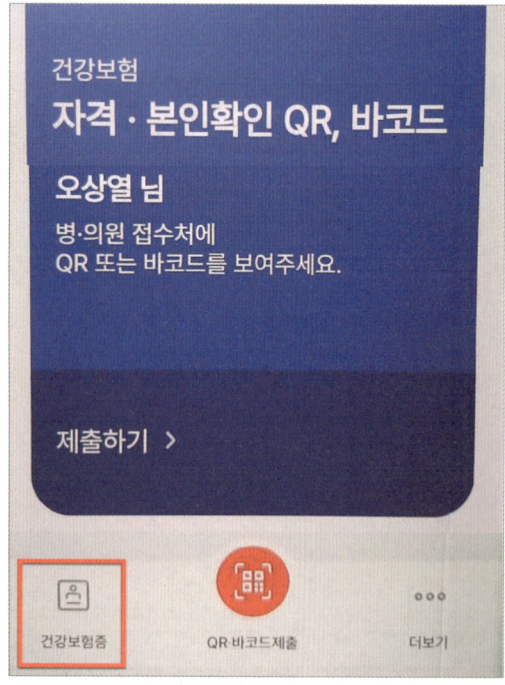

CHAPTER 08 스마트폰 안전지킴이

신종 보이스피싱 수법인 휴대폰 원격제어 악성 앱을 탐지하고 제거하는 '시티즌코난' 앱과 119나 122 긴급신고 등과 기상 정보, 병원, 약국, 대기오염 등 종합 정보를 제공하는 '안전디딤돌' 앱을 살펴 보겠습니다.

결과화면 미리보기

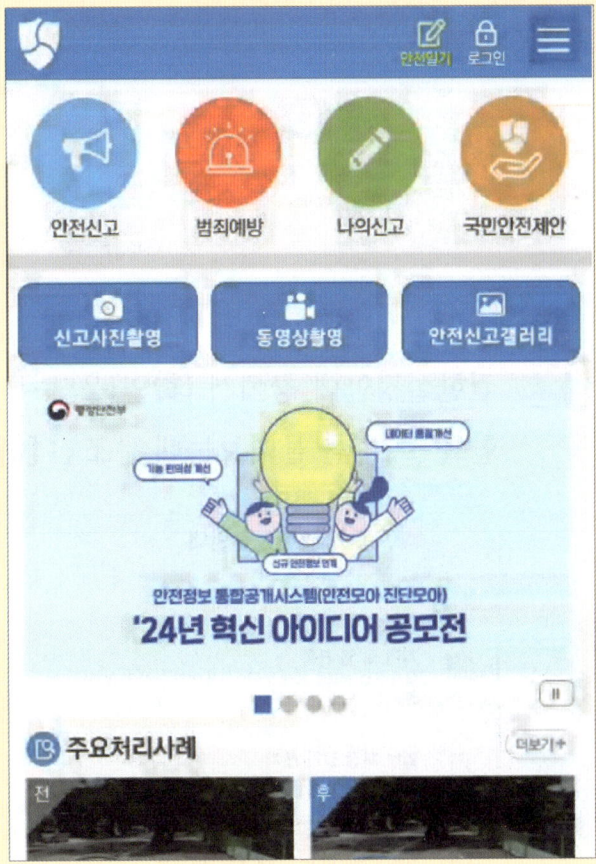

무엇을 배울까?

1. 스마트폰 지킴이, 시티즌코난
2. 재난안전정보 포털앱, 안전디딤돌
3. 생활불편신고, 안전신문고

STEP 1 › 스마트폰 지킴이, 시티즌코난

01 시티즌코난은 경찰청에서 만든 스마트폰 악성코드 제거 앱입니다. **Play 스토어**에서 **"시티즌코난"**을 **[설치]**한 후 **[열기]**를 합니다.

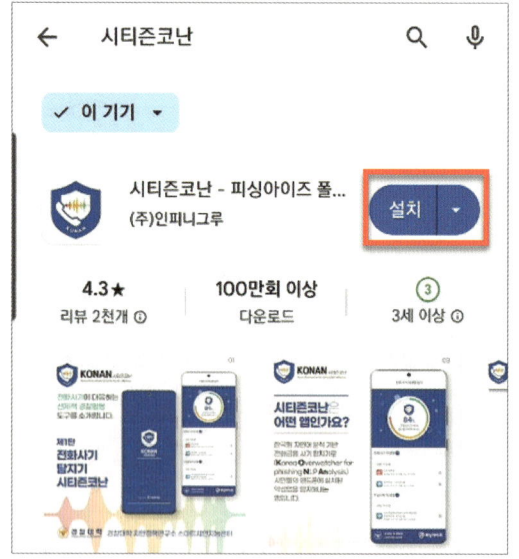 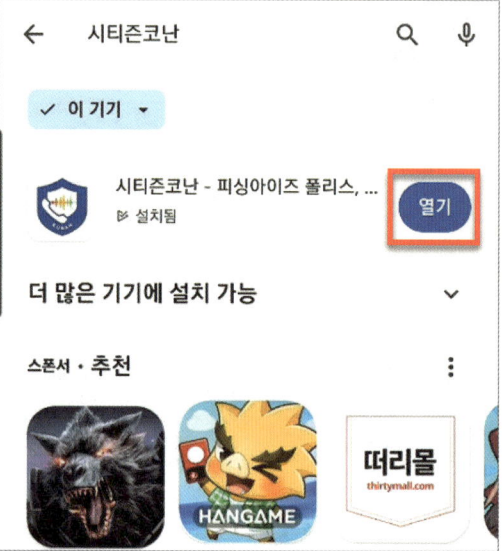

02 권한설정안내 창에서 **[확인]**을 누른 후 전화 권한은 **[허용]**을 누릅니다. 필수권한을 3가지를 물어보는데 무조건 **[허용]**을 누릅니다.

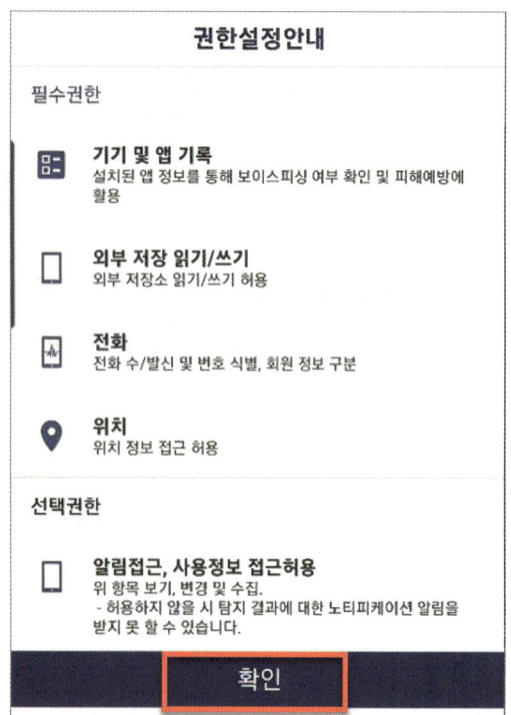 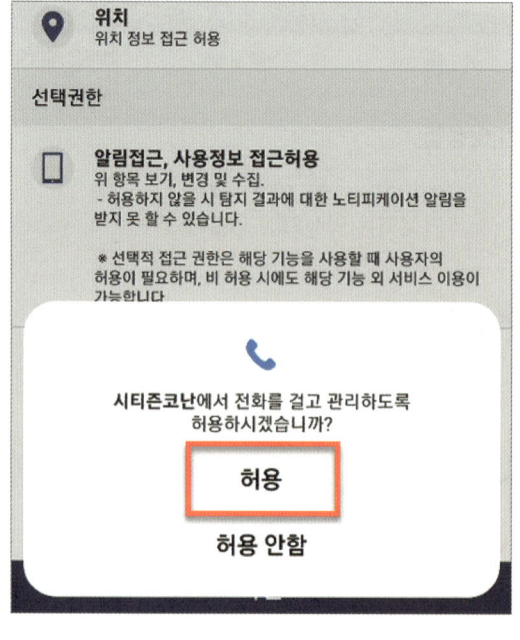

03 현재의 앱이 스마트폰의 **파일에 대한 접근**을 할 수 있도록, **[시티즌코난]을 활성화**하고 위치 정보는 **[앱 사용 중에만 허용]**을 누릅니다.

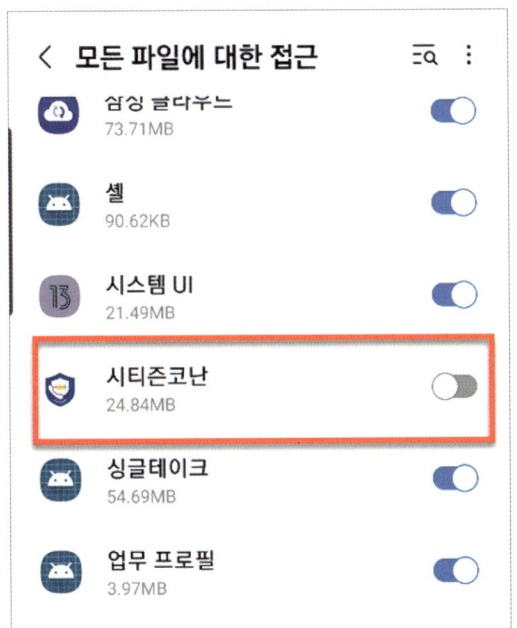 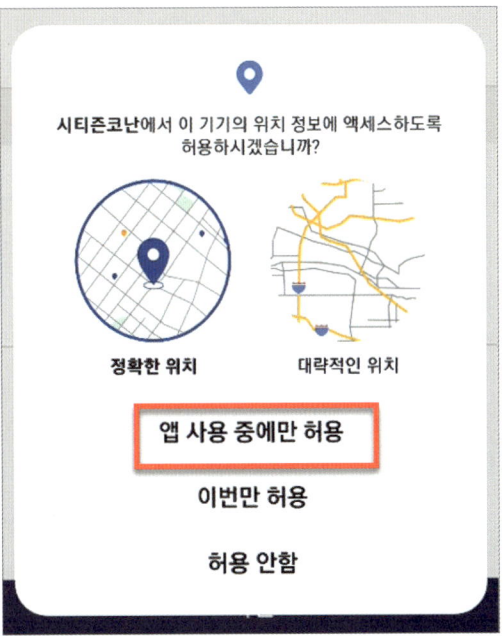

04 다른 앱 위에 표시할 수 있도록 **[시티즌코난]을 활성화**하고, 알림을 **[허용]**해 줍니다.

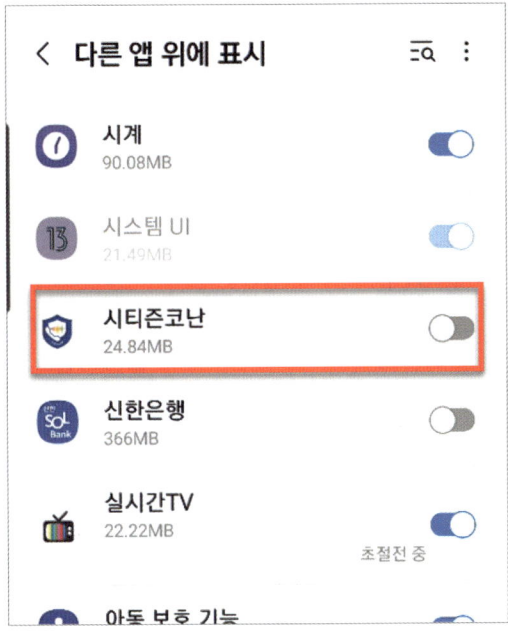 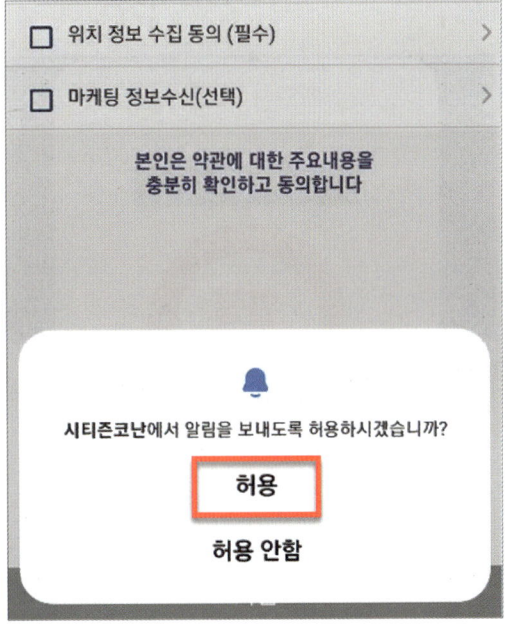

05 이용약관 및 동의에서 ❶[전체동의]를 체크한 후 ❷[다음]을 누른 다음, 회원정보에 ❶[성명]을 입력하고 ❷[성별] 선택 후 ❸[저장]을 누릅니다.

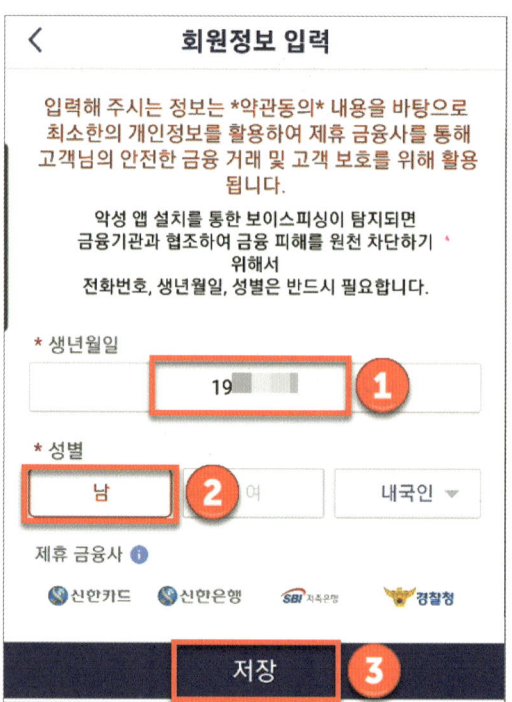

06 광고 창이 열리면 휴대폰 번호는 **입력하지 않고, [오늘 하루 보지 않기]**를 체크한 후 닫습니다. **[악성앱검사]**을 누르면 검사를 시작합니다.

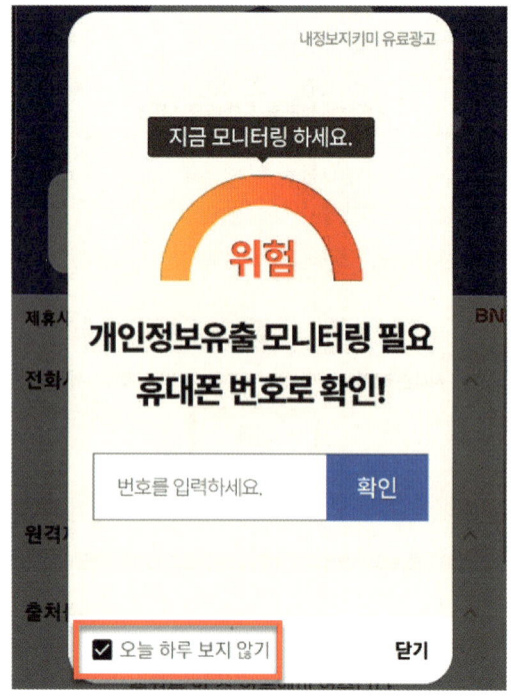

07 검사가 진행되는데 약 1분도 걸리지 않습니다. **전화사기 악성앱**과 **원격제어 앱**이 있는지 점검한 후 **휴지통**을 눌러서 제거할 수 있습니다.

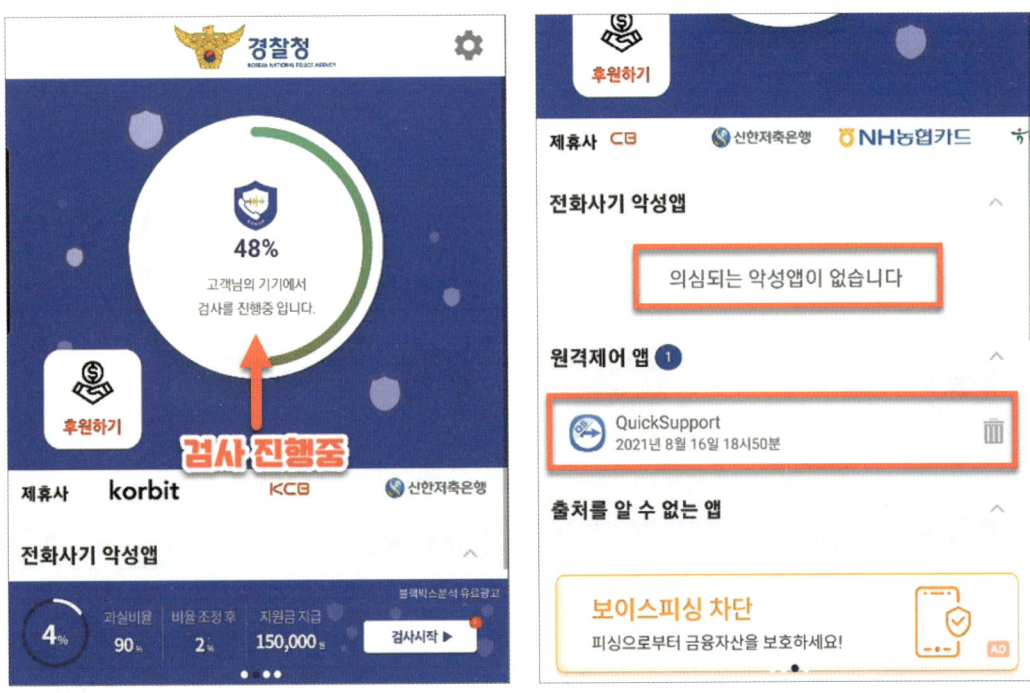

08 **알림표시줄**을 내리면 시티즌코난이 실행되어 보호중이며, **최근 실행앱** 버튼을 눌러 **백그라운드 실행중**인 것도 확인할 수 있습니다.

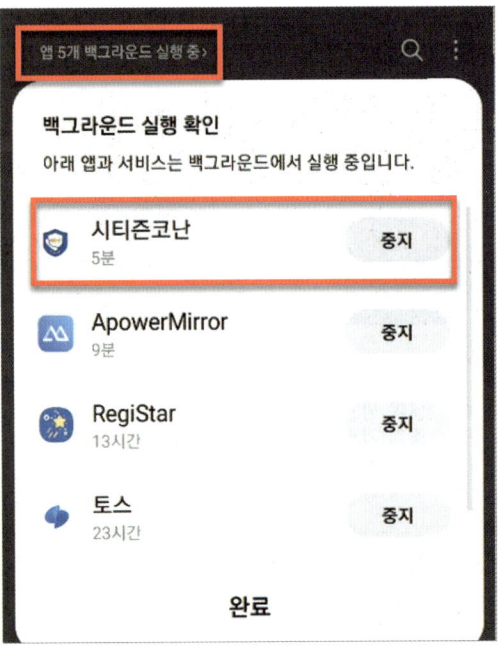

STEP 2 ▶ 재난안전정보 포털앱, 안전디딤돌

01 Play 스토어에서 행정안전부에서 만든 재난안전정보 포털앱인 **"안전디딤돌"**을 **[설치]**한 후 **[열기]**를 합니다.

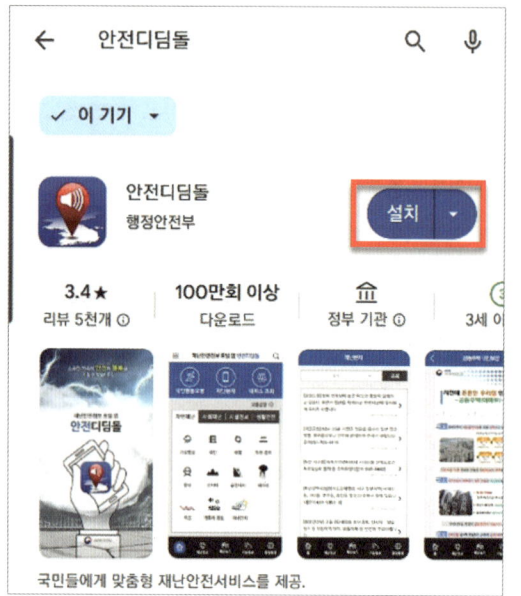 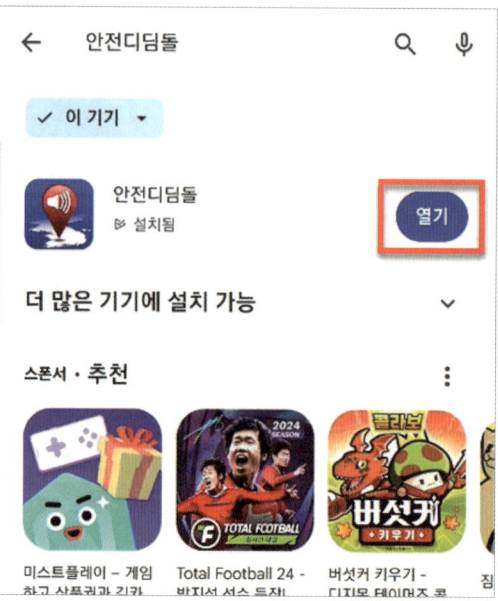

02 위치 사용 안내에서 **[예]**를 누른 후, 위치 정보에 액세스하도록 **[앱 사용 중에만 허용]**을 누릅니다.

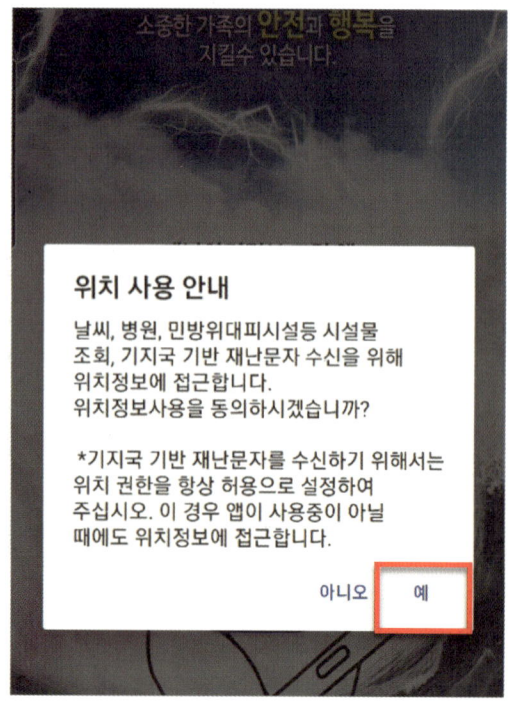 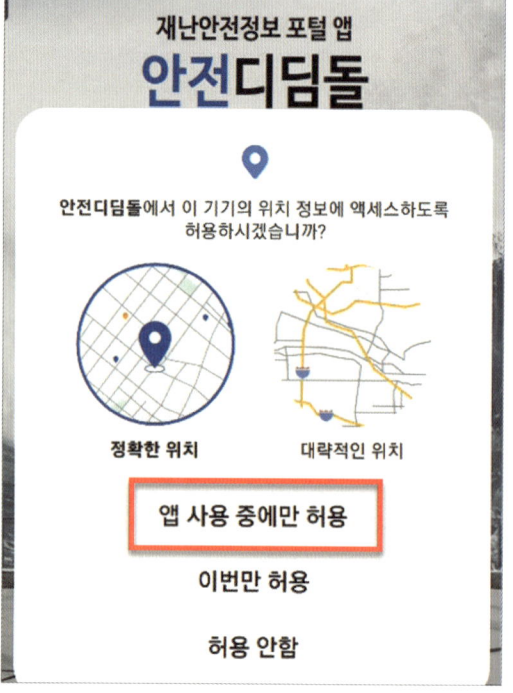

03 전화 권한에서 [허용]을 누른 후, **다른 앱 위에 표시할 ❶안전디딤돌을 활성화**한 다음 ❷**뒤로(<)**를 누릅니다.

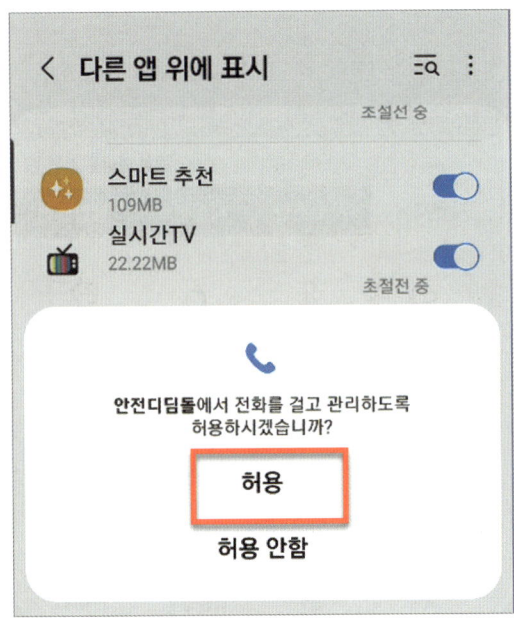 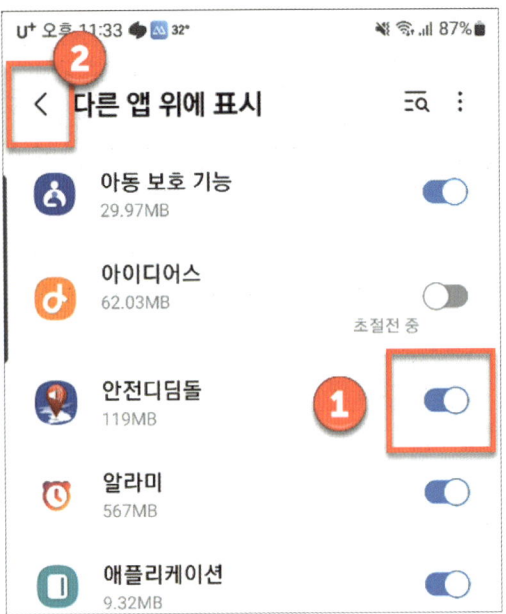

04 알림을 보내도록 [허용]을 누르고, 재난문자 수신 동의에 [동의함]을 누릅니다.

 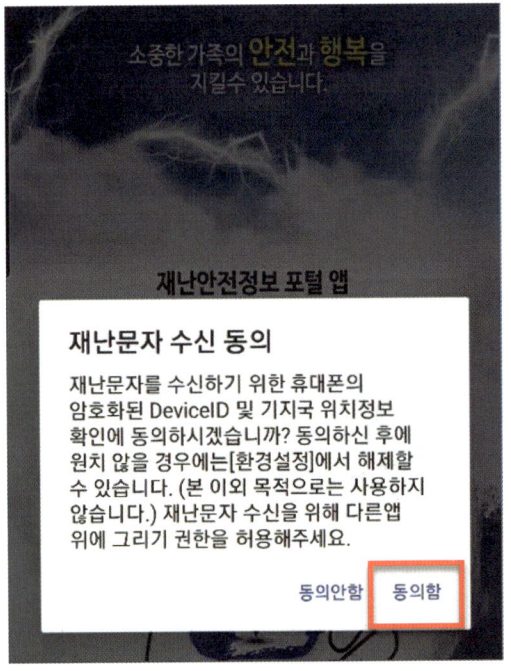

05 재난문자 음성알림 기능 설정은 **[취소]**를 누릅니다. 안전디딤돌 홈화면에서 **[기상정보]**를 누릅니다.

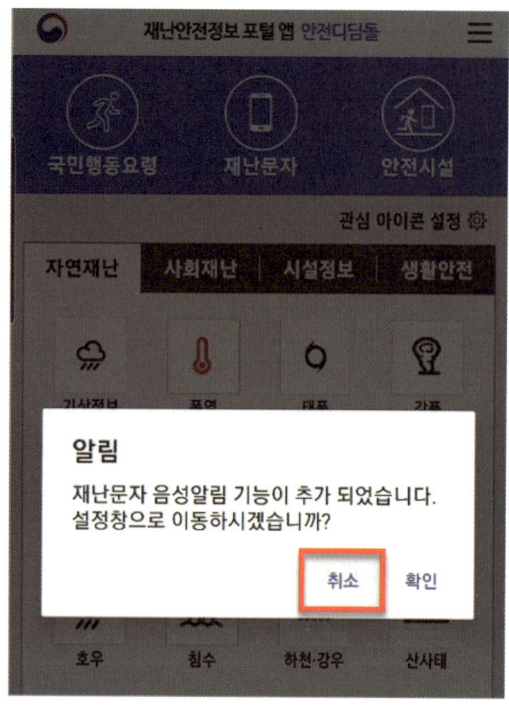

06 ❶**[기상특보]** 탭을 누른 후 ❷**[현재지역]**을 누르면 시간대별로 날씨가 표시됩니다. 화면 아래에 있는 **[홈]**을 눌러 첫 화면으로 이동합니다.

07 ❶[시설정보] 탭에서 ❷[약국]을 누르고 [지역을 선택해 주십시오] 항목을 누릅니다.

 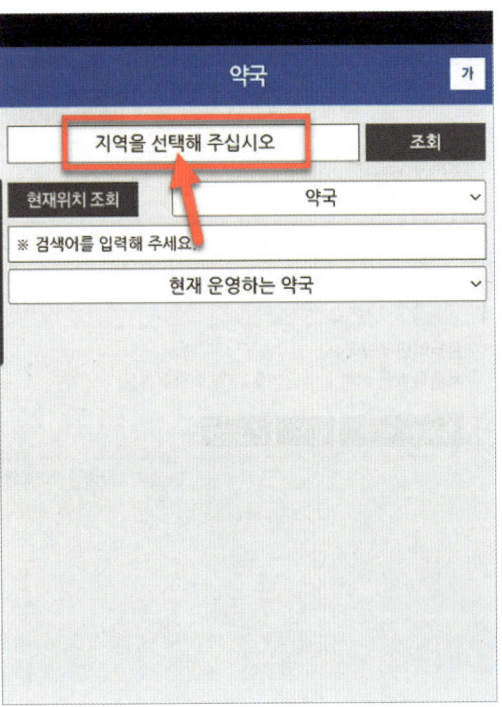

08 [서울특별시]를 누른 후 ❶[성북구]를 선택하고 ❷[완료]를 누릅니다. 물론, 본인의 거주 지역을 선택해도 됩니다.

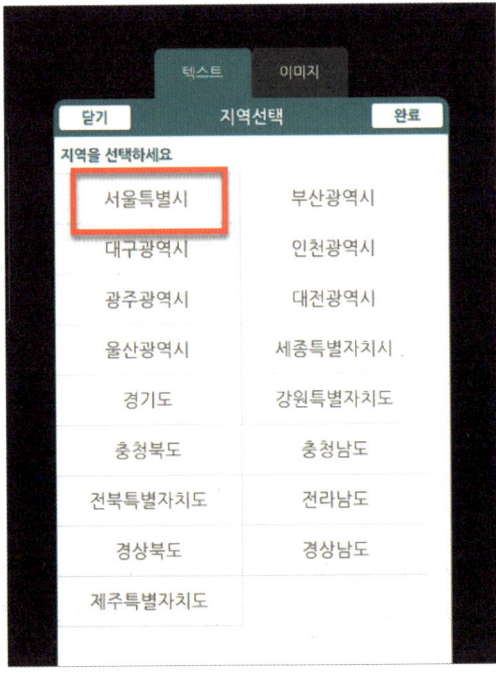 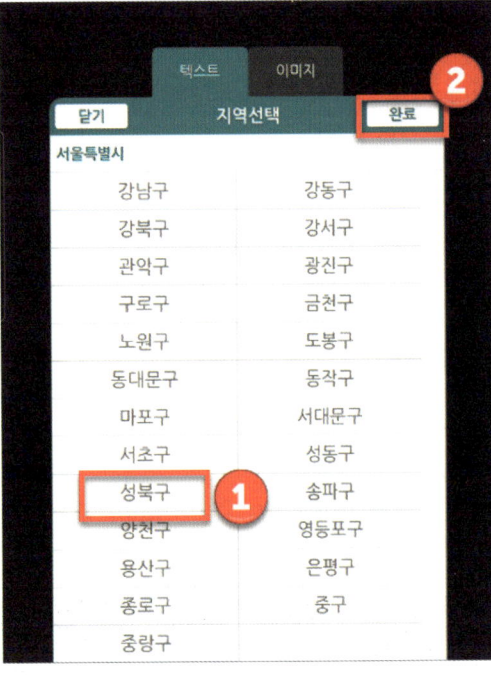

09 [조회]를 누르면 **현재 운영하는 약국**이 목록으로 나오는데, ❶[전체약국]으로 변경한 후 ❷[조회]를 누르면 해당 지역의 모든 약국이 나열됩니다.

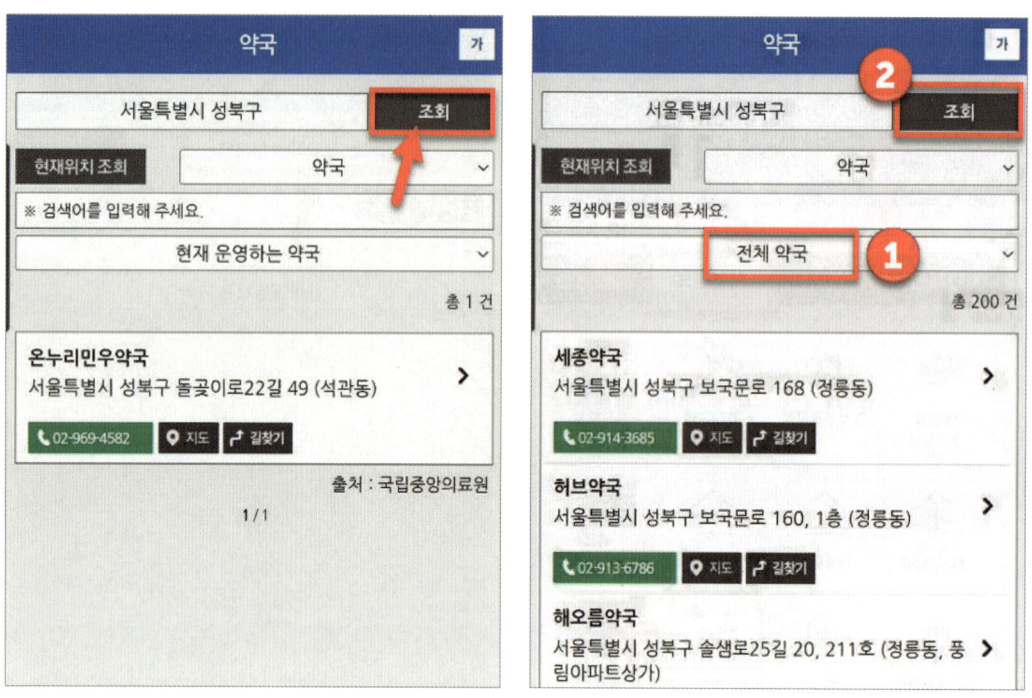

10 하단의 [긴급신고]를 누르면 긴급 전화를 걸 수 있는 번호가 나열되며, [재난뉴스]를 누르면 오늘의 재난뉴스가 목록으로 표시됩니다.

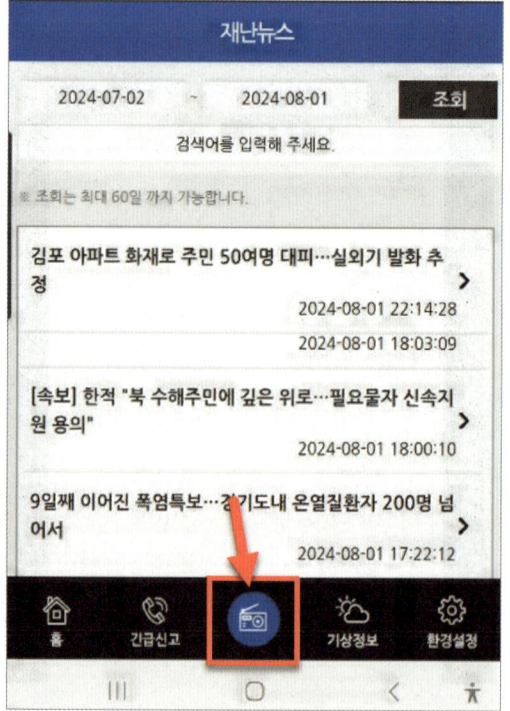

11 홈 화면에서 상단의 **[재난문자]**를 누르면 전국에서 재난문자로 발송된 내용을 목록으로 표시합니다. **지역을 변경**해서 **조회**도 해 보세요.

12 홈 화면에서 **[안전시설]**을 누르면 민방위 대피시설과 급수시설을 지역별로 조회할 수 있습니다. **[지역을 선택해 주십시오]**를 눌러서 변경합니다.

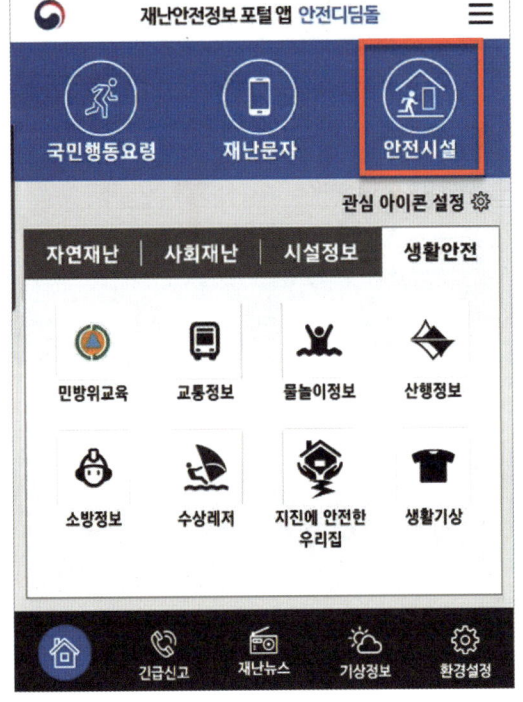 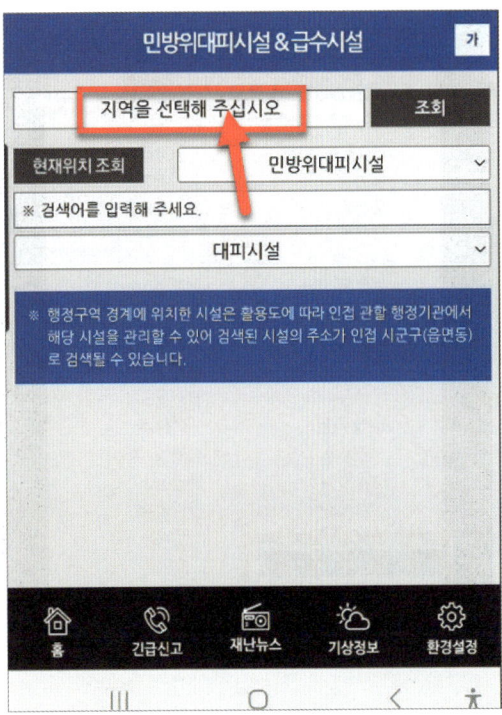

13 [서울특별시]를 선택한 후 [성북구]를 차례대로 누릅니다. 일단 책의 안내에 따라 한 후에 나중에 본인의 지역을 검색해 보세요.

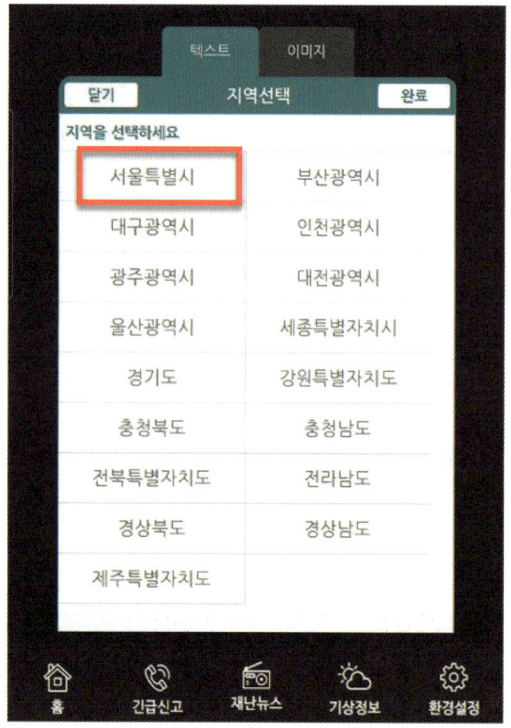 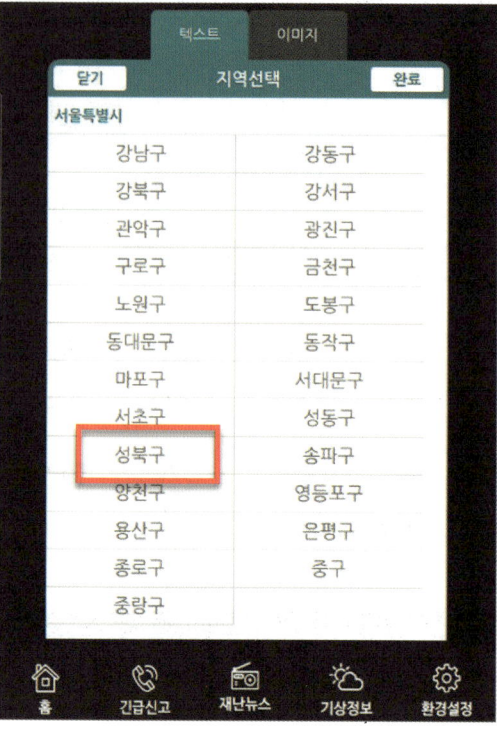

14 [정릉동]을 선택하고 [완료]를 누릅니다. 이 상태에서 [조회]를 누르면 대피시설을 조회할 수 있습니다. 다른 시설을 살펴보기 위해 [민방위대피시설]을 누릅니다.

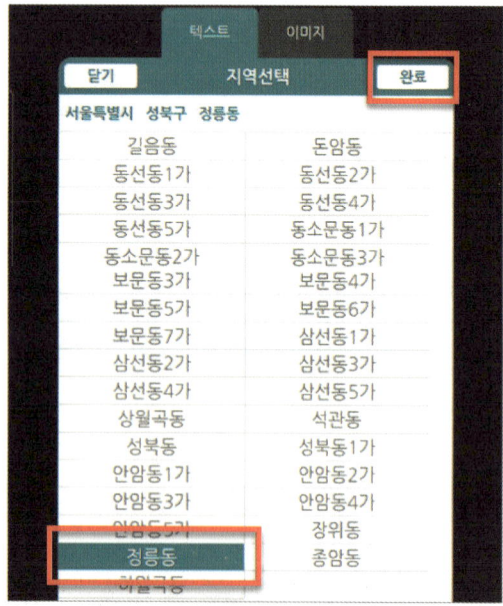 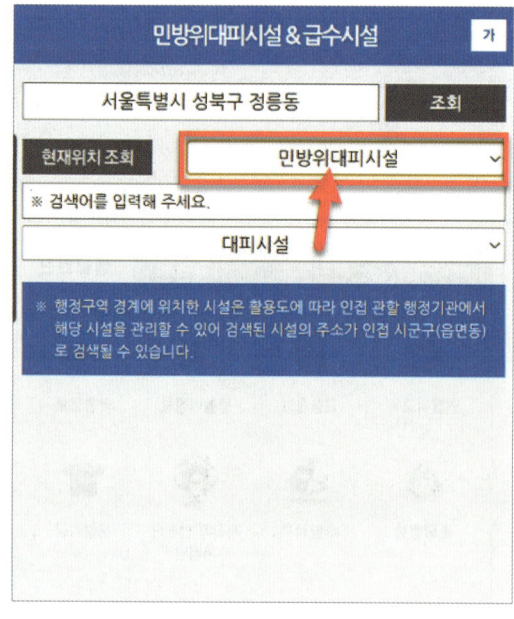

15 목록에서 [무더위쉼터]를 누르면 실내/야외 모두 목록으로 나타나므로 [전체]를 눌러서 세부 항목을 변경할 수 있습니다.

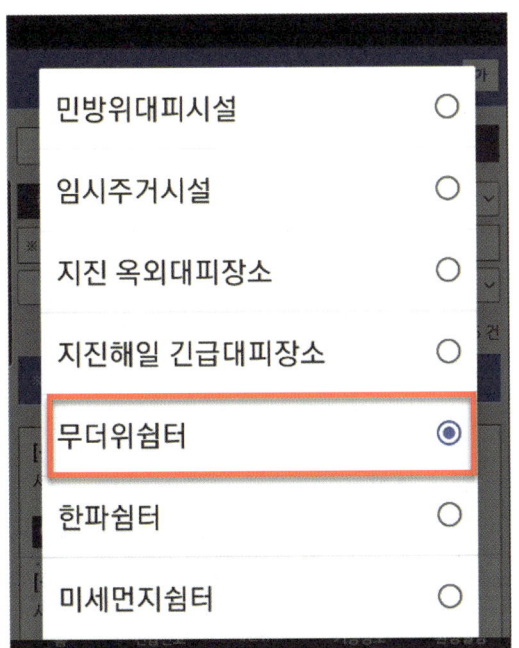 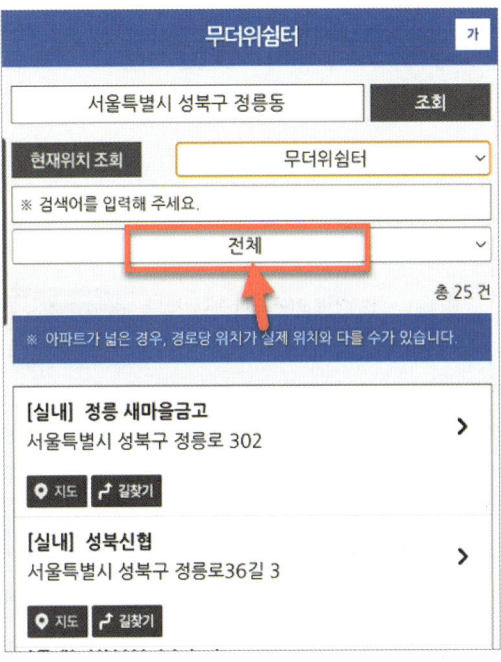

16 [실내]를 선택하면 원래 화면으로 되돌아가며, [조회]를 누르면 설정된 항목만 나열됩니다. 다른 항목도 이런 방식으로 변경해서 찾아보면 됩니다.

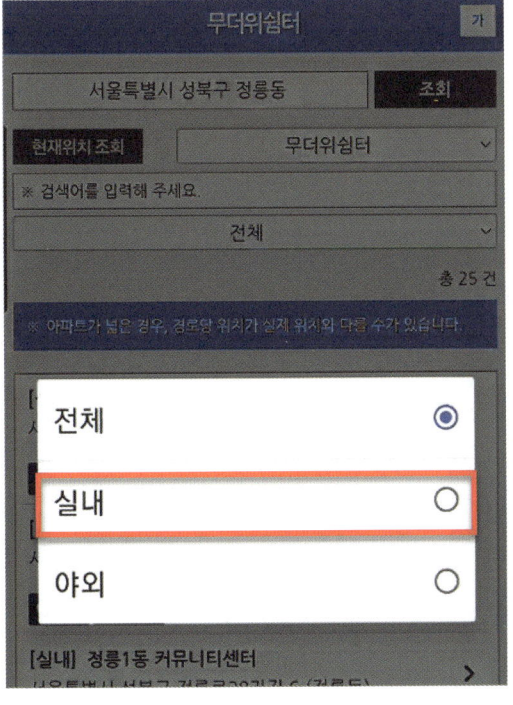 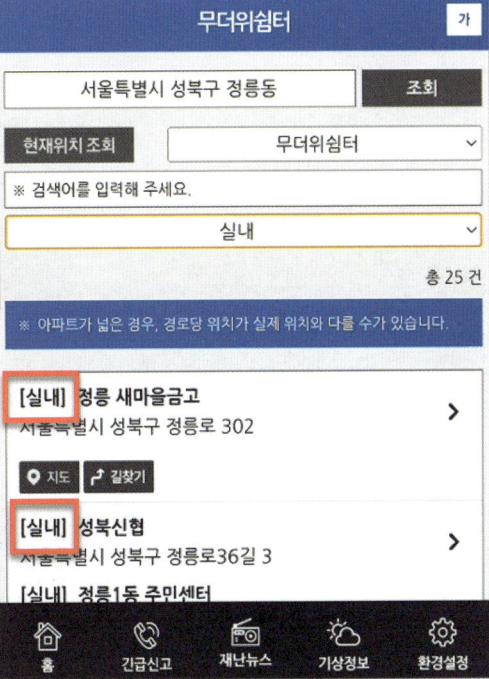

STEP 3 생활불편신고, 안전신문고

01 Play 스토어에서 **"안전신문고"** 앱을 **[설치]**한 후 **[열기]**를 합니다.

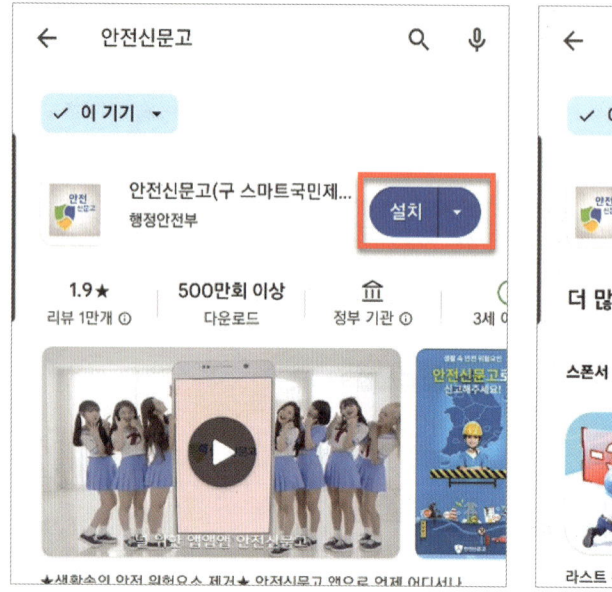
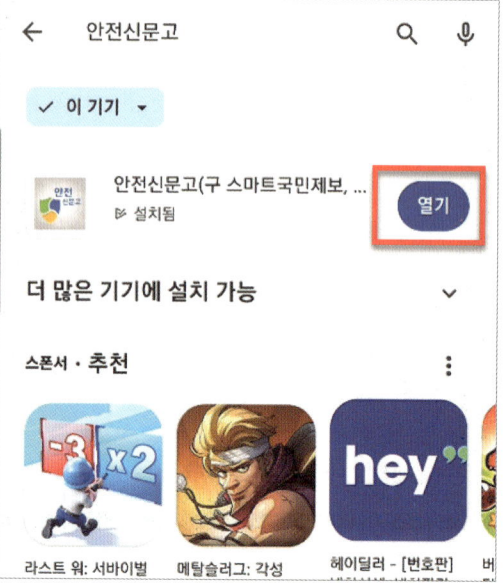

02 안전신문고 앱은 매일 업데이트가 진행되므로, 하단에 진행률이 100%가 지나면 알림 사항에 휴대폰 번호를 이용하여 실명인증을 받은 후에 사용할 수 있습니다. **[예]**를 누릅니다.

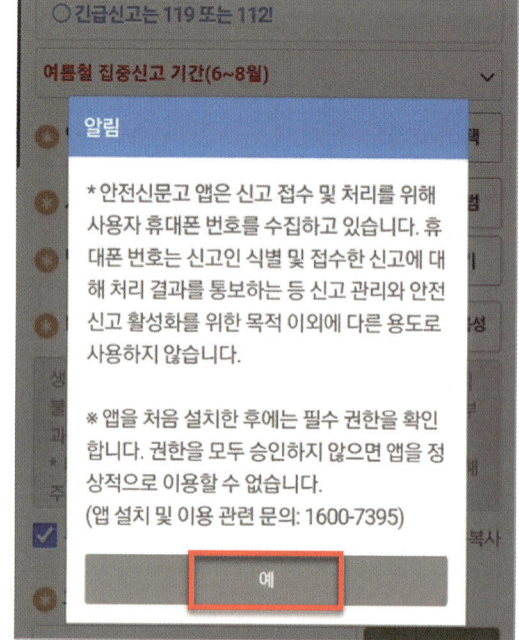

03 **앱 접근권한 안내**에 필수항목이 **5개**가 있는데, 아래와 같이 [확인]을 누른 후 [앱 사용 중에만 허용]과 [허용]을 계속 누릅니다.

 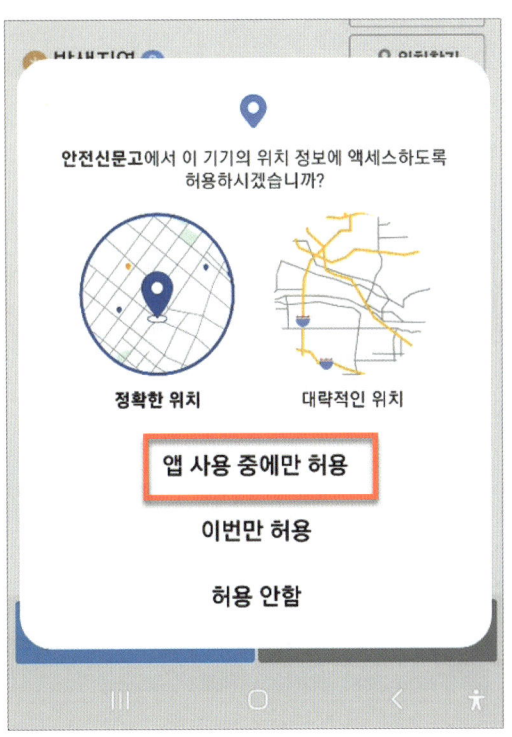

04 예시 문항이 나오는 것을 확인한 다음 ❶[다음부터는 이 창을 표시하지 않음]을 체크한 후 ❷[확인]을 누르며, 퀵메뉴는 [취소]를 누릅니다.

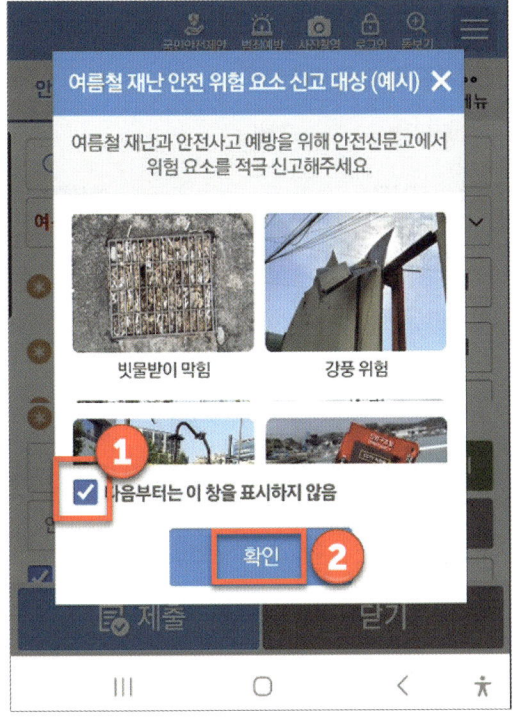 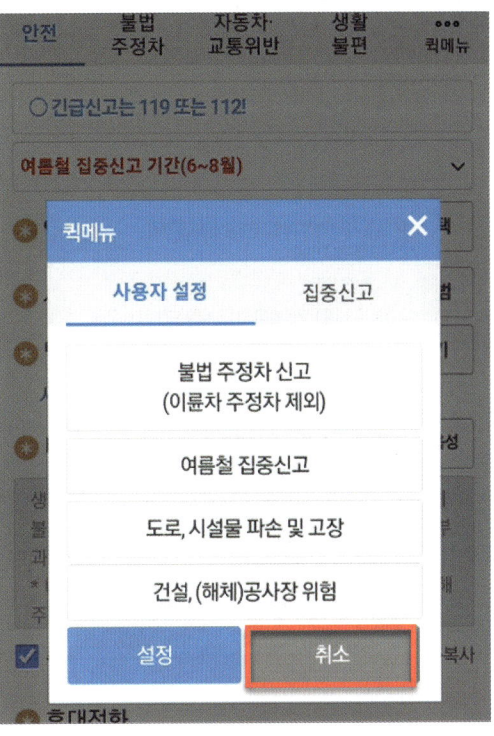

05 안전신고 **[유형선택]**을 누르면 유형목록에서 **[여름철 집중신고]**를 선택합니다. 시기에 따라 변하므로 원하는 항목을 선택합니다.

 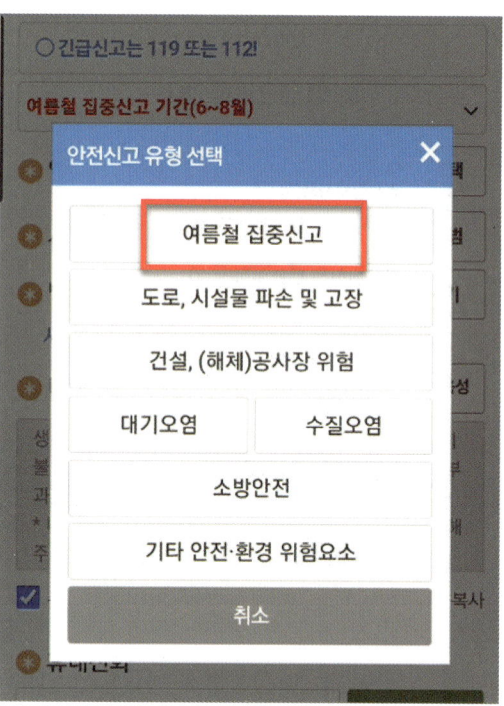

06 여름철 집중신고에 해당하는 사항들을 읽어보고 **[확인]**을 누른 후, 사진/동영상을 올리기 위해 **[촬영/앨범]**을 누릅니다.

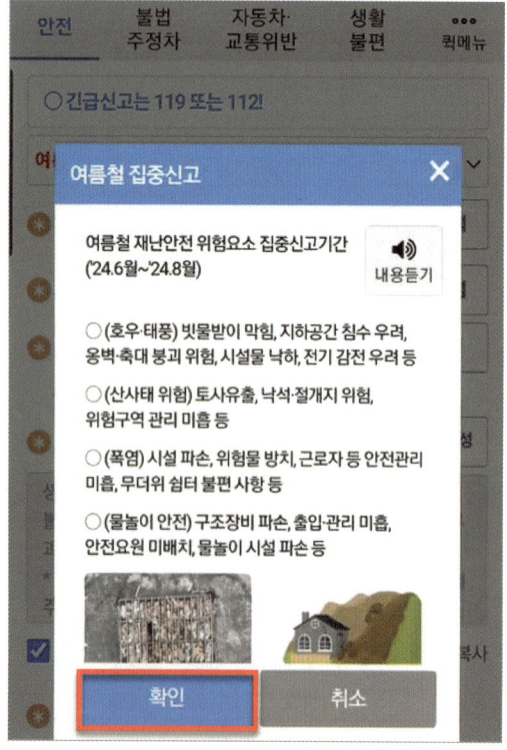 

07 촬영한 사진이 있으면 [사진선택]을 눌러서, ❶사진을 선택한 다음 ❷[확인]을 누릅니다. [사진촬영]을 누르면 직접 촬영해서 업로드할 수도 있습니다.

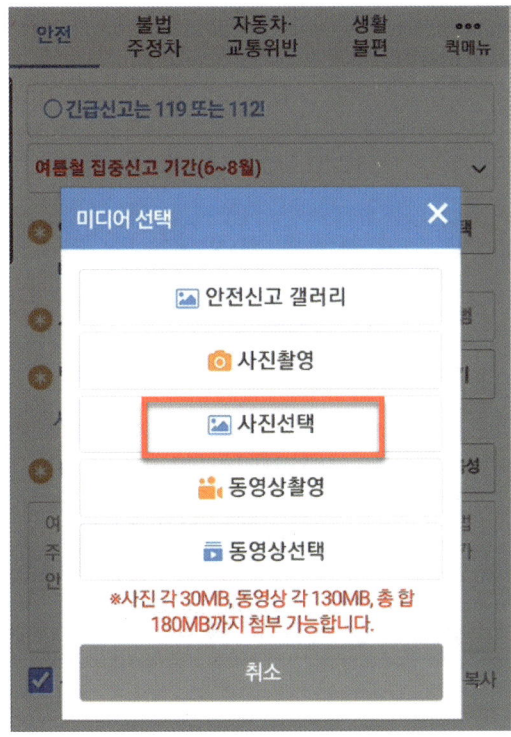 

08 발생지역의 [위치찾기]를 누르면 현재 위치가 표시되는데, 신고 대상이 되는 지역의 위치를 지정한 후 [위치선택]을 누릅니다.

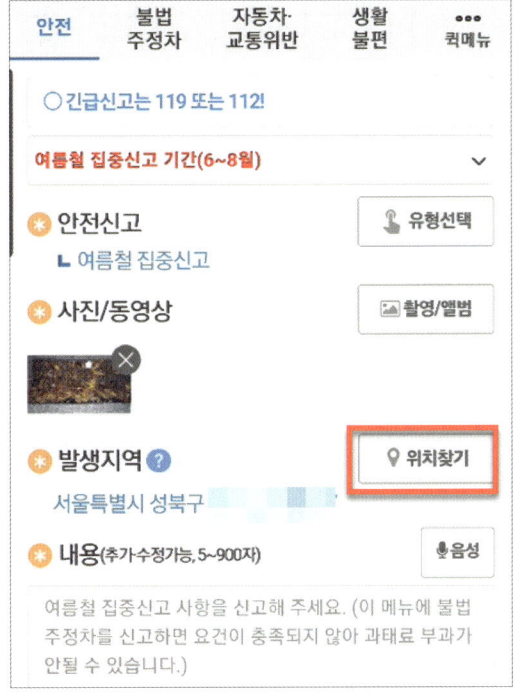 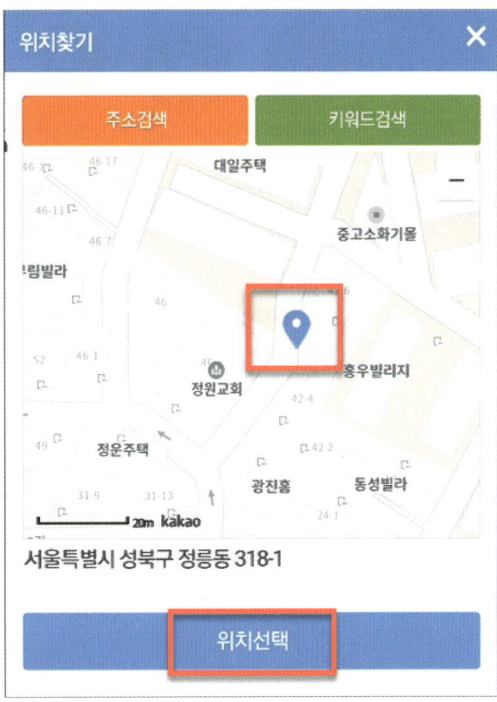

09 내용에 신고를 접수하는 이유를 상세하게 입력한 후 **[제출]**을 누르면 전송이 되지만, 여기서는 **[닫기]**를 눌러서 초기화를 합니다.

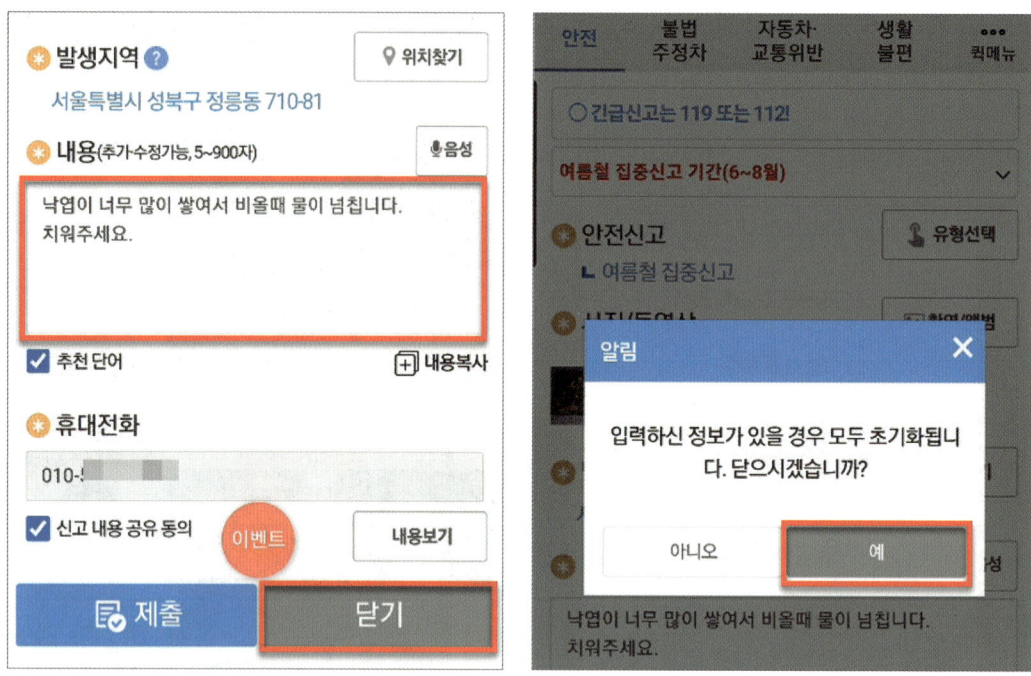

10 신고처리현황 화면이 나오는데, **[안전신고]**를 누르면 다시 안전신문고 앱으로 되돌아 갑니다. 상단의 각종 신고사항을 눌러 보세요.

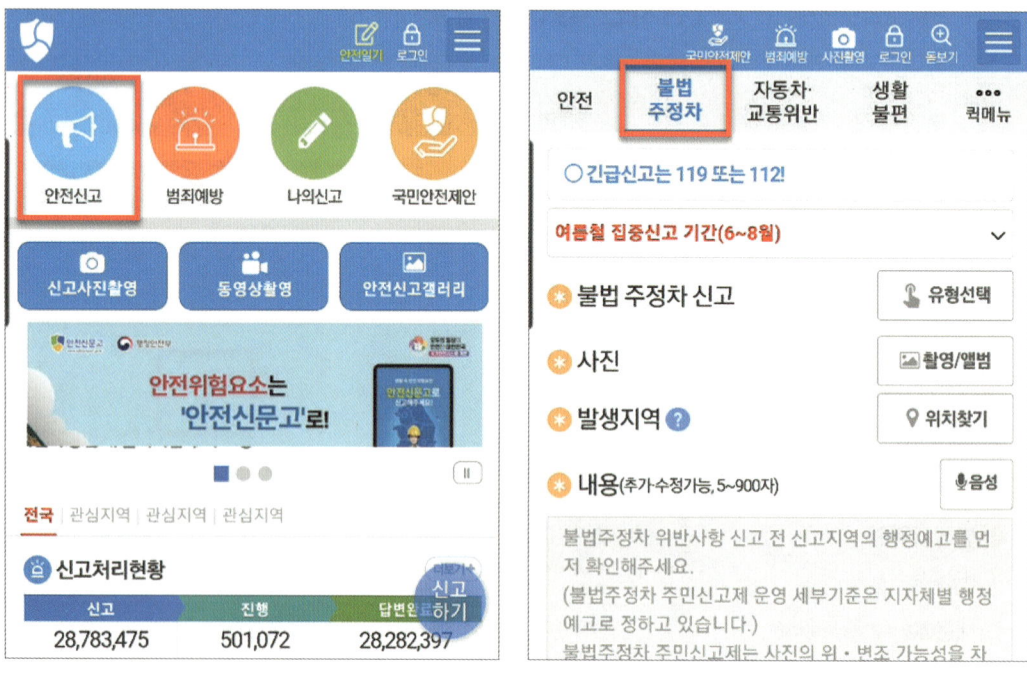

144 스마트폰 앱 활용

CHAPTER 09 스마트한 쇼핑과 주문

이제 은행에 ATM 기기도 점차 없어지고, 현금이 없더라도 불편함이 없는 세상입니다. 스마트폰으로 언제 어디서나 편리하게 쇼핑하고 배달 음식을 주문할 수 있는 세상, 스마트 라이프를 즐겨 보세요.

결과화면 미리보기

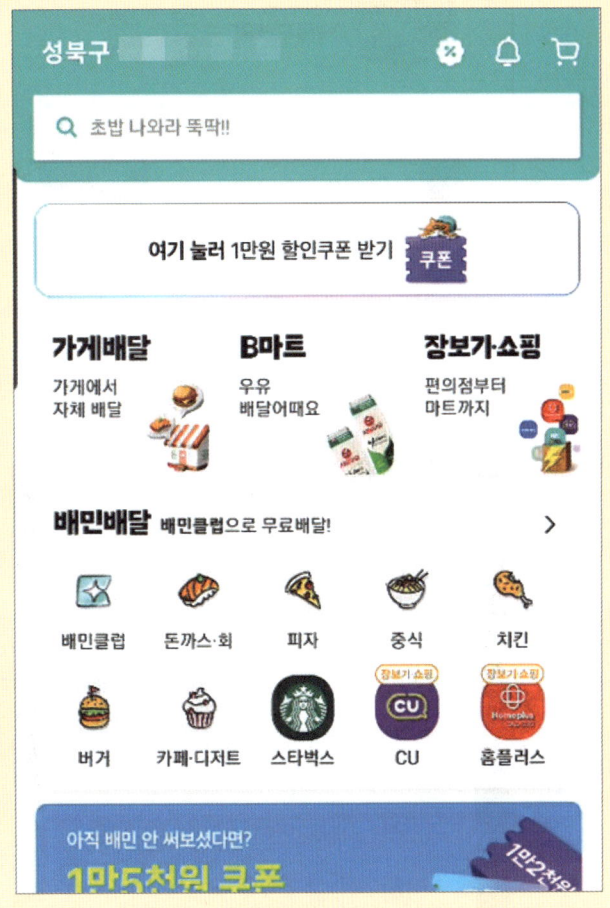

무엇을 배울까?

❶ 쿠팡 회원 가입하기
❷ 쿠팡 주문하기
❸ 배달의민족 가입과 설정하기
❹ 음식 배달 주문하기
❺ 당근으로 중고 거래하기

STEP 1 ▶ 쿠팡 회원 가입하기

01 Play 스토어에서 "쿠팡"을 [설치]한 후 [열기]를 합니다.

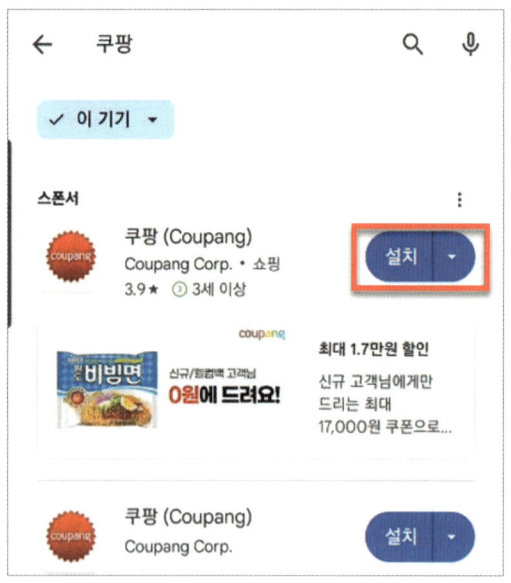 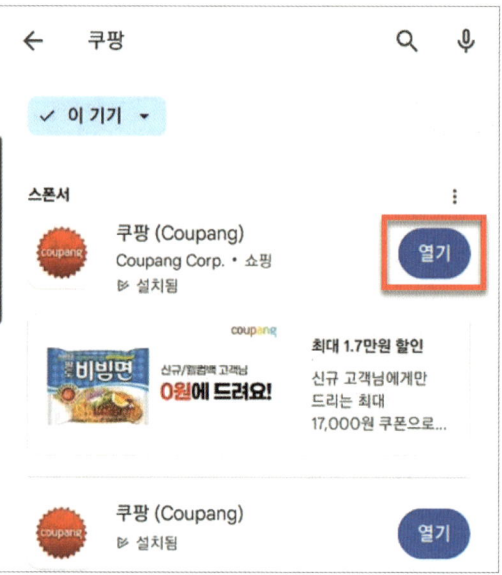

02 쿠팡 앱 이용을 위한 선택적 접근 권한 4가지가 있음을 읽은 후 [확인]을 누르고, 가입축하 메시지 창에서도 [확인]을 누릅니다.

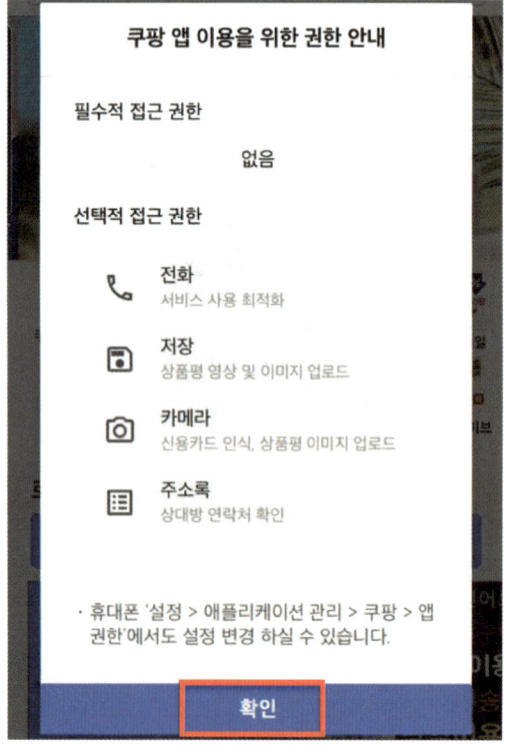 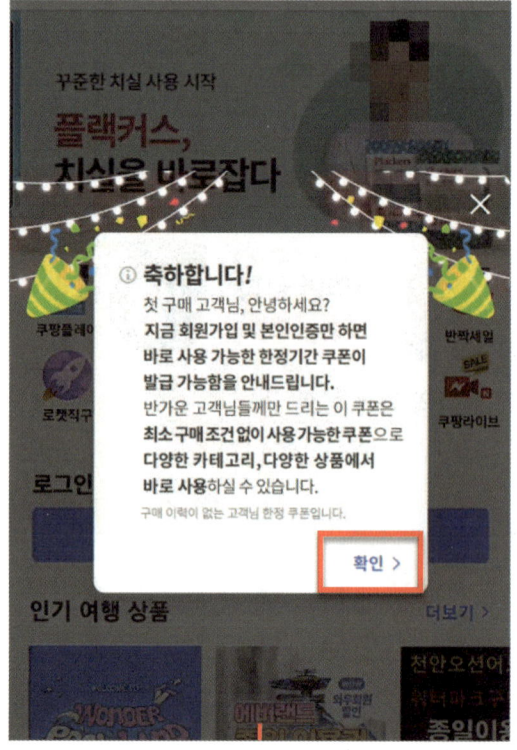

03 기존 회원은 휴대폰번호를 입력하면 되지만, 처음 사용자는 **[회원가입]**을 누른 후 ❶**[모두 동의]**를 체크한 후 ❷**[다음]**을 누릅니다.

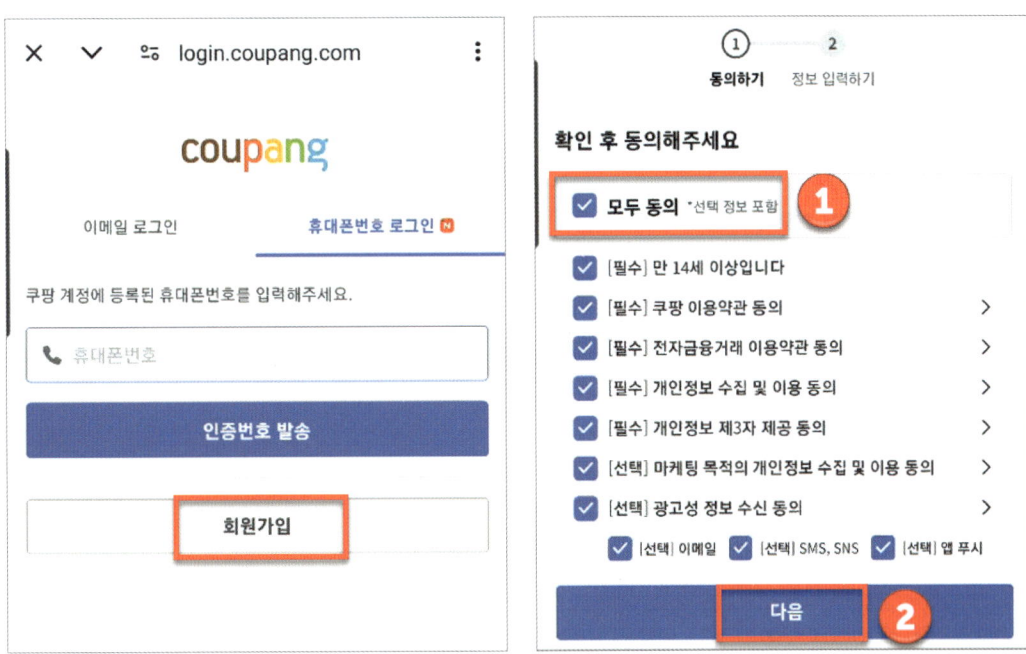

04 ❶이름을 입력하고 ❷[이동]을 누른 후 ❸이메일과 ❹휴대폰 번호를 입력한 다음 ❺[인증 요청]을 누릅니다.

CHAPTER 09 스마트한 쇼핑과 주문 **147**

05 휴대폰에 전송된 문자에 표시된 ❶**인증번호**를 입력한 후 ❷**[확인]**을 누릅니다. 인증이 완료되면 **[가입완료]**를 누릅니다.

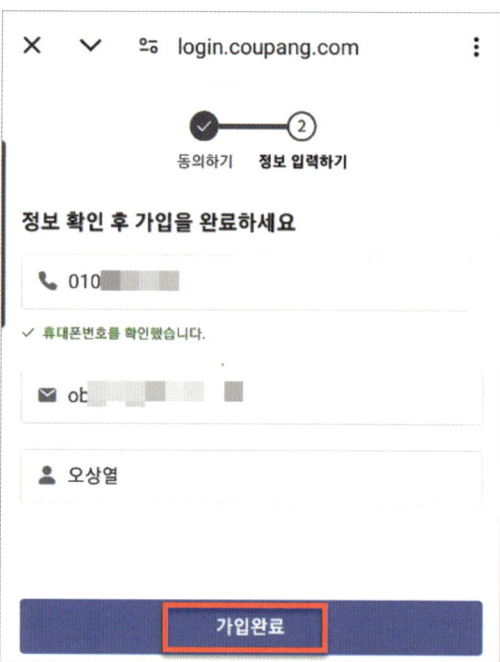

06 쿠팡에서 처리 결과를 알려주는 사항을 읽어본 후 **[확인]**을 누르고, **[회원가입 완료]**를 누릅니다.

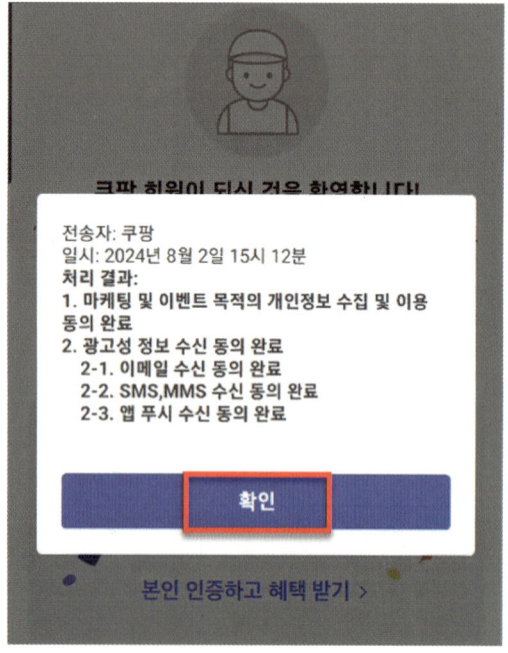
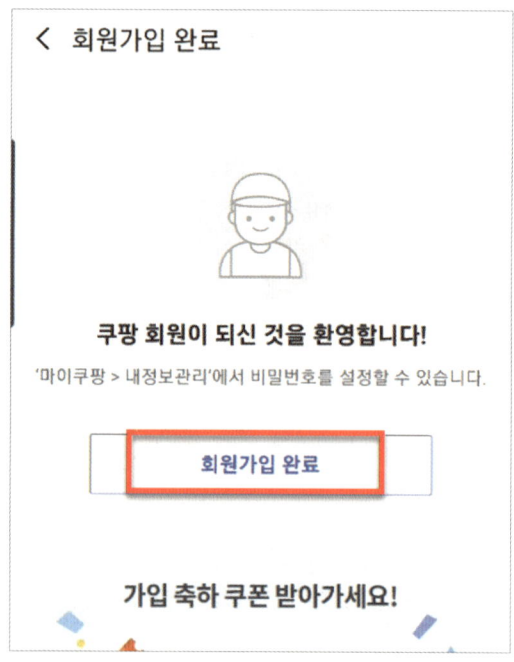

07 패스키 로그인을 물어보면 [**다음에 할께요**]를 누르거나 **뒤로(<)**를 누릅니다. 좌측 상단의 **본인 이름**을 누르면 회원 정보가 표시됩니다.

 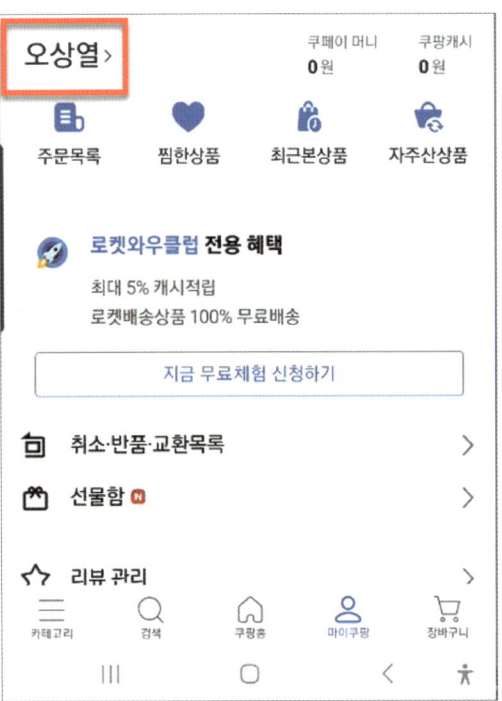

08 쿠팡 앱을 사용하지 않을 것이라면, 가장 아래에 있는 [로그아웃]을 눌러서 끝내면 됩니다. 지금은 로그아웃을 할 필요가 없습니다.

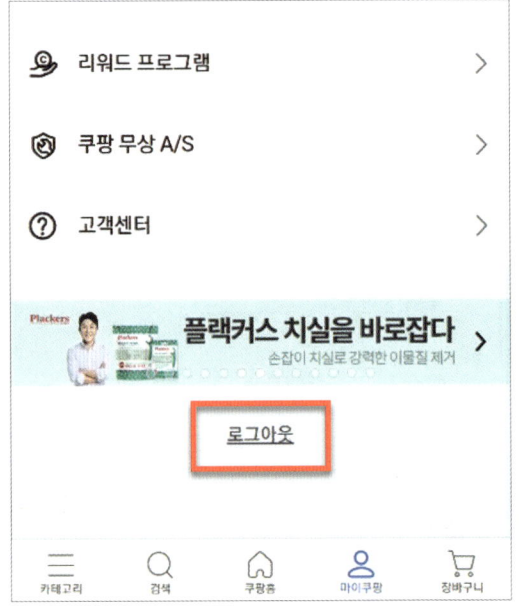 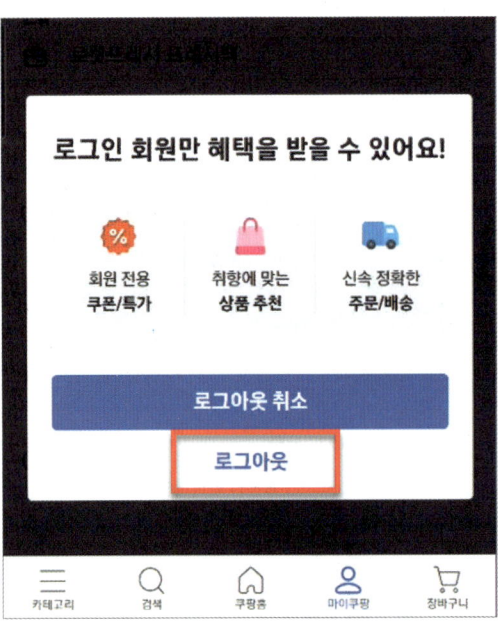

STEP 2 쿠팡 주문하기

01 쿠팡 앱에서 상단의 **검색 상자**를 누르면 최근 검색과 자주 산 상품 등이 표시됩니다. 다른 상품을 검색하려면 글자를 직접 입력합니다.

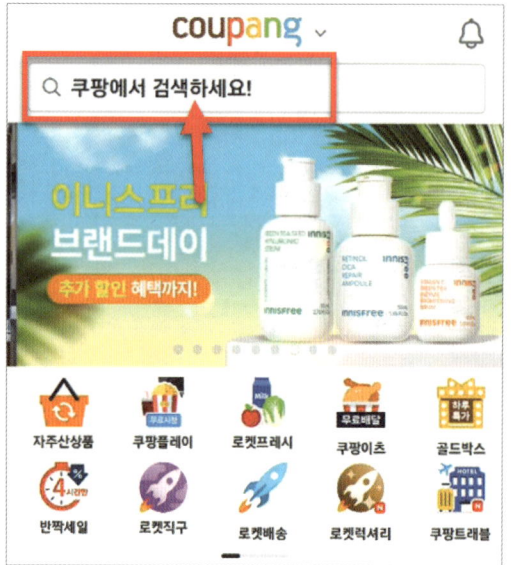 

02 ❶"비타민"을 검색하면 다양한 제품이 목록에 나열됩니다. ❷[필터]에서 [로켓]과 [무료배송]을 체크하고 [상품보기]를 누릅니다.

03 구매하려는 제품을 하나를 선택한 다음 하단에 있는 **[장바구니 담기]**를 눌러 상품을 장바구니에 담습니다. 안내 창을 아래로 끌어내려서 장바구니를 나갑니다.

04 **[뒤로가기(<)]**를 눌러서 다른 상품을 살펴본 후 마음에 드는 상품이 있어 구매하기로 결정했다면 **[장바구니 담기]**를 누릅니다.

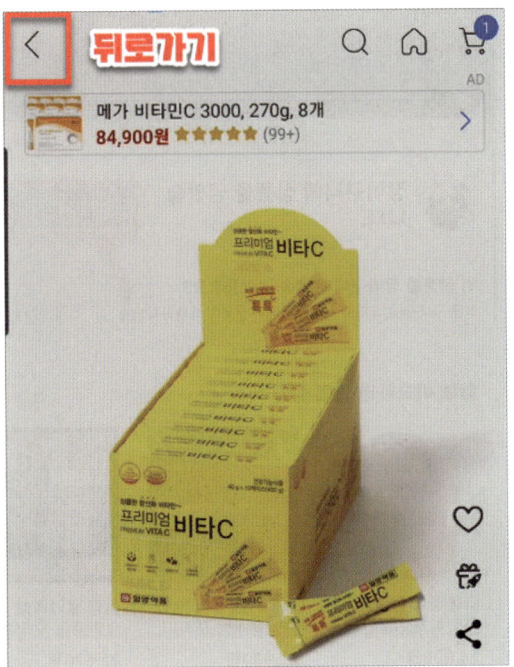 

05 **"삼계탕"**을 검색하여 목록에서 나온 제품을 하나 선택합니다. 12시 이전에 주문하면 다음날 새벽에 배송되는 제품도 많습니다.

06 [**장바구니 담기**]를 눌러주는데, 더 이상 구매할 제품이 없으면 [**장바구니 가기**]를 누릅니다.

07 수량을 조절할 것이 있으면 **개수**의 **드롭다운** 버튼을 눌러서 구매할 **수량**을 선택합니다.

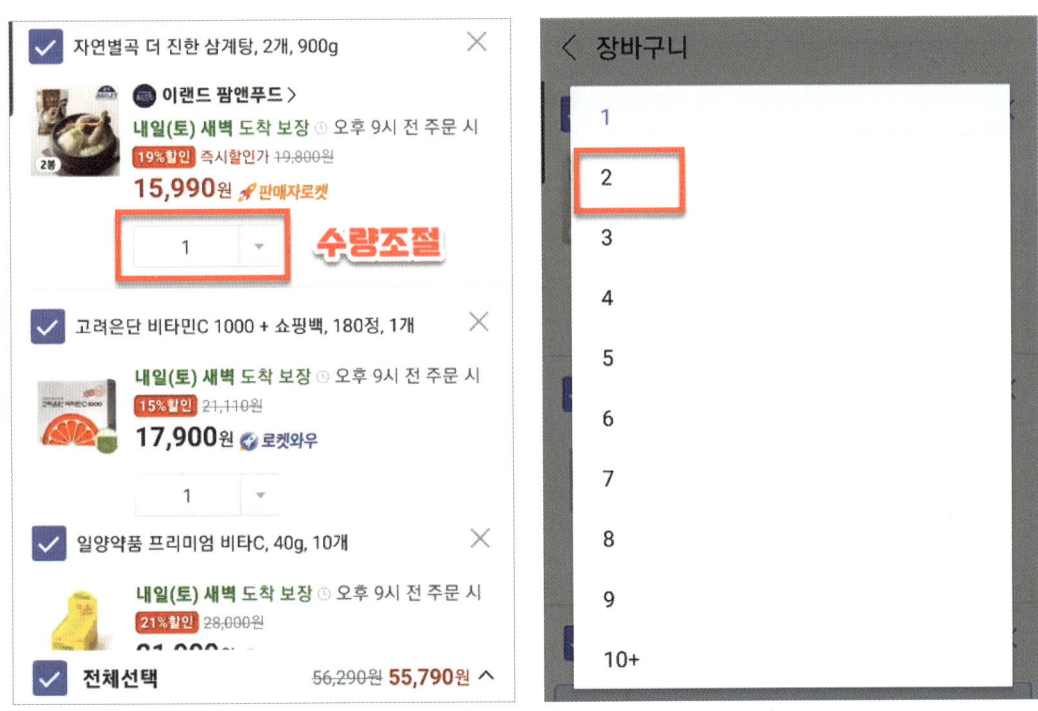

08 화면을 아래로 이동하여 [총 3개 상품 구매하기]를 누르면 한번 더 확인하는 창이 표시되는데, 여기에서 [총3개 상품 구매하기]를 누릅니다.

 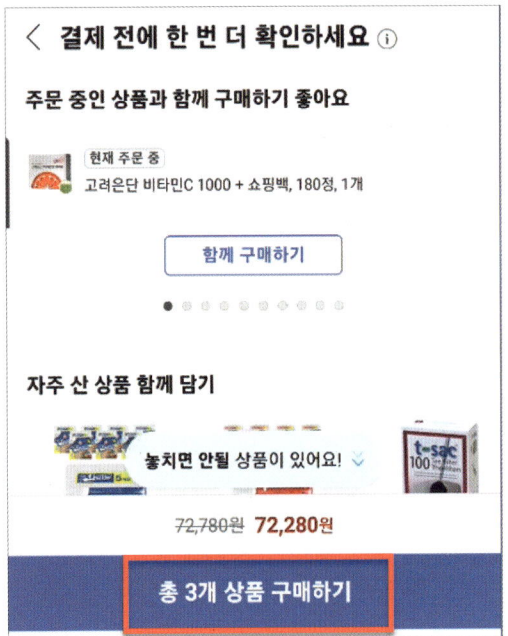

09 [배송지]를 눌러서 배송지를 추가합니다. **이름, 휴대폰 번호** 등을 입력하고 [**우편번호 찾기**]를 누릅니다.

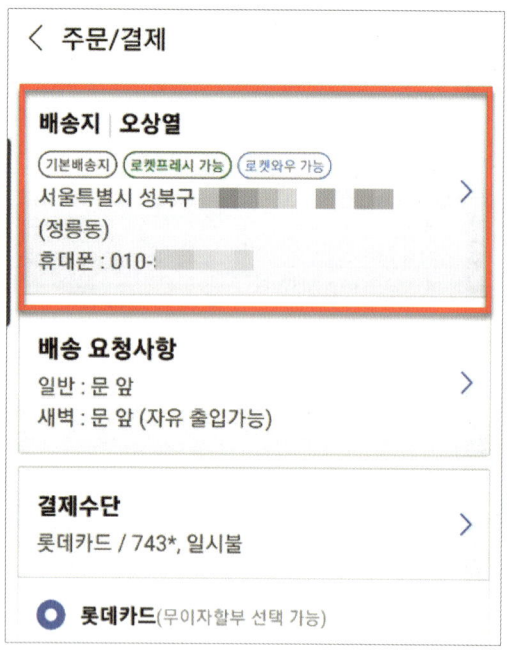

10 배송지의 ❶"**도로명**"을 입력한 후 ❷[검색]을 누릅니다. 도로명에 해당하는 주소가 나열되면 해당하는 **주소를 선택**합니다.

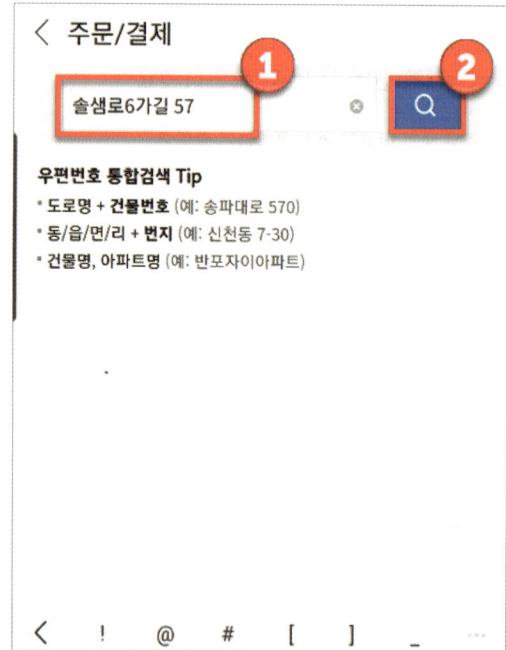

11 ❶상세주소를 입력하고 ❷[기본 배송지로 선택]을 누른 후 ❸[저장]을 누르면 등록이 끝나고 [선택]을 누릅니다.

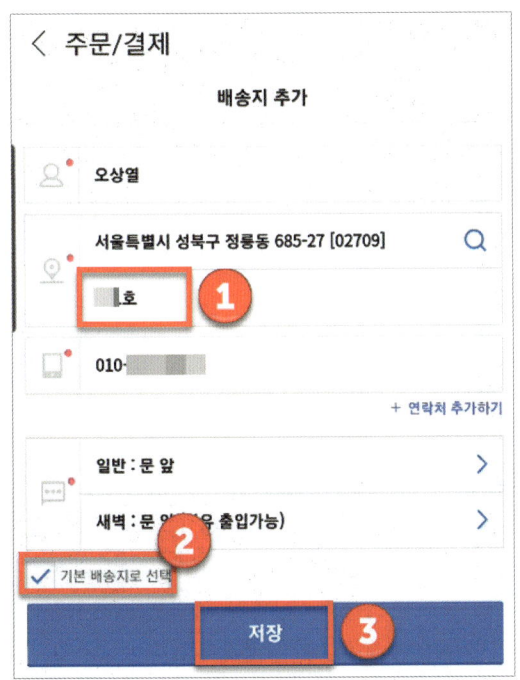
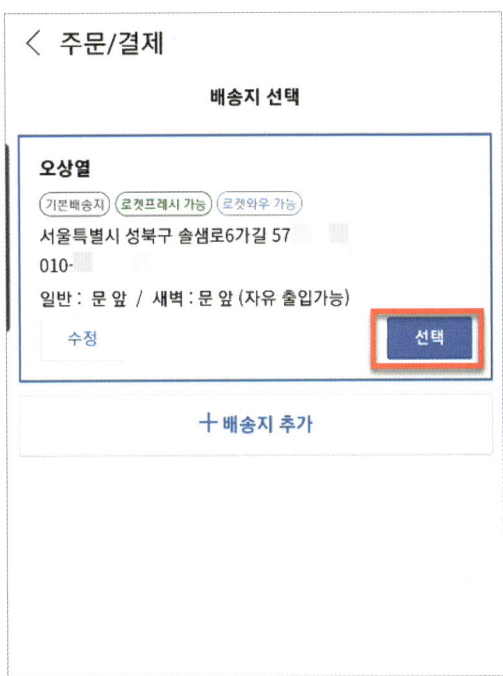

12 [결제수단]을 누른 다음 가급적 계좌이체나 무통장을 사용하지 말고 [신용/체크카드]에 체크합니다.

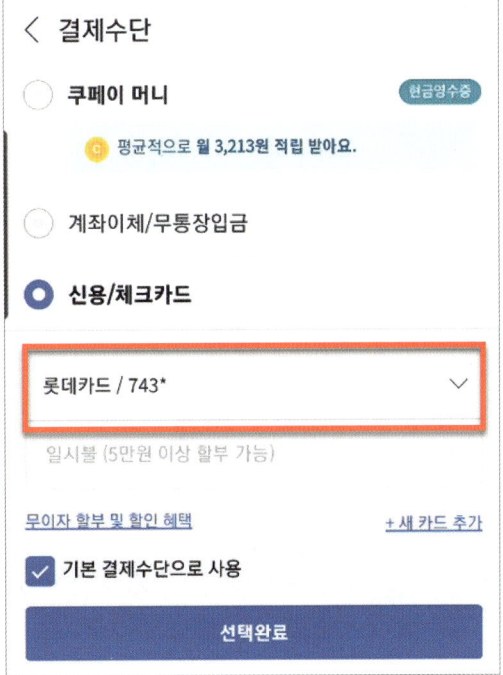

13 **카드사를 선택**하면 자동으로 카드를 스캔하는 화면이 나옵니다. 카드번호가 인식되도록 움직이지 말고 카드에 스마트폰을 고정하세요.

14 ❶CVC 3자리와 ❷비밀번호 앞 2자리를 입력하고 ❸[카드사 개인정보 제3자 제공]을 체크한 후 ❹[등록하고 결제하기]를 누릅니다.

 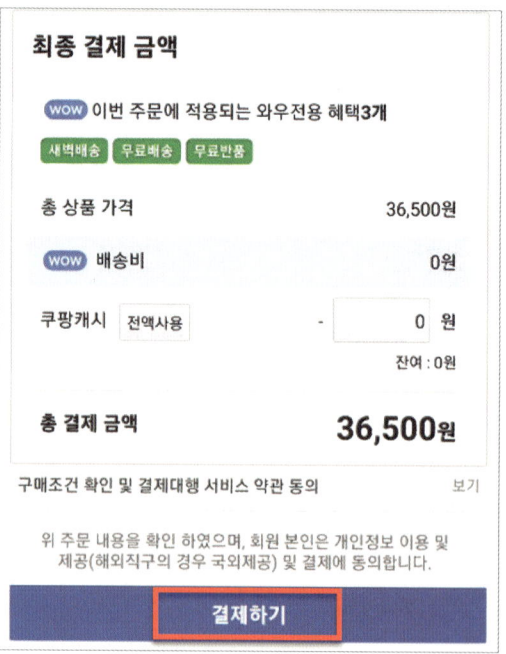

STEP 3 배달의민족 가입과 설정하기

01 **Play 스토어**에서 "**배달의민족**"을 [**설치**]한 후 [**열기**]를 누릅니다.

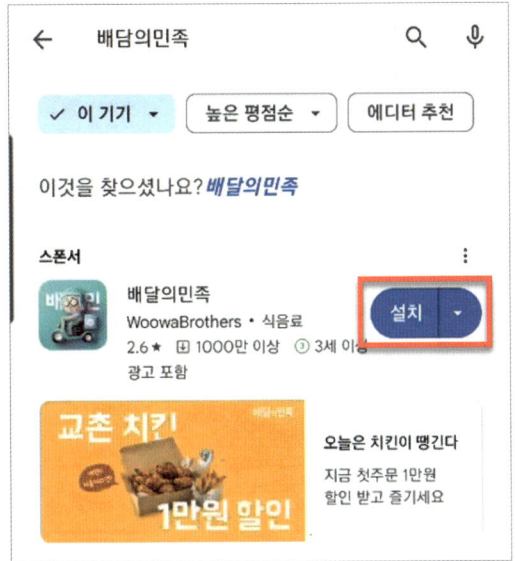 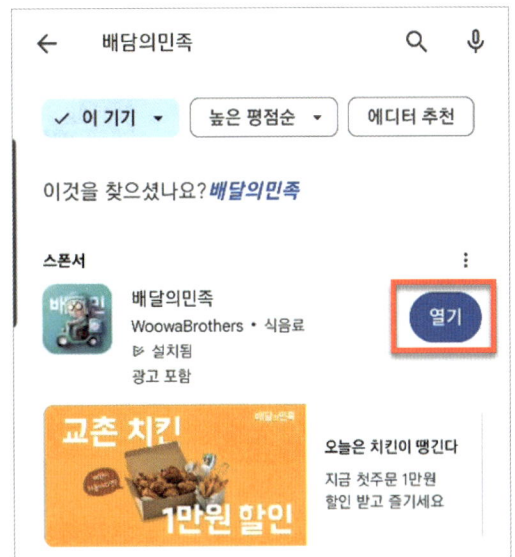

02 배달의민족 이용을 위한 접근권한 안내창이 열리면 읽어본 후 [**확인**]을 누른 다음 알림을 보내도록 [**허용**]을 누릅니다. 허용하지 않으면 정상적인 사용이 안될 수도 있으므로 가급적 모든 것을 허용하세요.

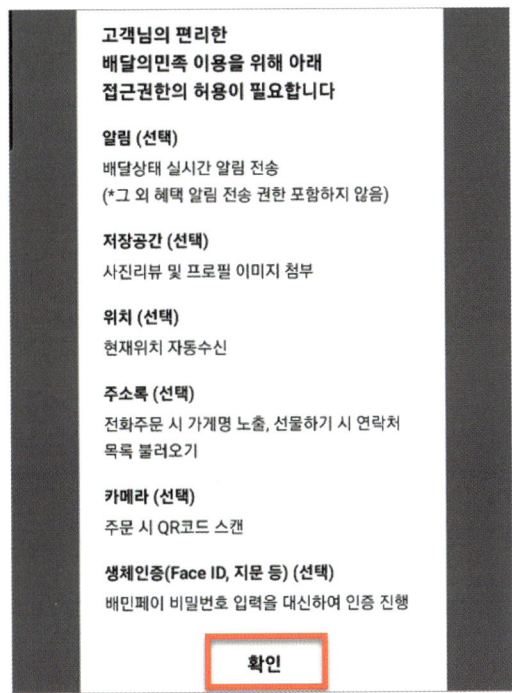 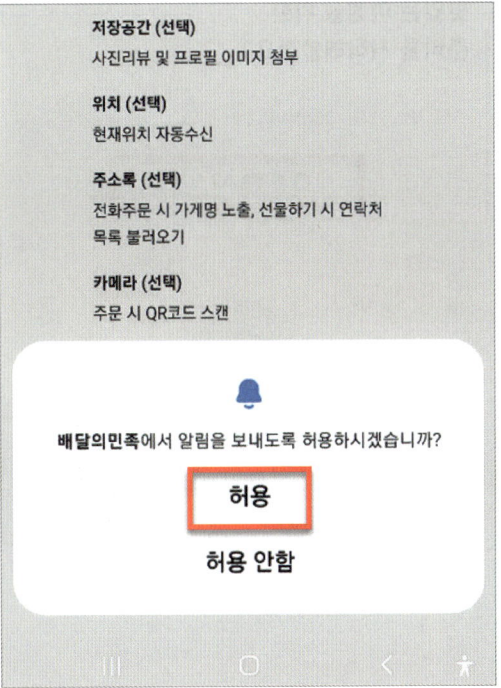

03 약관에 동의하기 위해 ❶[전체동의]를 체크한 후 ❷[시작하기]를 누른 다음 푸시 알림 동의 안내창에서 [확인]을 누릅니다.

 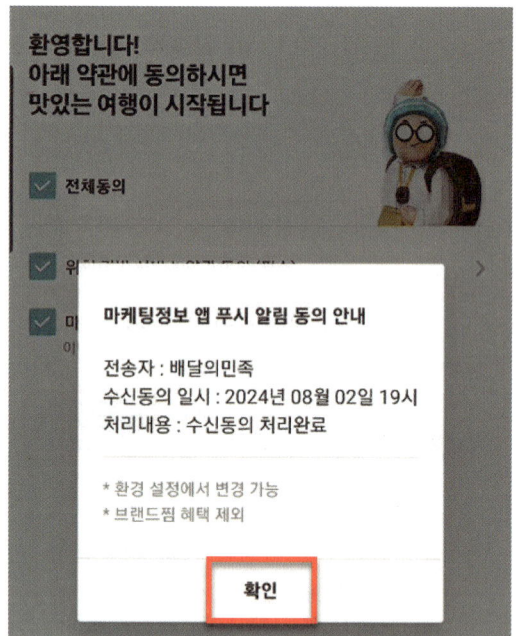

04 배달받을 장소를 지정하기 위하여 [현재 위치로 찾기]를 누른 다음 위치 정보에 액세스하도록 [앱 사용 중에만 허용]을 누릅니다.

 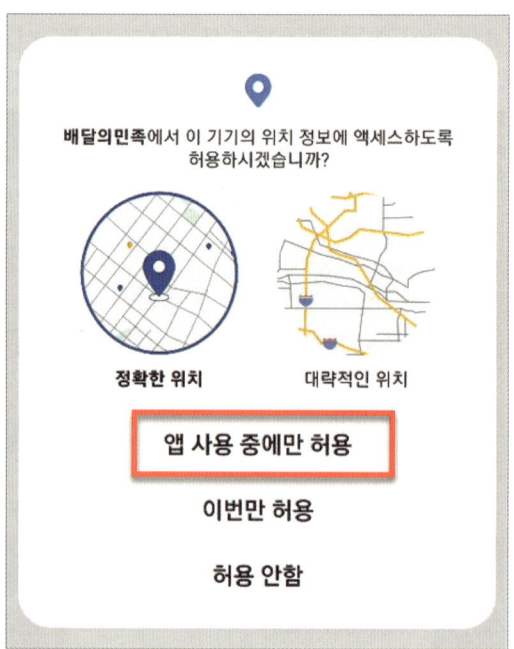

05 지도에 원하는 장소가 표시되면 [**이 위치로 주소 등록**]을 누른 후, ❶**상세주소**를 입력하고 ❷[**주소 등록**]을 누릅니다.

 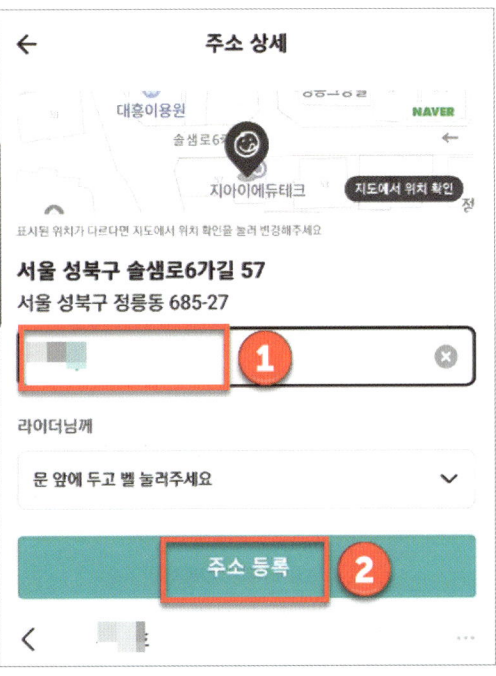

06 배달의민족 앱 첫 화면에서 오른쪽 하단의 [**my배민**]을 눌러서 상단의 [**로그인하고 시작하기**]를 눌러서 로그인합니다.

 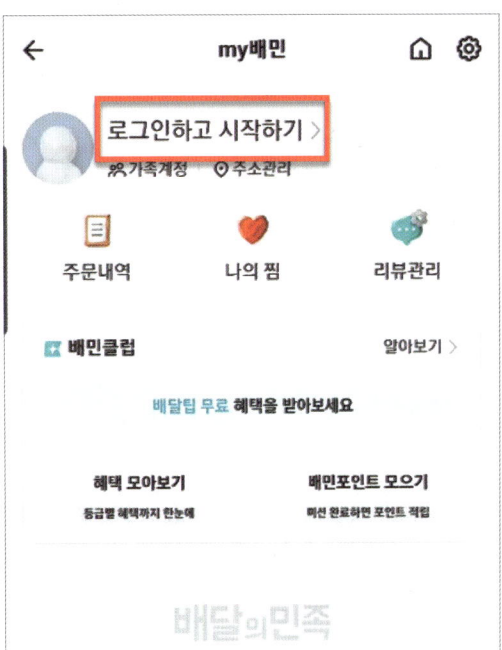

07 [휴대폰번호로 계속하기]를 누른 후 ❶이름, ❷주민등록번호, ❸성별, ❹휴대폰번호, ❺통신사 등을 선택한 후 ❻[본인 인증하기]를 누릅니다.

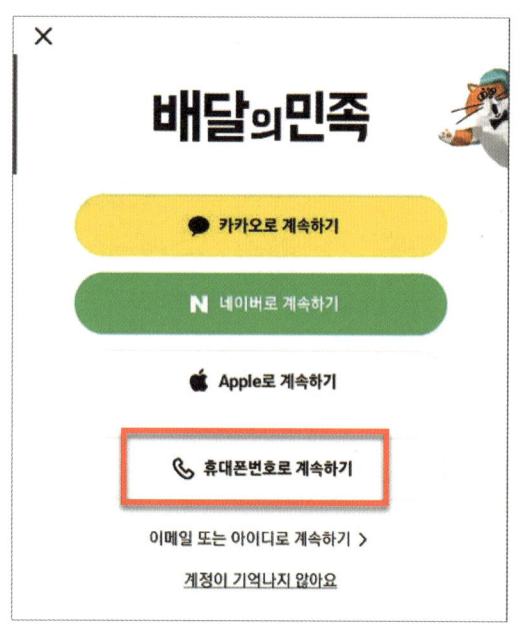

08 [전체 동의하고 인증번호 받기]를 눌러서 인증한 후, 홈 화면에서 **좌측 상단의 주소**를 눌러서 배달 주소를 추가해 봅니다.

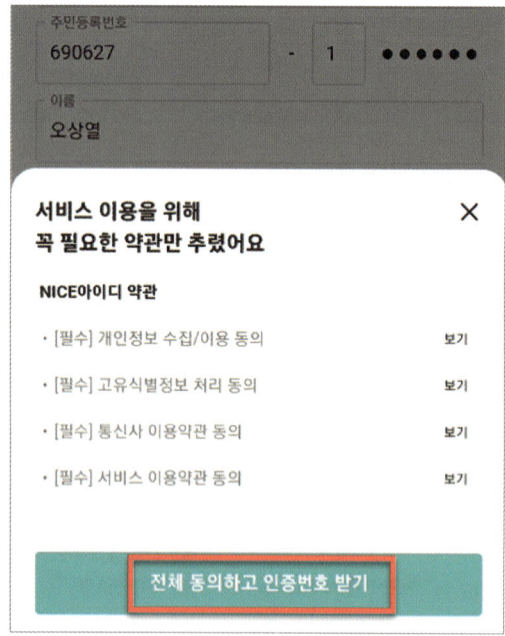

09 현재 위치가 아닌 경우에는 ❶**배달 받을 주소**를 입력한 후 ❷**[검색]**을 누릅니다.

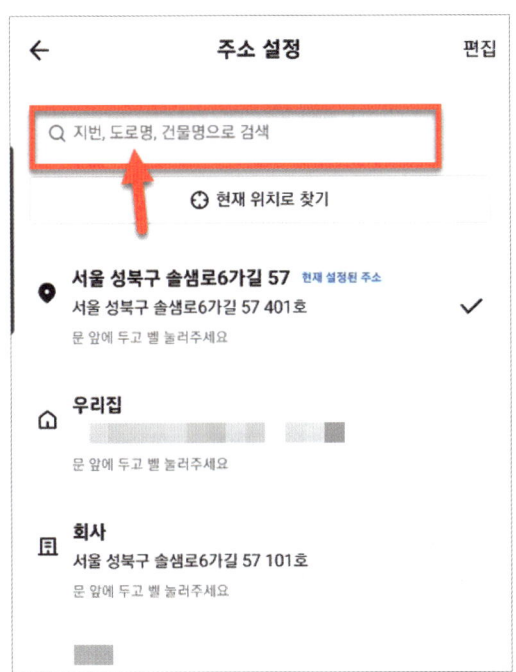
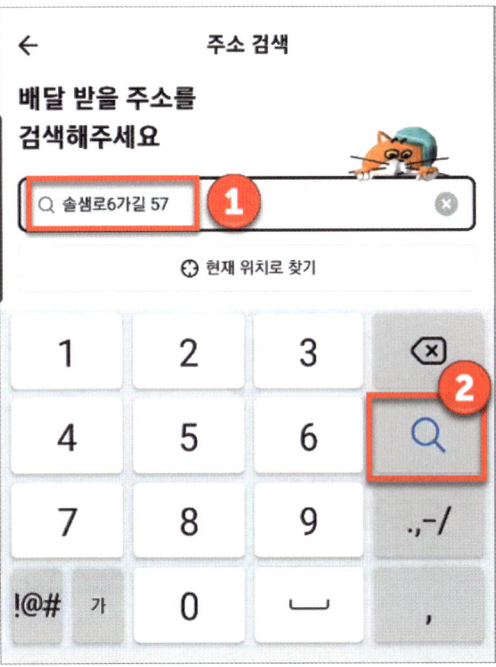

10 **검색 주소**를 누른 후 ❶**상세주소**를 입력하고 ❷**[직접입력]**을 눌러서 ❸**장소이름**을 기록한 후 ❹**[주소 등록]**을 눌러서 등록을 마칩니다.

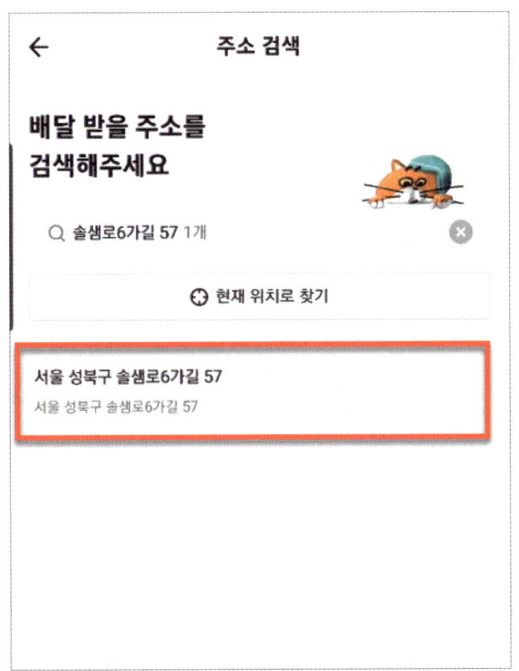

STEP 4 > 음식 배달 주문하기

01 배달시키려는 음식 종류를 선택 후 카테고리에서 ❶[찜/탕/찌개]를 선택한 후 ❷[기본순]을 누릅니다.

02 [가까운 순]을 누르면 현재 위치에서 가장 가까운 장소부터 목록에 나오게 되고, 음식 목록에서 **배달 음식을 선택**합니다.

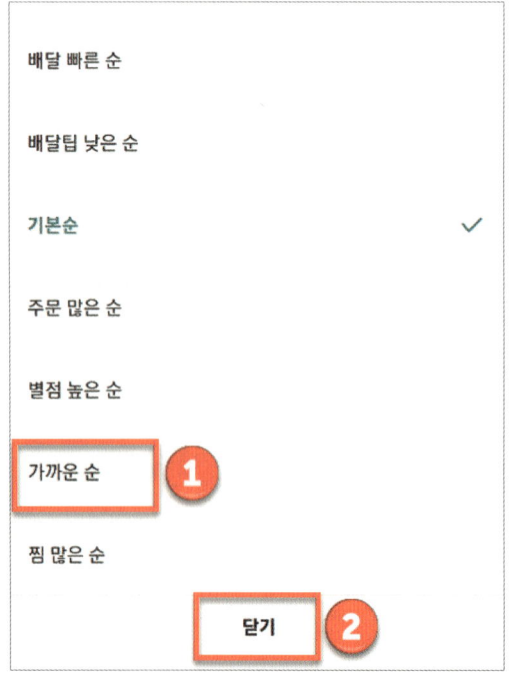 

03 추천 메뉴에서 한 가지를 선택한 후, 하단의 초록색 버튼으로 된 **[주문금액 담기]** 버튼을 누릅니다.

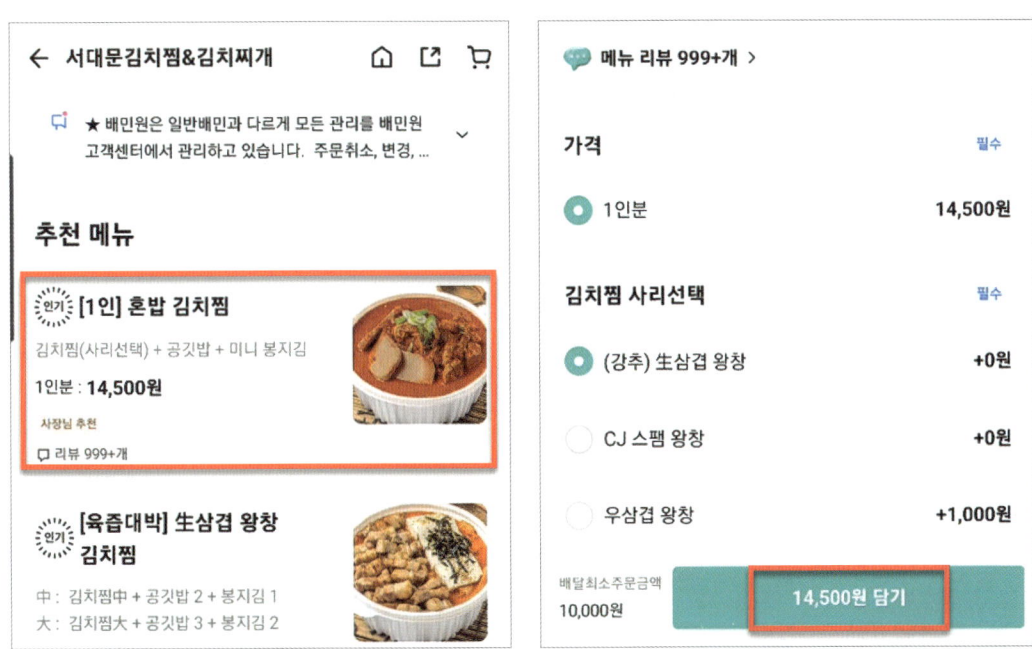

04 주문한 금액의 **장바구니 보기**를 눌러서 주문을 시작합니다. **[할인 쿠폰 받기]**가 있으면 눌러서 받아둔 후 결제할 때 사용할 수 있습니다.

 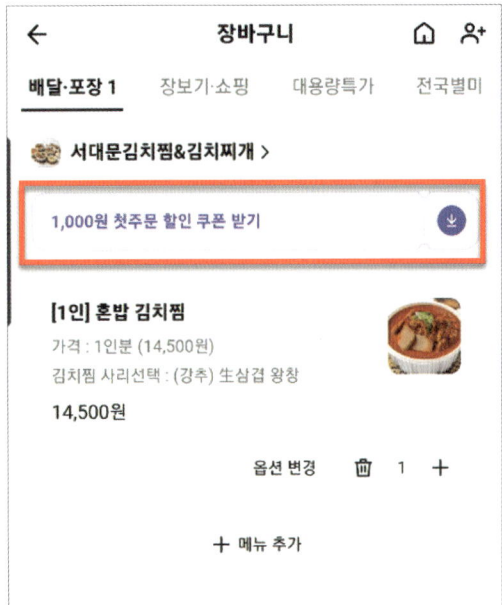

05 할인 쿠폰은 [**모든 쿠폰 받기**]를 해 두고, [**배달방식을 선택해 주세요**]가 나오면 누릅니다. 이 사항들은 표시되지 않을 수도 있습니다.

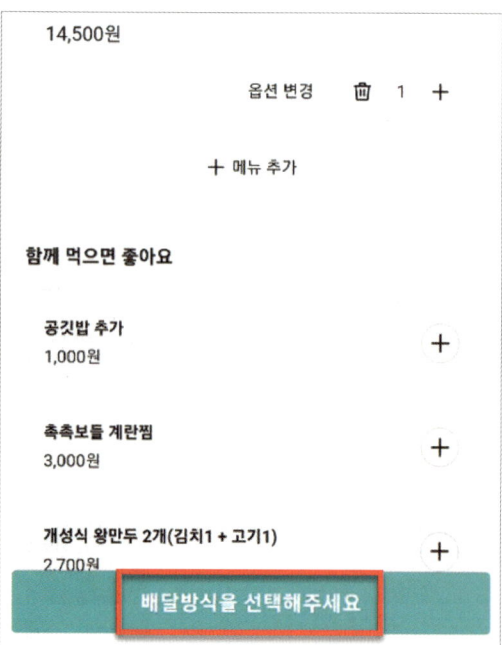

06 배달비가 싼 [**알뜰배달**]을 선택하고, 하단의 [**주문금액/알뜰배달 주문하기**]를 누릅니다.

07 [신용/체크카드]를 선택해서 카드를 등록한 후 [할인쿠폰]이 있으면 눌러서 적용을 받으세요.

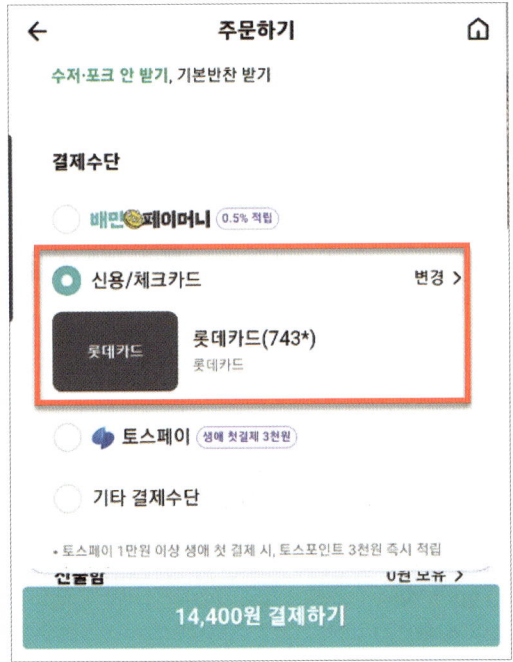 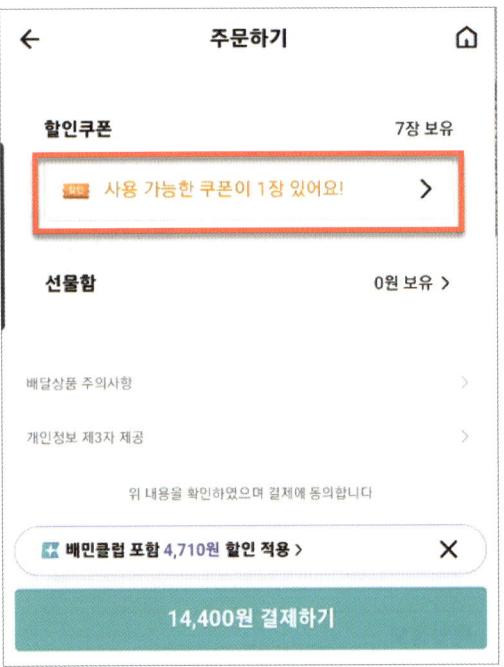

08 첫 주문쿠폰이 있어서 선택한 후 [사용하기]를 누르면, 할인금액이 하단에 [결재금액 결제하기]로 나오면 누릅니다.

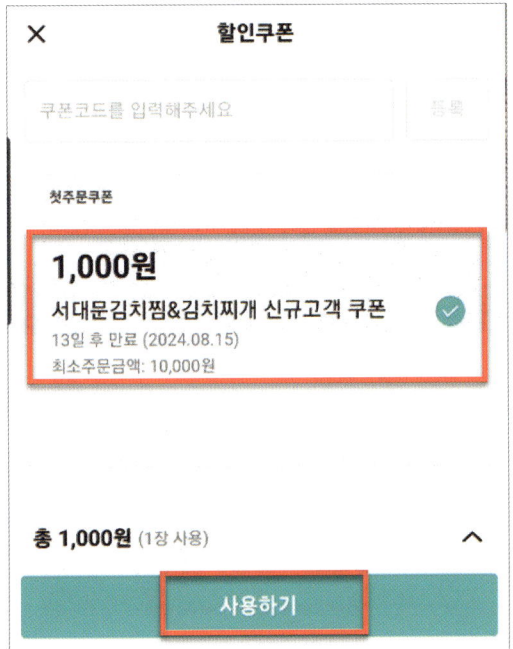 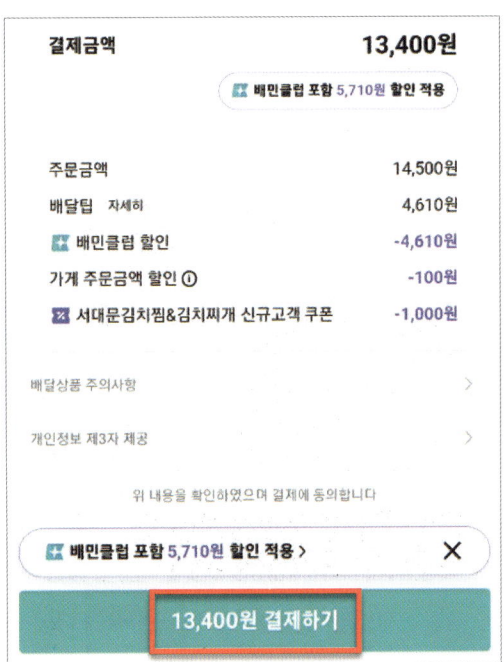

09 **[주문을 확인하고 있어요]**가 계속되면 **주문취소**를 할 수 있으나, 주문이 접수된 오른쪽 화면 단계에서는 취소할 수 없습니다.

10 배민 홈화면에서 **[주문내역]**을 누르면 주문한 사항들이 모두 나오게 되며, **[배달현황]**을 누르면 어디쯤 오는지 확인할 수도 있습니다.

STEP 5 - 당근으로 중고 거래하기

01 **Play 스토어**에서 **"당근"**을 **[설치]**한 후 **[열기]**를 누릅니다.

02 처음 사용자는 **[시작하기]**를 누르고, 이미 계정이 있는 사용자라면 **[로그인]**을 누릅니다. 위치기반 서비스이므로 **[앱 사용 중에만 허용]**을 선택합니다.

 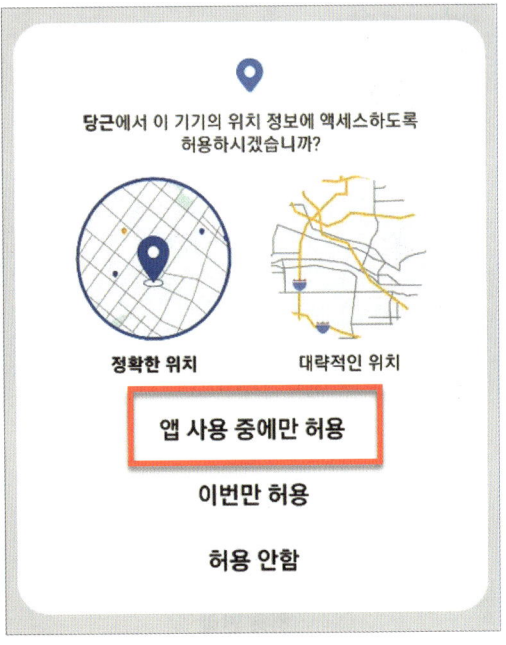

03 ❶[현재 위치로 찾기]를 눌러서 ❷[해당 행정구역]을 선택한 후 ❸[휴대폰번호]를 입력한 후 ❹[인증문자 받기]를 누릅니다.

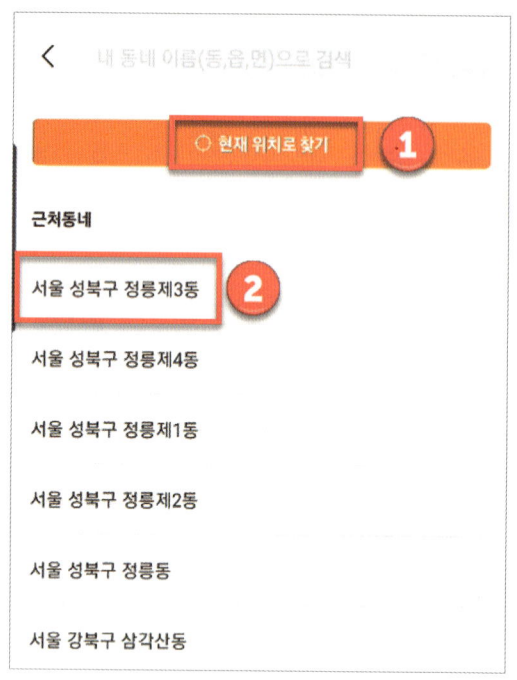
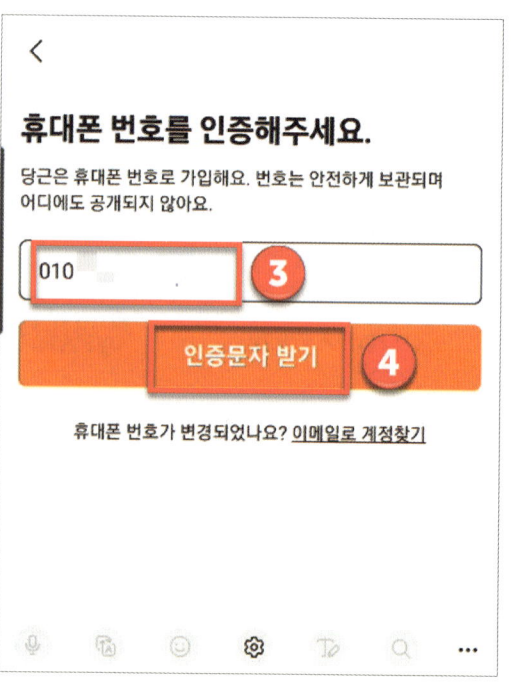

04 당근에서 알림을 보내도록 [허용]을 누릅니다. 상단의 [검색]을 눌러 구매하려는 **제품명**을 입력합니다.

05 ❶**"i5 노트북"**처럼 상세하게 입력하여 검색한 후 ❷**제품을 선택**한 다음 우측 하단의 [**채팅하기**]를 누릅니다.

06 채팅을 하려면 동네인증이 필요하므로 [**지금 동네인증 하기**]를 눌러서 지도가 나오면 [**동네인증 완료하기**]를 누릅니다.

 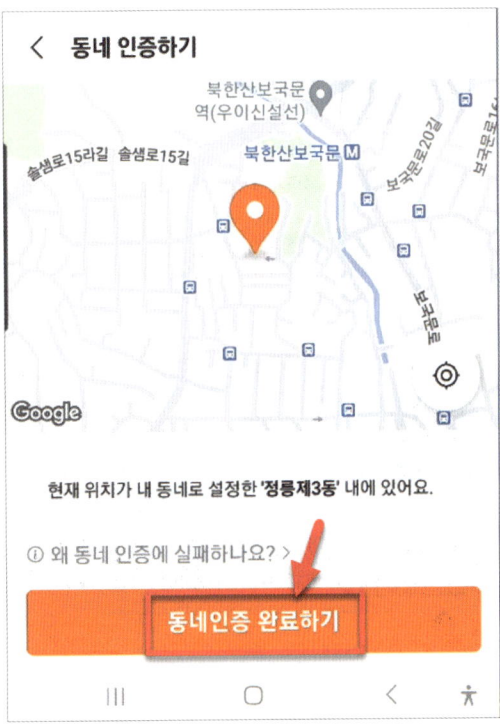

07 [채팅하기]를 눌러서 하단의 메시지 상자에 구매의사를 입력한 후 기다리면 판매자가 답변을 합니다.

 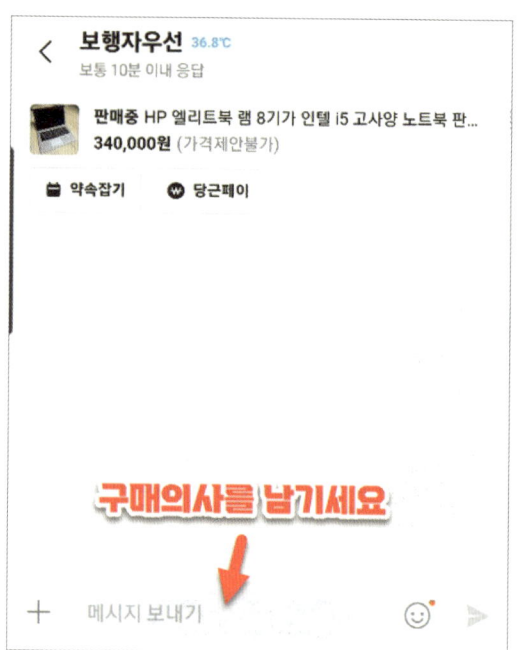

08 중고제품을 판매하기 위해서는 우측 하단에 있는 [+글쓰기]를 눌러 [내 물건 팔기]를 누릅니다.

 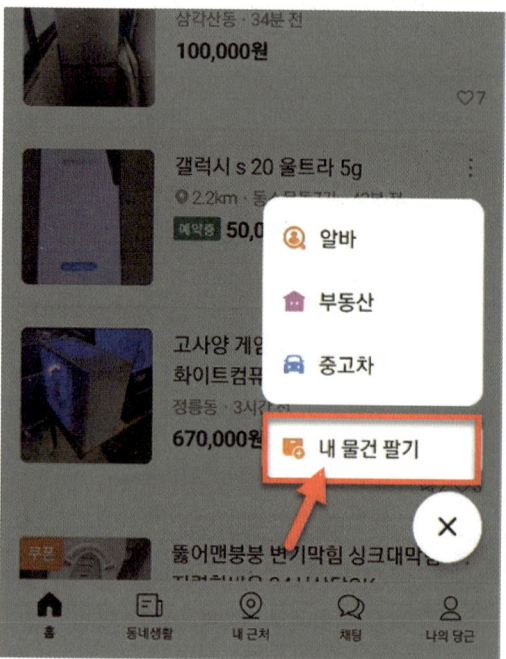

09 [카메라] 버튼을 눌러 스마트폰의 사진과 동영상에 액세스하도록 [허용]을 누릅니다.

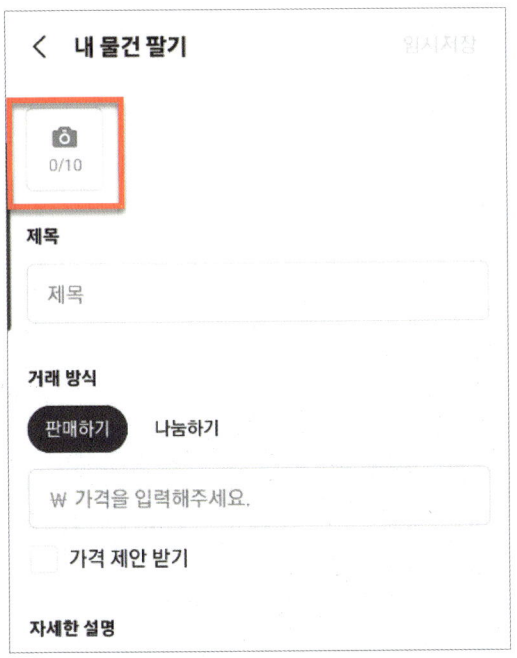 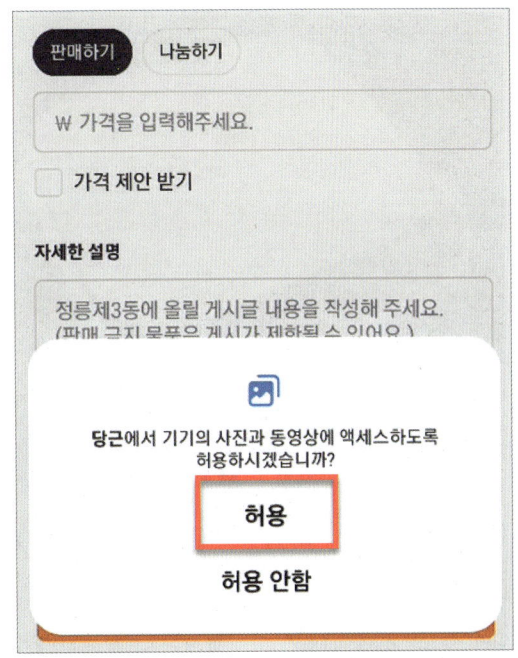

10 [사진 찍기]를 누르면 촬영하고 동영상을 녹화하도록 [앱 사용 중에만 허용]을 누릅니다.

 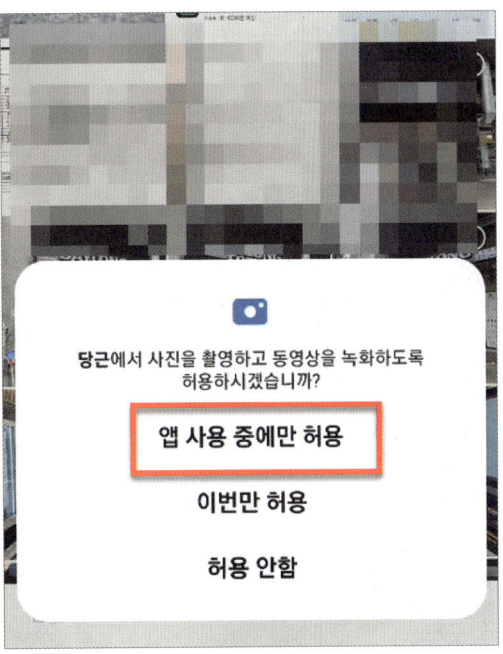

11 포커스(초점)를 잘 맞춘 후 하단의 **[카메라 셔터]**를 누른 후, 사진이 마음에 든다면 우측 하단의 **[확인]**을 누릅니다.

12 더 이상 추가할 사진이 없으면 우측 상단의 **[완료]**를 누른 후 ❶제목, ❷제품 종류, ❸거래 방식을 선택합니다.

13 저렴하게 ❶**가격**을 입력하고 ❷**자세한 설명**을 상세하게 입력해야 합니다. 계속해서 아래쪽에 있는 **[거래 희망 장소]**를 누릅니다.

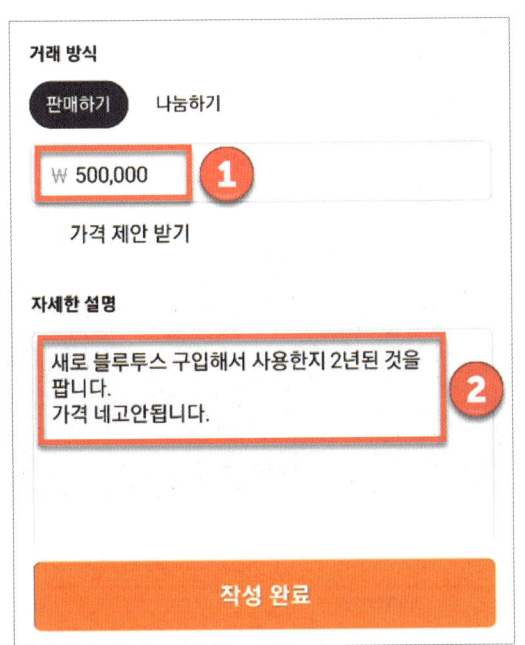
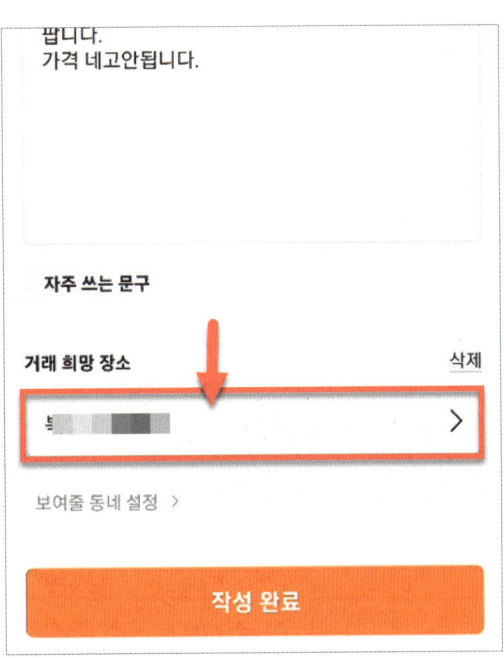

14 ❶**지도를 확대**해서 위치를 선택한 후 ❷**[선택 완료]**를 눌러 ❸"**북한산보국문역**" 처럼 만날 장소를 입력하고 ❹**[거래 장소 등록]**을 누릅니다.

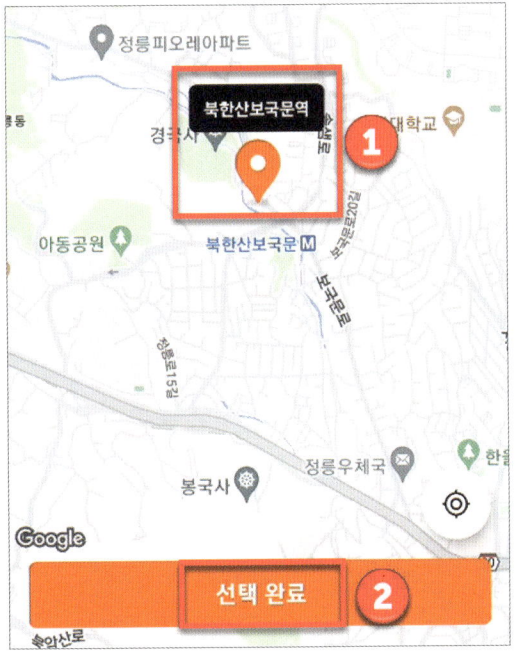
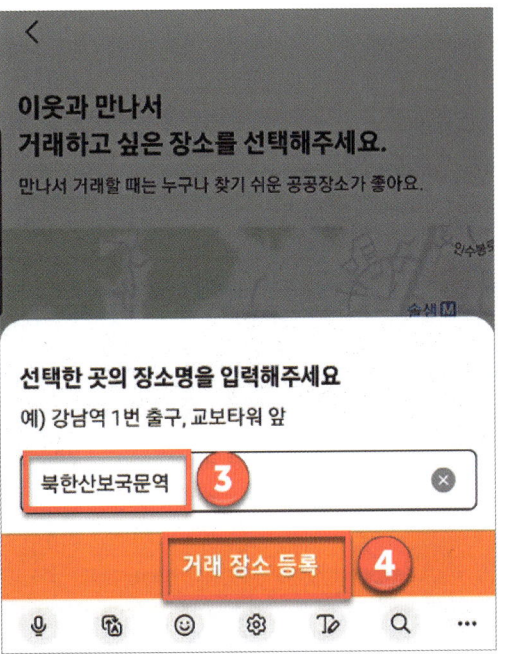

15 당근에 올린 제품을 삭제하려면 우측 상단의 **기타옵션(세로점)**을 눌러서 **[삭제]**를 누릅니다.

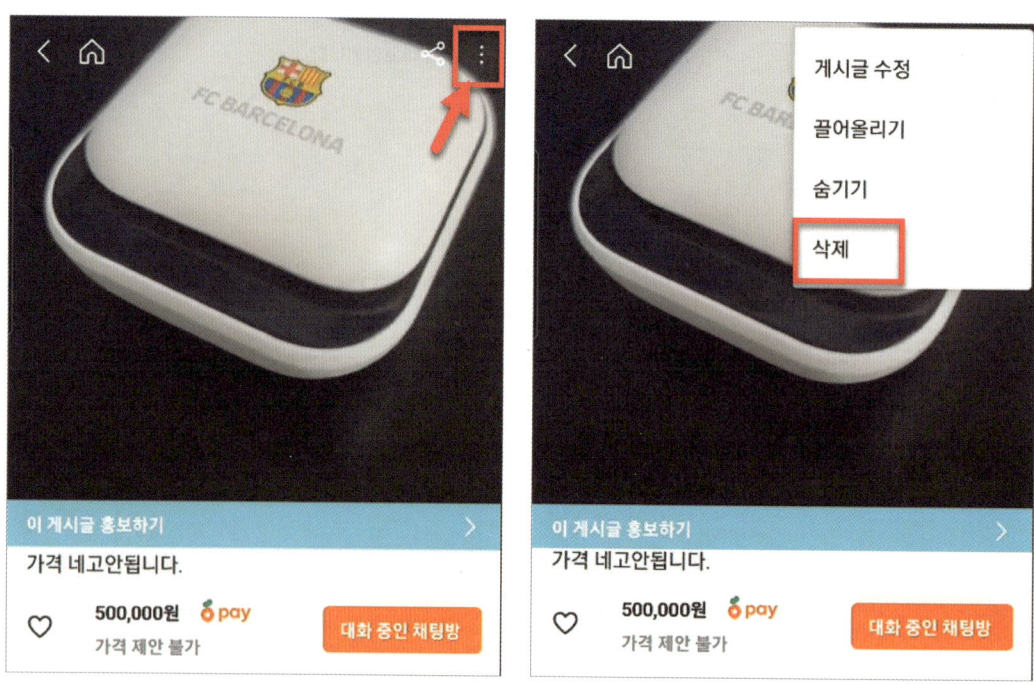

16 게시글을 정말 삭제하려고 한다면 **[삭제]**를 누릅니다. 이제부터 중고물품을 버리지 말고 당근에 올려 돈도 벌고 환경도 보호하세요.

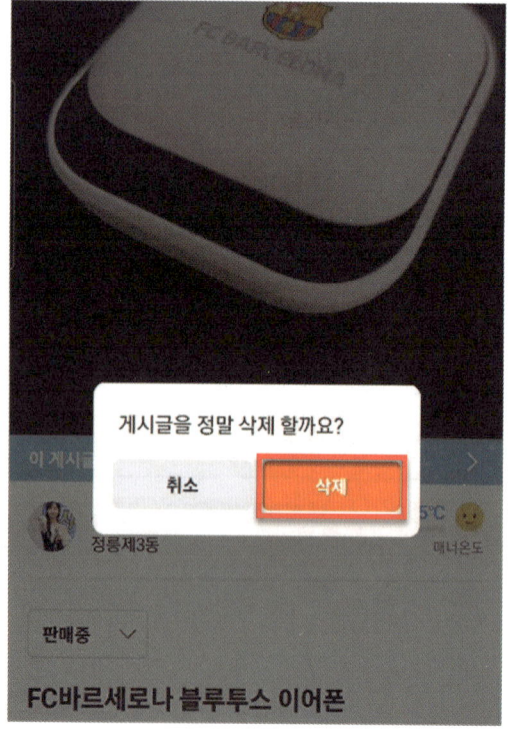

CHAPTER 10

ChatGPT 체험하기

인공지능의 발전과 함께 진화된 생성형 AI가 창작의 영역을 넘보는 시대가 되었습니다. ChatGPT를 시작으로 한 초거대 생성형 AI의 출현은 새로운 게임 체인저로서 인류사 전반에 새바람을 몰고 올 것입니다.

결과화면 미리보기

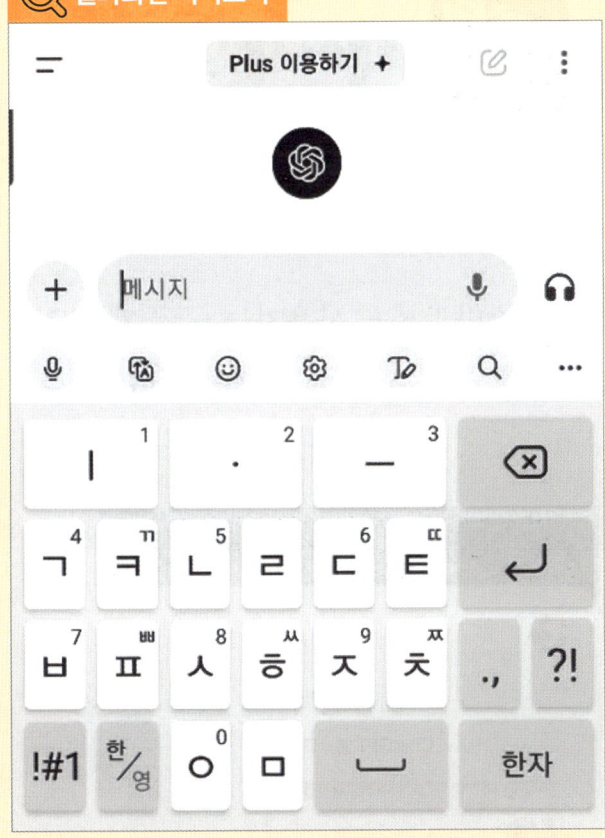
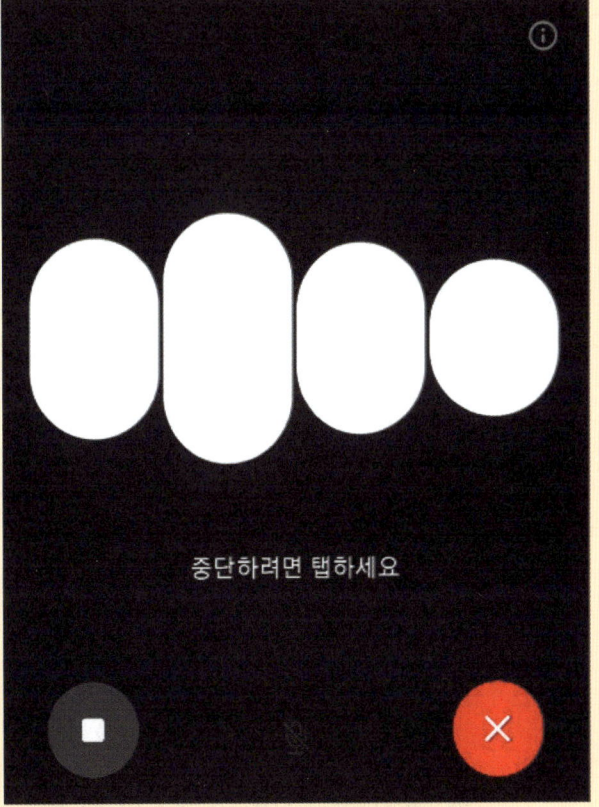

무엇을 배울까?

1. ChatGPT 설치하기
2. 텍스트로 질문하기
3. 음성으로 질문하기
4. 프롬프트 연출 공식

STEP 1 - ChatGPT 설치하기

01 Play 스토어에서 "ChatGPT"를 [설치]하고 [열기]를 누릅니다.

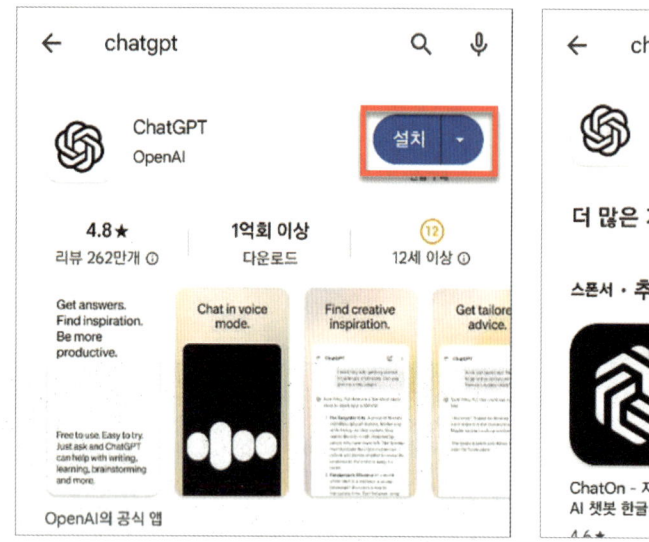
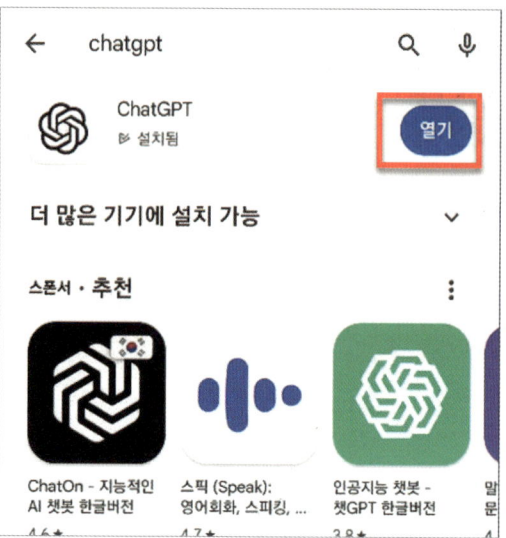

02 이메일로 회원 가입을 해도 되지만, 갤럭시 스마트폰을 사용자는 구글 계정으로 로그인 되어있으므로 [Google로 계속하기]를 누른 후 **계정 선택**을 합니다. 계정이 1개일 경우라도 계정은 선택합니다.

03 화면 하단의 **[XXX 앱으로 계속]**을 누른 후, OpenAI 계정 만들기를 마무리 하기 위해 **성과 생일**을 입력합니다(한글입력 가능).

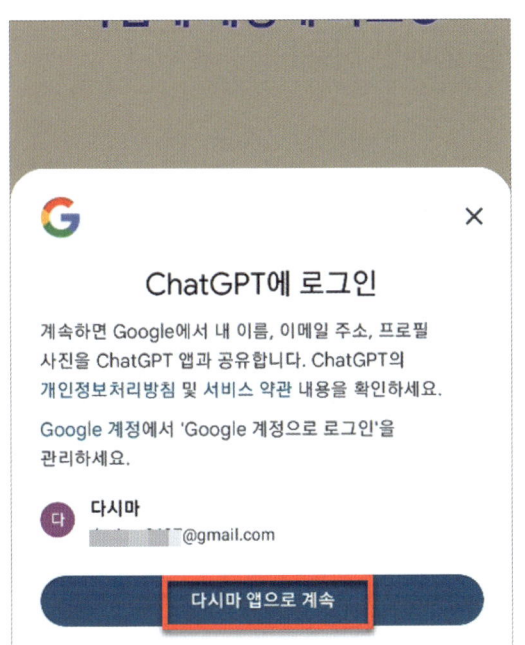
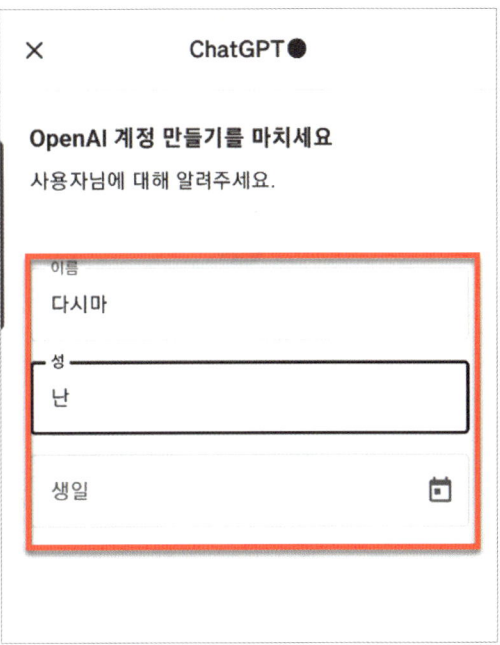

04 본인의 진짜 생일이 아니어도 가능하며 ❶**회전을 시켜서** 맞춰준 후 ❷**[확인]**을 누른 후 **[계속]**을 눌러서 계정 만들기 작업을 끝내줍니다.

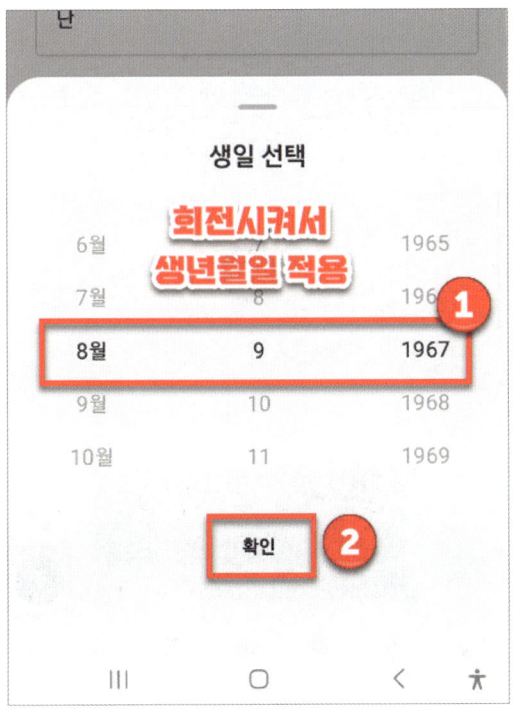
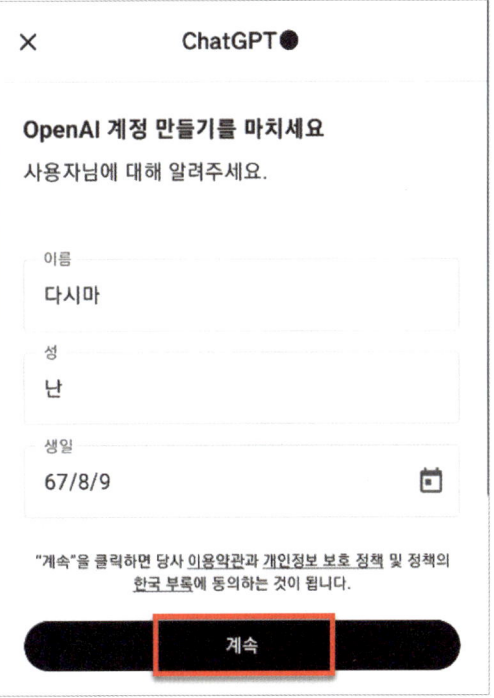

STEP 2 - 텍스트로 질문하기

01 메시지 상자의 **마이크**를 눌러서 **[앱 사용 중에만 허용]**을 누릅니다.

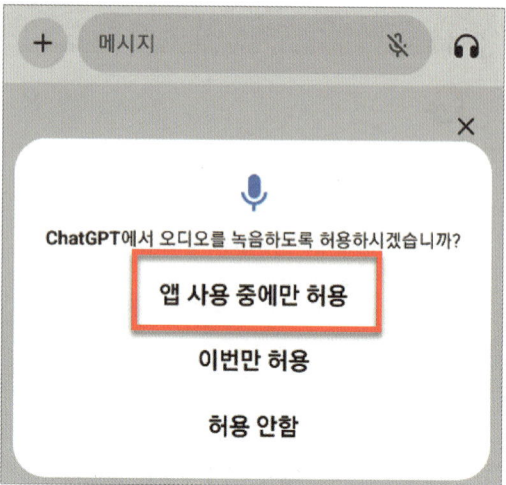

02 아래의 문장을 그대로 말을 한 후 **[탭하여 녹음중지]**를 누르면 그동안 이야기한 내용이 글자로 입력이 되어 있습니다. **[전송]**을 눌러 내용을 ChatGPT로 전송합니다.

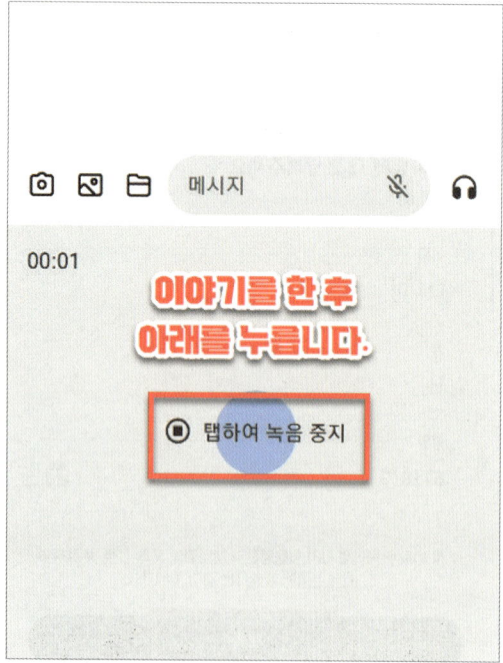

03 ChatGPT가 질문에 해당하는 문장을 만들어서 보여주고 있습니다. 수정할 필요가 없다면 내용을 ❶길게 누른 후 ❷[복사]를 합니다. [텍스트 선택]을 누르면 특정 부분만 따로 영역을 선택해 복사할 수도 있습니다.

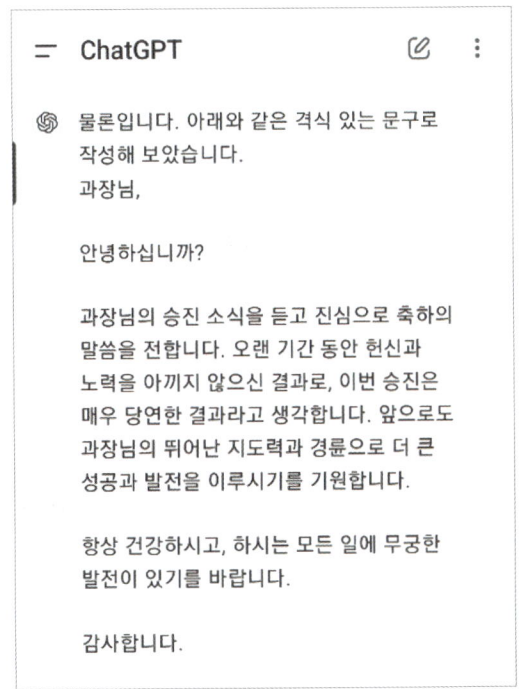
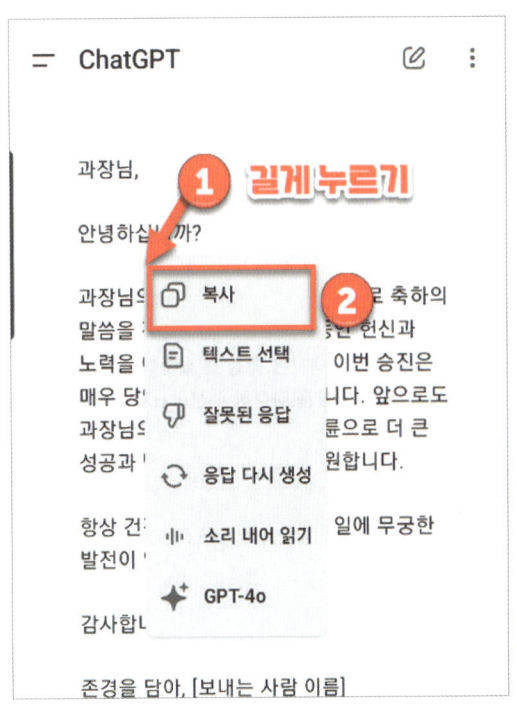

04 카카오톡 친구에서 ❶나를 누른 후 ❷[나와의 채팅]으로 들어간 후, 입력 상자에서 ❸길게 누른 다음 ❹[붙여넣기]를 누릅니다.

05 ChatGPT로 되돌아 온 후 우측 상단의 **[새 채팅]**을 누르면 새로운 주제로 다시 질문할 수 있습니다. 마이크를 눌러서 질문해보세요.

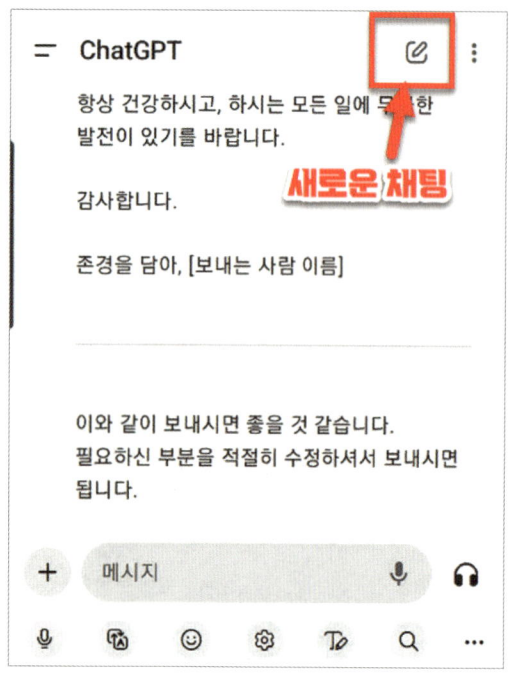
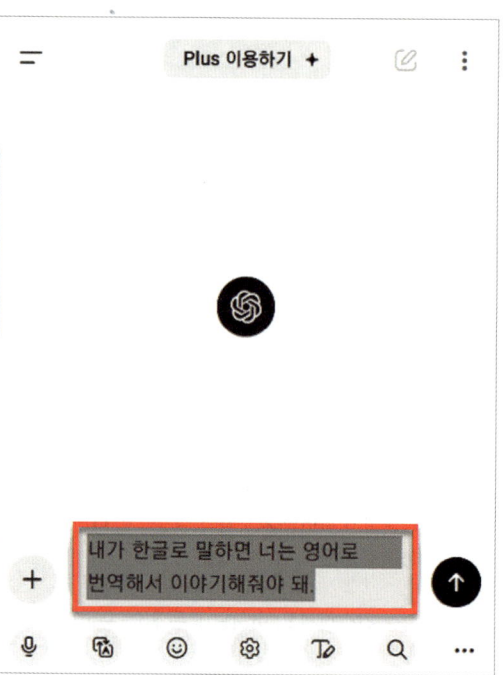

06 질문이 끝났으면 **[탭하여 녹음 중지]**를 누르면 해당 질문이 들어가고 영어로 재미있는 이야기가 나옵니다.

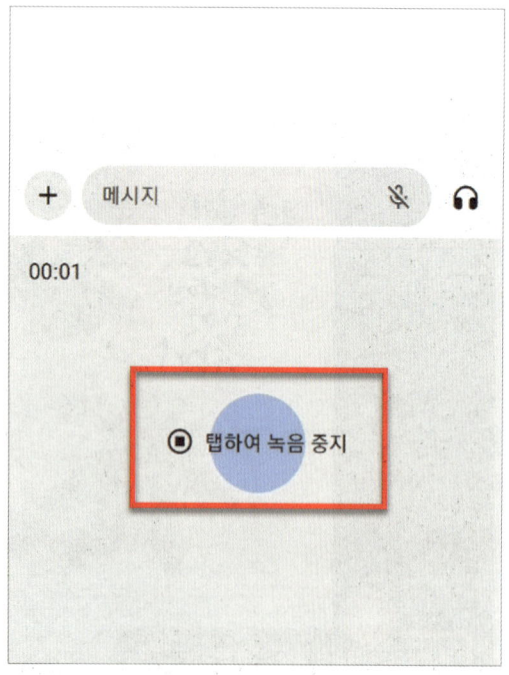
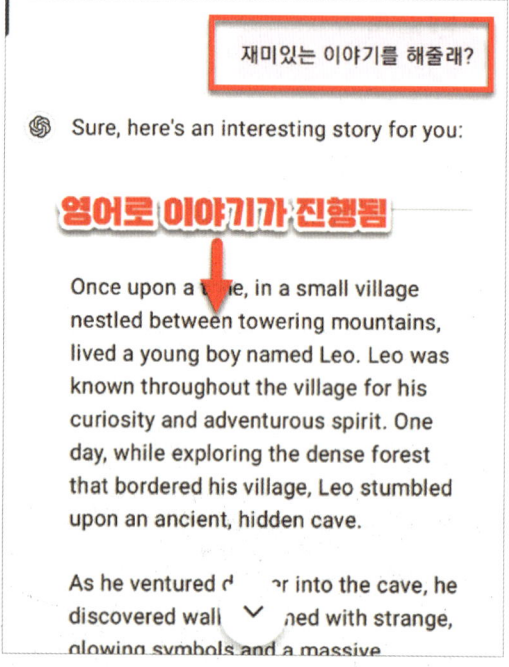

07 **"번역해주세요"**라고 입력하거나 말을 하면, 영어 내용이 먼저 나온 후 아래에 한글로 번역결과를 보여줍니다.

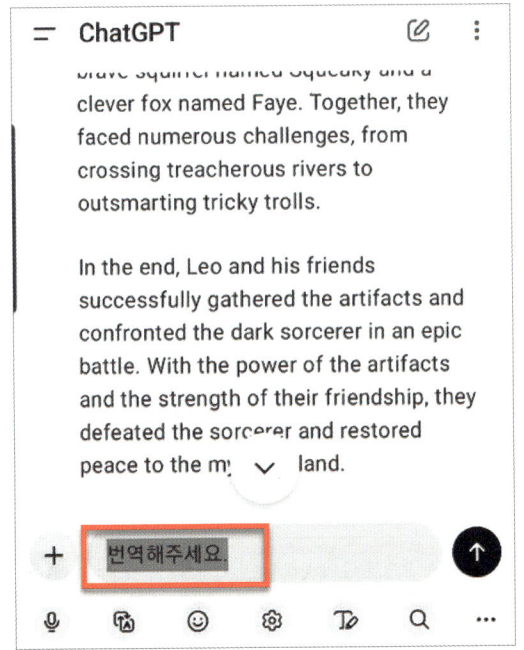 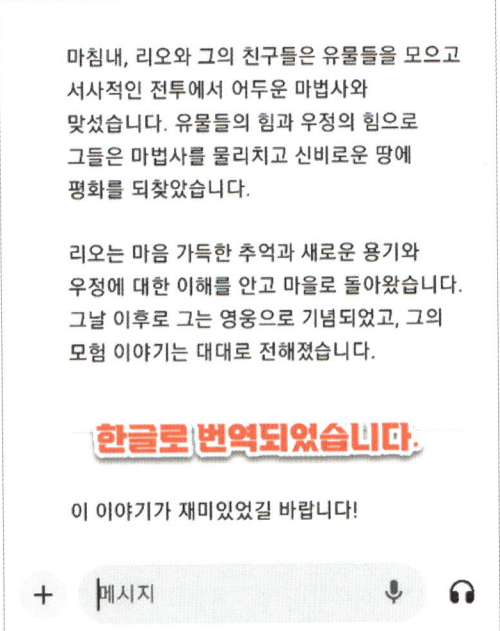

08 **[새 채팅]**을 눌러 새로운 주제로 이야기를 시작합니다. 아래의 오른쪽 그림과 같이 질문을 입력한 후 **전송**합니다.

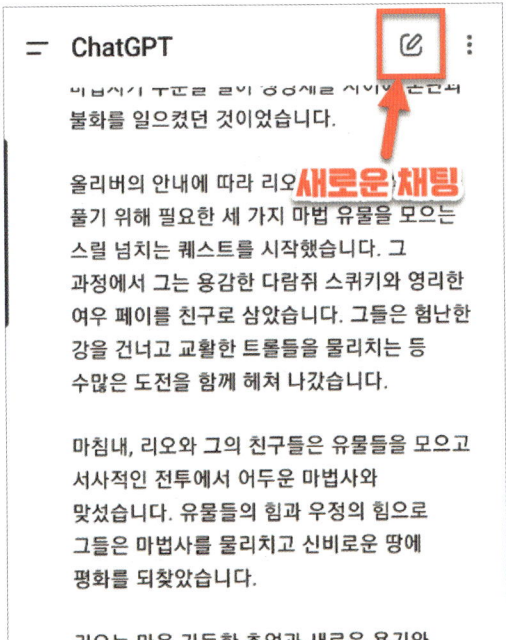 

09 질문에 대한 내용이 10개로 나왔지만 너무 길어진 것 같습니다. **"3개로 요약해주세요"**라고 입력한 후 **전송**합니다.

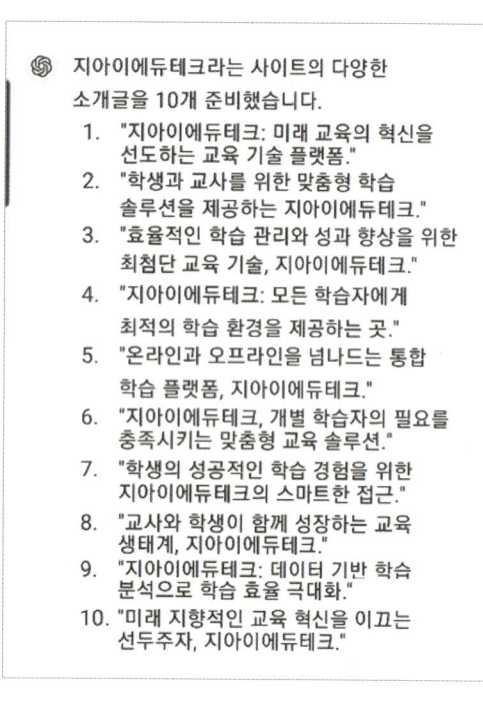
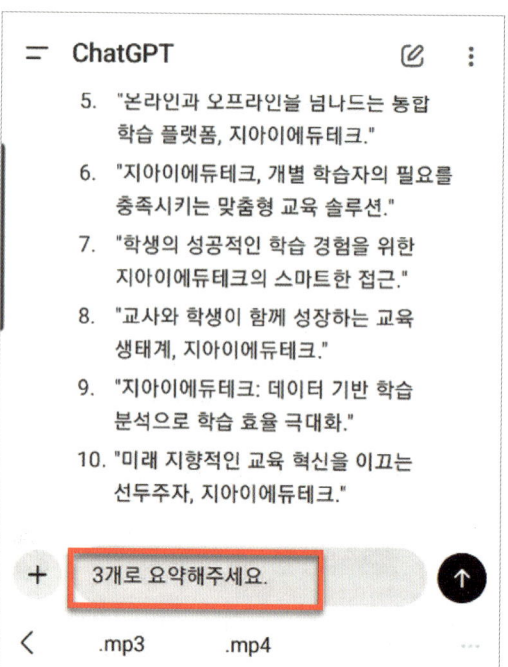

10 3개로 요약해서 정리를 해주었습니다. 좌측 상단의 **[메뉴]**를 눌러서 그동안의 대화 내용을 삭제해 보겠습니다.

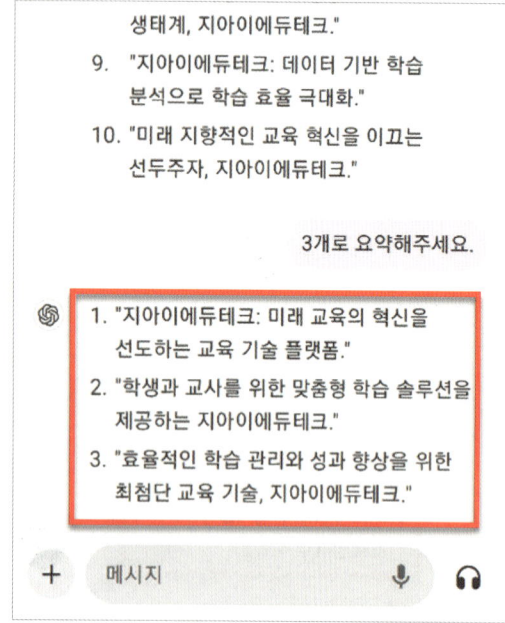
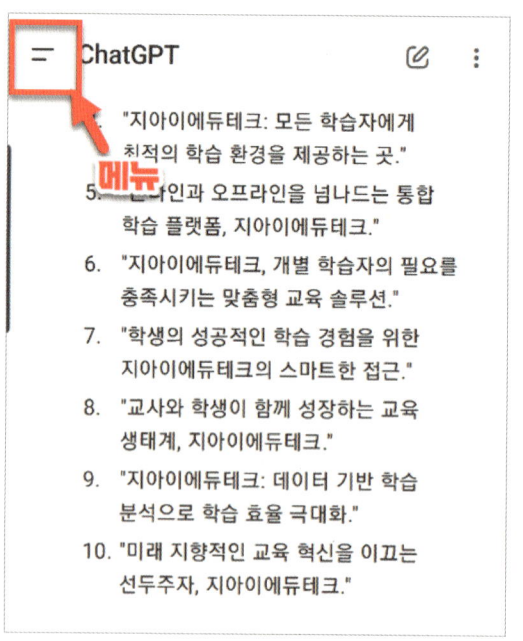

11 하단의 이름 옆 **...(더보기)**를 눌러서 **[데이터 제어]**를 누르면 생성된 데이터를 지우거나 보관하는 기능들이 보입니다.

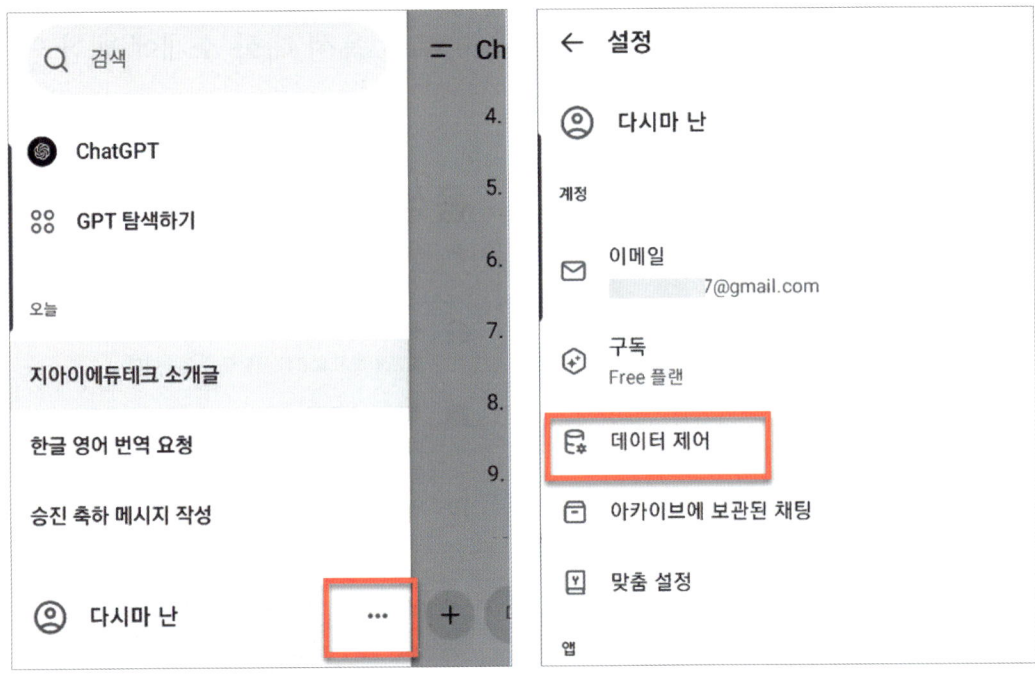

12 **[채팅 기록 지우기]**를 누르면 확인 상자가 나오는데 작업한 내용을 모두 제거하기 위하여 **[채팅 기록 지우기]**를 누릅니다.

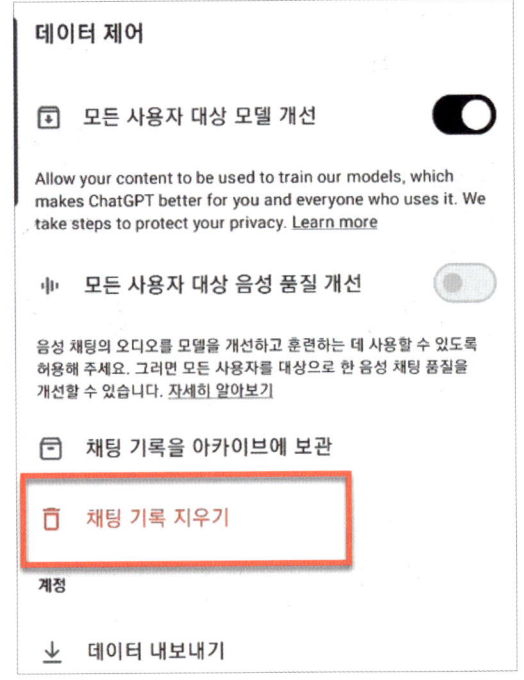
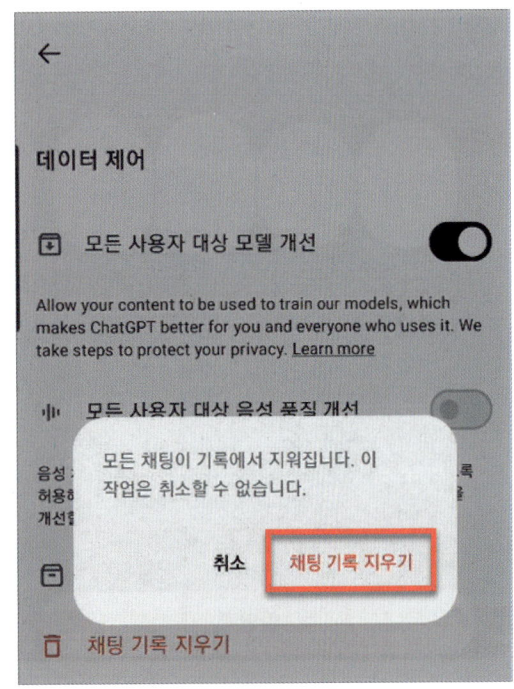

STEP 3 음성으로 질문하기

01 입력 상자 우측에 있는 **[헤드폰]** 버튼을 누르면 음성 대화 소개에 대한 안내가 나옵니다. **[계속]**을 눌러서 진행합니다.

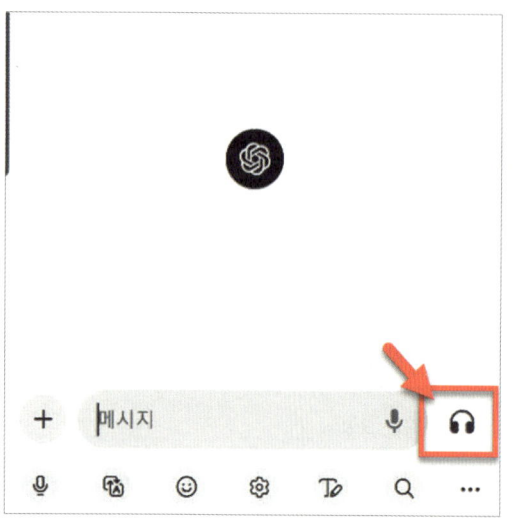
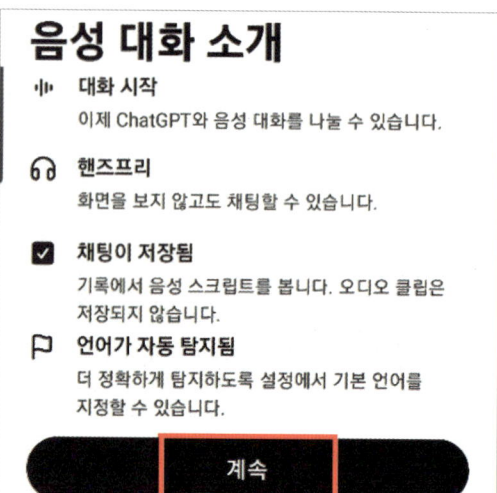

02 스마트폰에서 나에게 대답을 해줄 **음성을 선택**하고 **[확인]**을 누릅니다. 고급 음성 모드가 준비 중이라는 메시지에서 **[확인]**을 누릅니다.

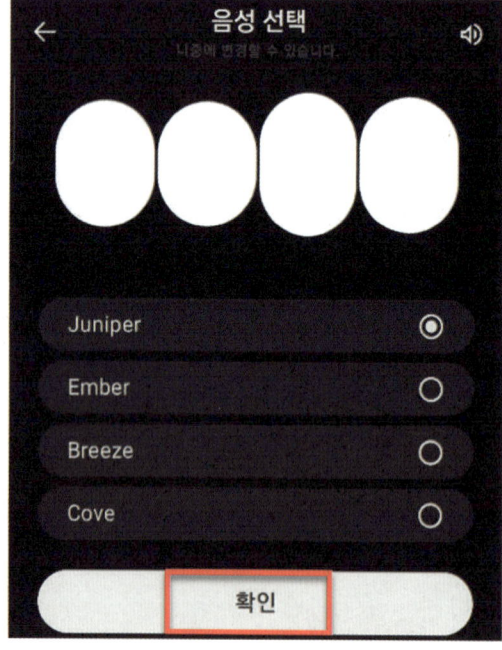

03 **"받는 사람이 기쁜마음으로 받을 수 있는 새 인사를 만들어줘"**라고 말을 한 후 기다리면 스마트폰에서 대답을 스피커로 해줍니다. 우측 하단의 **빨간색 닫기**를 누릅니다.

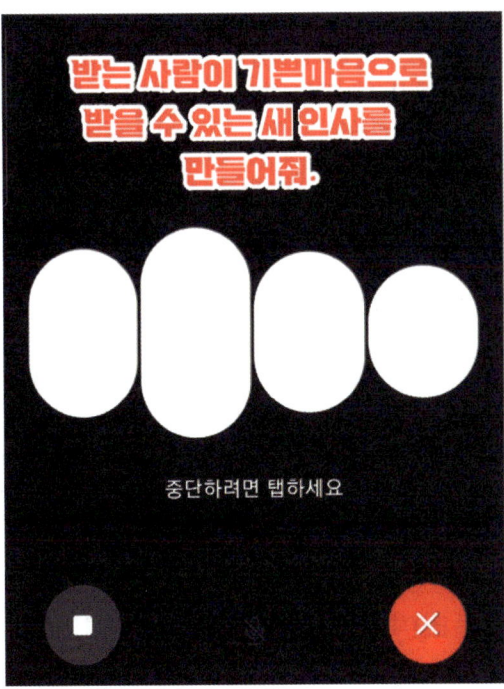
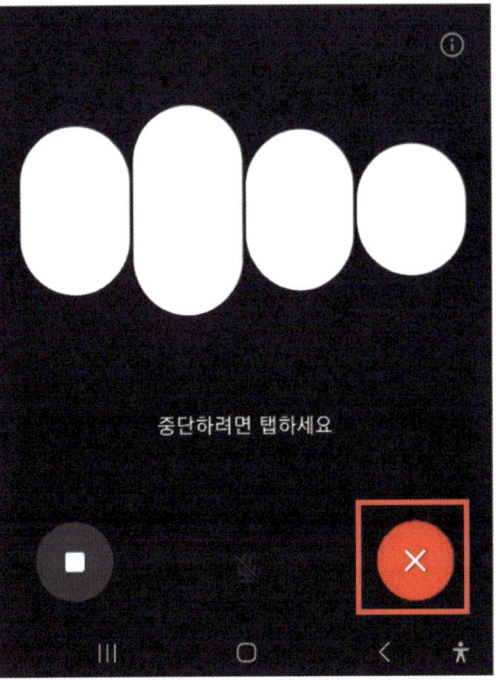

04 답변한 내용이 텍스트로 표시되며, 아래의 질문을 다시 해보세요.

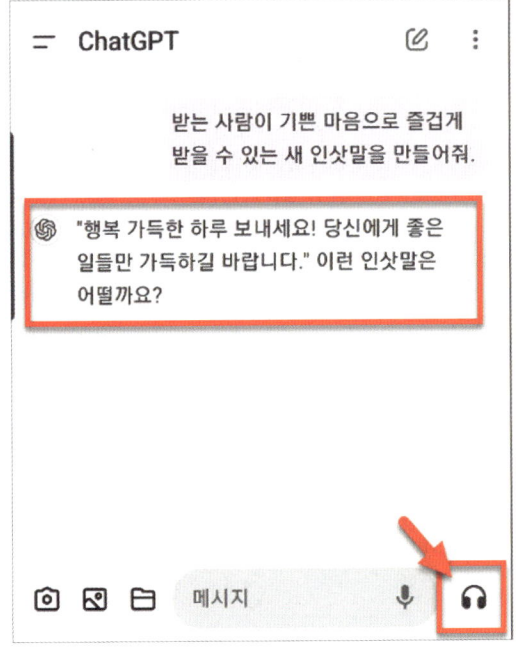
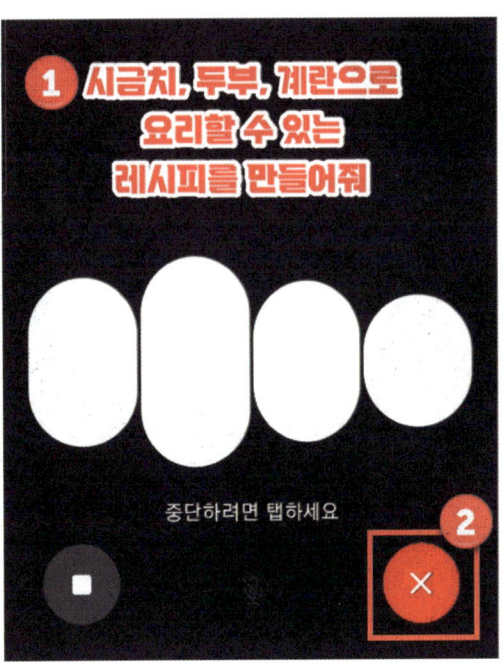

05 다시 **빨간 닫기**를 누르면 텍스트로 질문과 대답이 입력되어 표시됩니다. **[새 채팅]**을 눌러 새로운 대화 주제로 변경합니다.

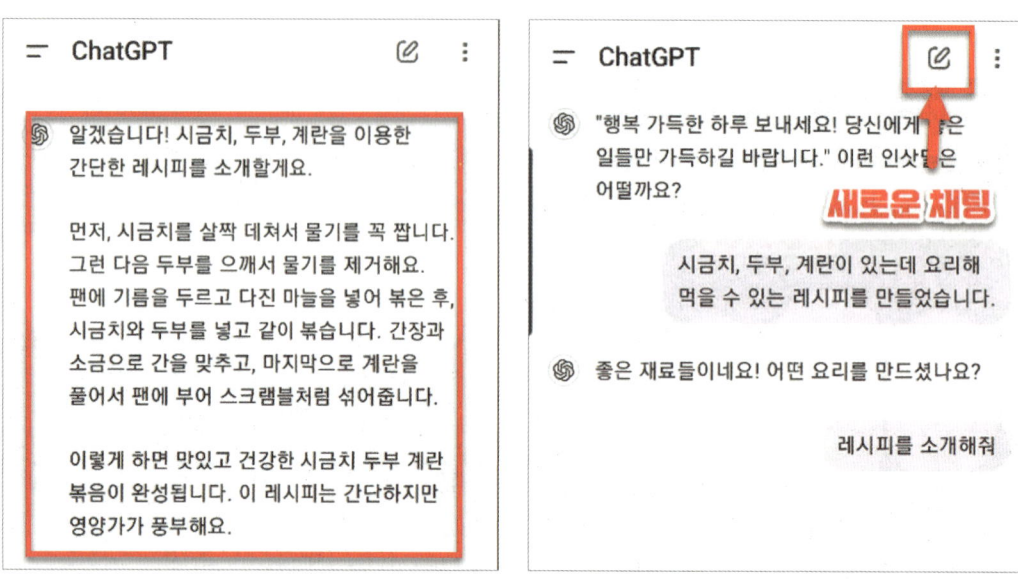

06 **[헤드폰]**을 눌러서 "**지금부터 한국어가 들리면 영어로 번역해주고, 영어가 들리면 한국어로 번역해줘. 단, 지금 이것은 시뮬레이션을 하는 것이 아니라 실전상황이기 때문에 내가 물어보는 것에 니가 대답하지마**"라고 말한 후, 한국어와 영어를 이야기해 보세요. 여러분은 지금 자동으로 통역을 해 주는 작업을 한 것입니다.

STEP 4 ▶ 프롬프트 연출 공식

인물	나는 홍길동이라는 한국인 환경보호가야.
배경	이번에 내가 탄소제로에 관한 유튜브 영상을 촬영할건데.
할일	10만 조회수 이상 나올 만한 아이디어를 5개 만들어봐.
형식	썸네일 아이디어랑 제목도 함께.
예시	예를 들면 다른 영상에 다음과 같은 제목과 썸네일이 있었어. 썸네일 : 탄소제로 확실하게 줄이기 제목 : 지구와 미세플라스틱의 전쟁

위와 같이 어떤 상황극을 제작한다고 생각을 하면 **나는 영화감독**이고 **ChatGPT는 작가**이자 **배우**라고 생각하고 프롬프트를 입력하세요.

1. 연출을 잘 셋팅해라.
　가. Persona(페르소나) - 역할 부여
　나. Context(배경) - 주위 환경 및 지역
　다. Task(임무) - 이끌어내고 싶은 것
　라. Format(양식) - 전개(대본)
　마. Example(예시) - 비슷한 상황
　바. Tone(분위기) - 강약

2. 답변에 다시 질문해라.
　가. 첫 번째 답변은 랜덤이라 맞지가 않는다.
　나. 몇 번이고 질문을 해서 원하는 답을 얻는다.
　다. 결과를 보고 "이런 것 말고 영상을 보고 깨달음을 얻을 수 있는 효과적인 것을 만들어줘"

- MEMO